U0863787

中国应用型本科高校高质量发展研究报告
金　成　阙明坤　阚　阅　王一涛　总主编

中国应用型本科高校高质量发展研究报告

（2022年）

金　成　阙明坤　阚　阅　王一涛　主编

南開大學出版社
天　津

图书在版编目(CIP)数据

中国应用型本科高校高质量发展研究报告. 2022年 / 金成等主编. —天津 ：南开大学出版社，2024.6
ISBN 978-7-310-06611-7

Ⅰ. G649.21
中国国家版本馆 CIP 数据核字第 2024VU0244 号

版权所有　侵权必究

中国应用型本科高校高质量发展研究报告(2022年)
ZHONGGUO YINGYONGXING BENKE GAOXIAO
GAOZHILIANG FAZHAN YANJIU BAOGAO (2022 NIAN)

南开大学出版社出版发行
出版人:刘文华
地址:天津市南开区卫津路94号　　邮政编码:300071
营销部电话:(022)23508339　营销部传真:(022)23508542
https://nkup.nankai.edu.cn

天津泰宇印务有限公司印刷　全国各地新华书店经销
2024年6月第1版　　2024年6月第1次印刷
240×170毫米　16开本　16.5印张　2插页　270千字
定价:86.00元

如遇图书印装质量问题,请与本社营销部联系调换,电话:(022)23508339

本书顾问

张　力（国家教育咨询委员会秘书长、教育部原教育发展研究中心主任）

张大良（中国高等教育学会副会长、教育部高教司原司长）

阎凤桥（中国高等教育学会学术发展咨询委员会委员、北京大学教育学院院长）

顾建民（中国高等教育学会高等教育学专业委员会副理事长、浙江大学社会科学学部副主任）

参编人员（以姓氏笔画为序）

王　玉　王一涛　邓梦欢　许　松　孙艳艳
许博宁　张　乐　严纯顺　沈　阳　陈子涵
陈松柏　金　成　侯　琮　倪　涛　曹　哲
萧　婷　康亚华　阙明坤　阚　阅　薛德祥

本专著系2021年江苏省高校哲学社会科学重大项目“江苏省应用型本科高校创新创业教育体系运行机制优化研究”的研究成果（项目批准号：2021SJZDA167）

目 录

第一章　综合研究报告

一、我国应用型本科高校基本情况

随着大数据、人工智能等新兴产业迅速发展，社会生产方式发生了巨大的改变，经济社会发展迫切需要应用型人才。应用型高校以培养服务国家和地方经济社会发展需要的应用型、创新型人才为主，能够有效弥补产业升级带来的人才“缺口”。应用型高校一直是党和政府高度重视的对象。2010 年《国家中长期教育改革和发展规划纲要（2010—2020 年）》首次在国家层面上，提出要“扩大应用型、复合型、技能型人才培养规模”①；2015 年，《关于引导部分地方普通本科高校向应用型转变的指导意见》明确要求引导、推动部分地方普通本科高校向应用型高校转型发展；2017 年由教育部发布的《关于“十三五”时期高等学校设置工作的意见》中，明确提出应用型高校与研究型高校、职业技能型高校并列我国高等教育三大类型；2021 年发布的《中华人民共和国国民经济和社会发展第十四个五年规划和 2035 年远景目标纲要》再次强调要“推进部分普通本科高校向应用型转变”②。引导部分地方本科高校向应用型转变是党中央、国务院的重大决策部署，建设应用型高校、培养应用型人才是教育领域人才供给侧结构性改革的重要内容。

本研究涉及的应用型高校主要指 1999 年以后新建、升格的以培养面向生产、经营、管理一线的高素质应用型人才为主的地方本科高校。根据教育部官网统计，截至 2023 年 6 月 15 日，我国共有 1275 所普通本科高校。本文确定

---

① 《国家中长期教育改革和发展规划纲要（2010—2020 年）》，北京：人民出版社，2010 年版，第 30 页。

② 《中华人民共和国国民经济和社会发展第十四个五年规划和 2035 年远景目标纲要》，北京：人民出版社，2022 年版，第 131 页。

并跟踪 663 所应用型本科高校，占我国普通本科高校超半数的 52.91%。663 所应用型本科高校包括：286 所公办应用型本科高校、222 所民办应用型本科高校和 155 所独立学院。此外，本报告还将新设立的 32 所本科职业技术大学纳入统计范畴，其中 22 所为民办本科职业技术大学，10 所为公办本科职业技术大学。表 1.1 为 2021 年 695 所院校在各省区市的分布情况。

表 1.1　省区市应用型高校分布情况

省（区、市）	应用型高校数量（所）	省（区、市）	应用型高校数量（所）
北京	17	湖南	39
天津	12	内蒙古	9
河北	34	广西	24
上海	14	重庆	14
江苏	42	四川	31
浙江	37	贵州	20
福建	26	云南	20
山东	43	陕西	31
广东	35	甘肃	13
海南	4	宁夏	5
山西	21	新疆	8
安徽	27	辽宁	24
江西	31	吉林	17
河南	37	黑龙江	19
湖北	41		

二、开展应用型本科高校高质量发展评价具有重要意义

党的二十大报告提出：“坚持以人民为中心发展教育，加快建设高质量教育体系，发展素质教育，促进教育公平。”[①]《中华人民共和国国民经济和社会发展第十四个五年规划和 2035 年远景目标纲要》指出：“建设高质量本科教育，推进部分普通本科高校向应用型转变。”[②]提高应用型本科高校的教育质

① 《高举中国特色社会主义伟大旗帜　为全面建设社会主义现代化国家而团结奋斗》，北京：人民出版社，2022 年版，第 34 页。

② 《中华人民共和国国民经济和社会发展第十四个五年规划和 2035 年远景目标纲要》，北京：人民出版社，2022 年版，第 131 页。

量，是提高我国本科教育整体发展水平、建设高质量教育体系的重要一环。引导部分地方本科高校向应用型转变是党中央、国务院的重大决策部署。应用型本科高校是我国本科教育的重要组成部分，受办学历史较短、经费投入不足、基础较为薄弱等因素的影响，应用型本科高校目前仍然是我国本科教育的短板。

为诊断我国应用型本科高校发展过程中遇到的问题，总结发展规律，探寻高质量发展之路，浙江大学教育学院、无锡太湖学院、苏州大学东吴智库联合成立“中国应用型本科高校高质量发展研究课题组”（ICAUR），从教学、科研、社会服务等若干维度对应用型本科高校进行综合评价。课题组邀请国家教育咨询委员会秘书长、教育部原教育发展研究中心主任张力，中国高等教育学会副会长、教育部高教司原司长张大良，中国高等教育学会学术发展咨询委员会委员、北京大学教育学院院长阎凤桥，中国高等教育学会高等教育学专业委员会副理事长、浙江大学社会科学学部副主任顾建民等 4 位权威专家担任顾问。中国高等教育学会常务理事、无锡太湖学院校长金成研究员，浙江大学教育学院常务副院长阚阅教授，浙江大学国家制度研究院特约研究员、无锡太湖学院副校长阙明坤研究员，苏州大学教育学院院长助理、苏州大学东吴智库研究员王一涛教授担任首席专家。

三、应用型本科高校高质量发展评价指标体系的构建

（一）指标设计和遴选原则

为最大限度地保证客观、公正、系统、动态和可持续地评价应用型本科高校在科研方面的历史积累和现实状况，本团队在评价指标体系设计和指标遴选上，坚持系统性、可比性、可操作性、可持续性、可重复验证、顺应趋势符合实际六大原则。

第一，系统性原则，即用一组各有侧重又相互联系的指标来全面地反映各高校的高质量发展状况。每一个指标都有明确的内涵和科学的解释，并尽量保证评价体系中每一个指标在权重设置和计算方法方面的科学性。为了保证评价指标体系设计和指标遴选的系统性，我们设置了教学和科研两个一级指标来全面衡量高质量发展水平。

第二，可比性原则，即尽量确保被选指标在各个被评院校之间具有可比

性。为此，本评价体系中的任何一个指标都采集于国家和社会权威机构公开发布的文件材料，被评价院校在获得这些成果方面的机会大致均等，结果公开可查。比如，由于各省的省级课题标准不一，所以目前的课题指标仅包括“国家课题”和“部级课题”，省级课题尚未纳入评价体系。

第三，可操作性原则，即确保被选择的指标简单、明确和易用。对于一些目前不易客观量化、难以公开获得、过于烦琐的指标，都没有纳入评价体系中。

第四，可持续性原则，即尽量确保指标体系设计和指标遴选具有持续性、稳定性，确保数据获取途径、计算方法的可持续性、稳定性，能够跨年比较。

第五，可重复验证原则，即确保其他研究者可以对本结果进行复制性研究，从而保证本评价的客观、公正。我们将评价依据、应用型高校整体排行结果以及若干重要单项指标排行结果同时公布，任何机构和个人都可以验证我们的评价结果。

第六，顺应趋势和符合实际原则，2020 年 10 月，中共中央、国务院印发的《深化新时代教育评价改革总体方案》，将中国学术界已高喊了多年的“破五唯”真正推向了改革的拐点。该方案旨在扭转不科学的教育评价导向，克服“唯论文、唯帽子、唯职称、唯学历、唯奖项”的顽瘴痼疾，提高教育治理能力和水平，加快推进教育现代化、建设教育强国。本团队顺应评价改革发展趋势，增加教学类指标，如“专业”“教材”“竞赛”和“产教融合”等。本评价中“论文”“课题”和“专利”等科研层面指标赋权共 45%，教学类的指标赋权共 55%。在坚持“顺应趋势”的同时也注意“符合实际”。考虑到应用型本科高校科研整体水平不高的实际情况，作为高等院校，科研层面的评价也不应忽视。但新建（应用型）本科高校的科研不能盲目追求世界一流大学和国内一流大学的科研评价标准，还将以国内论文为主。因此在论文方面，我们赋予国内论文 15%的权重而仅赋予国外论文 5%的权重。

（二）数据来源

各种统计指标的数据来源，均来自权威的官方网站或者数据库，详见表 1.2。数据来源的权威性和公开性保证了排行结果的可重复性，任何机构和个人都可以对评价结果进行验证。

表 1.2 各种统计指标和数据来源

类别	统计指标	数据来源
论文	人文社会科学引文索引（CSSCI）论文数 中国科学引文（CSCD）数据库论文数 社会科学引文索引（SSCI）和科学引文索引（SCI）论文数	中文社会科学引文索引数据库 中国科学引文索引数据库 Web of Science
	北大核心论文数	中国知网
课题	国家社会科学基金类项目：国家社科基金项目、国家社科基金教育学项目、国家社科基金艺术学项目、国家社科基金西部项目、国家社科基金后期资助项目、国家社科基金重大项目	全国哲学社会科学工作办公室网站
	教育部项目：教育部人文社会科学研究一般项目（规划基金项目、青年基金项目、自筹经费项目、西部和边疆地区项目、新疆项目、西藏项目），教育部哲学社会科学研究重大课题攻关项目，教育部哲学社会科学研究后期资助项目，教育部高校思想政治理论课专项、高校思想政治工作专项、工程技术人才培养项目，教育部廉政专项、科研诚信专项、马克思主义专项，教育部省部共建基地项目，教育部基地重大项目，全国教育科学规划教育部项目，教育部科学技术研究重大项目	中华人民共和国教育部网站
专利	授权发明专利数	中华人民共和国国家知识产权局网站
课程	国家一流课程	中华人民共和国教育部网站
教材	全国教材建设奖获奖情况	中华人民共和国教育部网站
专业	国家一流专业	各高校官网

（三）指标权重

遵循评价指标体系的设计原则，我们从论文、课题、专利、课程、教材、专业和学科共七个一级指标来对新建（应用型）本科高校的高质量发展进行评价和排行，每个一级指标又包括一个或多个二级指标，见表 1.3。

表 1.3 应用型高校高质量发展评价指标及权重分配

一级指标	二级指标	指标解释	权重	标准化处理办法
论文	国内学术论文	CSSCI 论文数 CSCD 论文数	15%	当量法、线性归一化
		北大核心论文数（参考指标）	—	

续表

一级指标	二级指标	指标解释	权重	标准化处理办法
论文	国际学术论文	SCI 论文数 SSCI 论文数	5%	线性归一化
课题	社会科学基金课题	国家社会科学基金重大重点课题立项数 国家社会科学基金一般课题立项数 教育部人文社科课题立项数	15%	当量法、线性归一化
	自然科学基金课题	国家自然科学基金立项数		
专利	发明专利	有效发明专利授权数	10%	线性归一化
课程	国家一流课程建设	国家级一流本科课程获批数	10%	—
教材	教材获奖情况	全国教材建设奖获奖数	10%	非线性处理办法
专业	国家一流专业	国家级一流本科专业获批数	15%	—
学科	硕士学位授权点 博士学位授权点	硕士学位授权点获批数 博士学位授权点获批数	20%	当量法、线性归一化

（四）计算方式方法

1. 标准化处理。为消除各指标量纲差异，同时明确各学校指标数据值的相对位置，本研究对原始数据采取标准化处理。本文涉及的标准化处理方法如下。

（1）线性归一化：对各指标原始数据进行线性变换，将数据值映射到[0, 100]。计算公式如下：$z_i = \frac{x_i - \min(x_i)}{\max(x_i) - \min(x_i)}$。其中，$z_i$ 为第 i 个指标的标准化数据，x_i 为第 i 个指标的原始数据，$\max(x_i)$、$\min(x_i)$ 分别为第 i 个指标原始数据的最大值和最小值。

（2）当量法：部分一级指标中，各细分指标的重要程度不同，若均以项数等量齐观便会失去意义。利用当量法赋予各细分指标不同的当量，凸显指标间相对重要程度。在“课题”指标中，为凸显国家课题各等级的重要程度，省部级、一般、重大重点项目的当量分别取 1、2、3。例如某高校获得国家课题重大重点项目 1 项，一般项目 1 项，省部级项目 1 项，经过当量法处理后，该高校在国家课题重大重点项目的值为 3，一般项目为 2，省部级项目为 1。“论文”指标的处理方法同上。其中，人文社科论文、自然科学论文的当量分别取 2 和 1。

（3）非线性处理方法：考虑到部分指标只有少数高校得分而大多数高校得分为 0 的情况，将指标结果划分为若干个区间，然后分别采用主观赋分法或线性归一化予以赋值。

2. 确定权重并计算高质量发展指数。本文评价指标赋权采取主观赋权法中的专家赋权法。邀请相关专家组成焦点小组，根据专家讨论的反馈意见获取各指标权重。对标准化处理后的指标数据进行加权平均即为高质量发展指数值。计算公式如下：$E_j=\sum_{i=1}^{n} z_i * w_i$。其中，$E_j$ 为第 j 所高校的高质量发展指数，w_i 为第 i 个指标的权重，共 n 个指标。

考虑到很多数据库数据更新速度较慢，为保证数据的完整性和准确性，当年的评价采用上一年度的高质量发展评价数据。比如，2022 年的高质量发展评价采用的是 2021 年的数据。同时为了让各受评高校更直观地与其他高校进行年度比较，本评价体系将采用单年数据。

四、高质量发展评价结果

课题组将应用型高校作为一个整体，对其高质量发展进行考察，这样能够看到公办本科院校、民办本科院校和独立院校三类的相对竞争力，同时还将公办和民办本科职业技术大学纳入计算，查看其高质量发展水平。本报告采用 2021 年度的数据。2021 年高质量发展指数较高的前 50 所应用型本科高校如表 1.4 所示。成都大学、东莞理工学院、上海应用技术大学、江汉大学和福建工程学院[①]位居前 5 强。

本报告参照国家统计局的划分方法，除港澳台地区外，将我国的经济区域划分为东部、中部、西部和东北四大地区。其中东部包括：北京、天津、河北、上海、江苏、浙江、福建、山东、广东和海南。中部包括：山西、安徽、江西、河南、湖北和湖南。西部包括：内蒙古、广西、重庆、四川、贵州、云南、西藏、陕西、甘肃、青海、宁夏和新疆。东北包括：辽宁、吉林和黑龙江。由于中华人民共和国香港特别行政区、中华人民共和国澳门特别行政区、中华人民共和国台湾地区在政治、经济和文化体制上有别于内地（大陆），且数据难以获得，故此三地的相关数据未纳入本报告。此外，青海、西藏的所有高校均不

① 福建工程学院于 2023 年更名为福建理工大学，但本书所涉内容均为 2021 年数据，因此仍沿用福建工程学院。

属于本报告中所研究的应用型本科高校，故后文表格不作列举。

从区域分布来看，不同地区的应用型本科高校高质量发展水平不同。整体来看，东部地区尤其是江苏、浙江和上海三地的高质量发展水平较强，东部共 29 所跻身于前 50 强，仅苏浙沪就有 20 所。西部和中部旗鼓相当，分别有 10 和 11 所进入前 50 强。各区域各省份应用型高校高质量发展水平前 3 名见表 1.5。各区域各省份应用型民办高校高质量发展水平第一名见表 1.6。值得说明的是，吉林省和辽宁省的吉林外国语大学和大连东软信息学院既是民办高校高质量发展水平第一名，同时也是本省应用型高校高质量发展水平的第一名。

从办学性质来看，公办本科高校高质量发展水平最高，民办本科高校次之，独立学院最弱。进入前 100 强的本科高校有 95 所是公办校，只有 5 所是民办本科高校（无独立学院）。西京学院、无锡太湖学院、吉林外国语大学、浙江越秀外国语学院和宁波财经学院分别位于第 42、69、74、76 和 88 名，是民办本科高校的前 5 强。值得注意的是，南京工业职业技术大学作为公办职业本科院校跻身前 100 强，位于排行榜第 94 位。

从办学类型来看，各类型高校各有优势。我国应用型本科高校有综合类、理工类、师范类、财经类、医药类等类型，这些院校的高质量发展水平存在明显差异。值得注意的是，理工类院校是我国的重要组成部分，前 30 强高校中有 13 所是理工类院校。师范类和综合类高校次之，前 30 强高校中各有 6 所是师范类和综合类院校。不同办学类型、办学性质排行前 5 强高校见表 1.7 和表 1.8。

表 1.4　2021 年我国高质量发展水平前 50 强

序号	学校名称	省（区、市）	办学性质	办学类型	区域
1	成都大学	四川	公办	综合类	西部
2	东莞理工学院	广东	公办	理工类	东部
3	上海应用技术大学	上海	公办	理工类	东部
4	江汉大学	湖北	公办	综合类	中部
5	福建工程学院	福建	公办	理工类	东部
6	南京工程学院	江苏	公办	理工类	东部
7	临沂大学	山东	公办	综合类	东部
8	厦门理工学院	福建	公办	理工类	东部
9	河北中医学院*	河北	公办	医药类	东部
10	浙江科技学院	浙江	公办	理工类	东部
11	湖南理工学院	湖南	公办	理工类	中部
12	重庆科技学院	重庆	公办	理工类	西部

续表

序号	学校名称	省（区、市）	办学性质	办学类型	区域
13	湖州师范学院	浙江	公办	师范类	东部
14	浙江传媒学院	浙江	公办	艺术类	东部
15	合肥学院	安徽	公办	综合类	中部
16	常熟理工学院	江苏	公办	理工类	东部
17	徐州工程学院	江苏	公办	综合类	东部
18	盐城师范学院	江苏	公办	师范类	东部
19	太原师范学院	山西	公办	师范类	中部
20	淮阴师范学院	江苏	公办	师范类	东部
21	嘉兴学院	浙江	公办	综合类	东部
22	广东金融学院	广东	公办	财经类	东部
23	南昌工程学院	江西	公办	理工类	中部
24	湖北经济学院	湖北	公办	财经类	中部
25	上海政法学院	上海	公办	政法类	东部
26	洛阳师范学院	河南	公办	师范类	中部
27	金陵科技学院	江苏	公办	理工类	东部
28	山东交通学院	山东	公办	理工类	东部
29	淮阴工学院	江苏	公办	理工类	东部
30	南京晓庄学院	江苏	公办	师范类	东部
31	常州工学院	江苏	公办	理工类	东部
32	浙江万里学院	浙江	公办	理工类	东部
33	台州学院	浙江	公办	综合类	东部
34	闽江学院	福建	公办	综合类	东部
35	上海立信会计金融学院	上海	公办	财经类	东部
36	长沙学院	湖南	公办	综合类	中部
37	衡阳师范学院	湖南	公办	师范类	中部
38	西安医学院	陕西	公办	医药类	西部
39	重庆文理学院	重庆	公办	综合类	西部
40	泉州师范学院	福建	公办	师范类	东部
41	昆明学院	云南	公办	综合类	西部
42	***西京学院***	陕西	***民办***	理工类	西部
43	广西财经学院	广西	公办	财经类	西部
44	上海第二工业大学	上海	公办	理工类	东部
45	浙大城市学院	浙江	公办	综合类	东部
46	天水师范学院	甘肃	公办	师范类	西部
47	南阳师范学院	河南	公办	师范类	中部
48	北部湾大学	广西	公办	综合类	西部
49	长江师范学院	重庆	公办	师范类	西部
50	井冈山大学	江西	公办	综合类	中部

* 河北中医学院于 2023 年更名为河北中医药大学，但本书所涉内容均为 2021 年数据，因此仍沿用河北中医学院。

表 1.5 各区域各省区市高质量发展水平前 3 强

区域	省（区、市）	排名	学校名称
东部	北京	1	中国劳动关系学院
		2	中华女子学院
		3	北京城市学院
	福建	1	福建工程学院
		2	厦门理工学院
		3	闽江学院
	广东	1	东莞理工学院
		2	广东金融学院
		3	广东石油化工学院
	河北	1	河北中医学院
		2	华北科技学院
		3	防灾科技学院
	海南	1	海南热带海洋学院
		2	海口经济学院
		3	三亚学院
	江苏	1	南京工程学院
		2	常熟理工学院
		3	徐州工程学院
	山东	1	临沂大学
		2	山东交通学院
		3	滨州学院
	上海	1	上海应用技术大学
		2	上海政法学院
		3	上海立信会计金融学院
	天津	1	天津中德应用技术大学
		2	天津仁爱学院
		3	天津财经大学珠江学院
	浙江	1	浙江科技学院
		2	湖州师范学院
		3	浙江传媒学院
中部	安徽	1	合肥学院
		2	衢州学院
		3	滁州学院
	湖北	1	江汉大学
		2	湖北经济学院
		3	黄冈师范学院
	湖南	1	湖南理工学院
		2	长沙学院
		3	衡阳师范学院
	河南	1	洛阳师范学院
		2	南阳师范学院
		3	洛阳理工学院
	江西	1	南昌工程学院
		2	井冈山大学
		3	九江学院
	山西	1	太原师范学院
		2	山西传媒学院
		3	太原工业学院
西部	重庆	1	重庆科技学院
		2	重庆文理学院
		3	长江师范学院
	甘肃	1	天水师范学院
		2	河西学院
		3	兰州文理学院
	广西	1	广西财经学院
		2	北部湾大学
		3	玉林师范学院
	贵州	1	贵州理工学院
		2	遵义师范学院
		3	贵阳学院
	内蒙古	1	赤峰学院
		2	内蒙古艺术学院
		3	呼伦贝尔学院

续表

区域	省（区、市）	排名	学校名称	区域	省（区、市）	排名	学校名称
西部	宁夏	1	宁夏师范学院	西部	云南	1	昆明学院
		2	宁夏理工学院			2	曲靖师范学院
		3	银川科技学院			3	楚雄师范学院
	四川	1	成都大学	东北	辽宁	1	大连东软信息学院
		2	四川警察学院			2	辽宁科技学院
		3	成都工业学院			3	沈阳工程学院
	陕西	1	西安医学院		吉林	1	吉林外国语大学
		2	西京学院			2	长春工程学院
		3	榆林学院			3	吉林动画学院
	新疆	1	新疆工程学院		黑龙江	1	黑龙江工程学院
		2	昌吉学院			2	哈尔滨学院
		3	新疆科技学院			3	大庆师范学院

表 1.6 各区域各省份应用型本科民办高校高质量发展水平第一名

区域	省（区、市）	学校名称	区域	省（区、市）	学校名称
东部	北京	北京城市学院	西部	重庆	重庆财经学院
	福建	福州外语外贸学院		甘肃	兰州工商学院
	广东	珠海科技学院		广西	南宁学院
	河北	河北传媒学院		贵州	贵阳人文科技学院
	海南	海口经济学院		内蒙古	内蒙古鸿德文理学院
	江苏	无锡太湖学院		宁夏	宁夏理工学院
	山东	山东协和学院		四川	四川传媒学院
	上海	上海杉达学院		陕西	西京学院
	天津	天津仁爱学院		新疆	—
	浙江	浙江越秀外国语学院		云南	丽江文化旅游学院
中部	安徽	安徽新华学院	东北	辽宁	大连东软信息学院
	湖北	武汉工商学院		吉林	吉林外国语大学
	湖南	湖南信息学院		黑龙江	黑龙江东方学院
	河南	郑州工业应用技术学院			
	江西	江西服装学院			
	山西	山西工商学院			

表 1.7 不同办学类型高质量发展水平前 5 强

办学类型	学校名称	办学类型	学校名称
财经类	广东金融学院	医药类	河北中医学院
	湖北经济学院		西安医学院
	上海立信会计金融学院		山东协和学院
	广西财经学院		甘肃医学院
	湖南财政经济学院		湖南医药学院
理工类	东莞理工学院	艺术类	浙江传媒学院
	上海应用技术大学		内蒙古艺术学院
	福建工程学院		山西传媒学院
	南京工程学院		吉林动画学院
	厦门理工学院		江西服装学院
民族类	呼和浩特民族学院	语言类	浙江外国语学院
	河北民族师范学院		吉林外国语大学
	四川民族学院		浙江越秀外国语学院
	贵阳人文科技学院		中华女子学院
	广西民族大学相思湖学院		西安翻译学院
农林类	信阳农林学院	政法类	上海政法学院
	山东农业工程学院		中国劳动关系学院
	吉林农业科技学院		四川警察学院
	浙江农林大学暨阳学院		南京森林警察学院
	广西农业职业技术大学		浙江警察学院
师范类	湖州师范学院	综合类	成都大学
	盐城师范学院		江汉大学
	太原师范学院		临沂大学
	淮阴师范学院		合肥学院
	洛阳师范学院		徐州工程学院
体育类	武汉体育学院体育科技学院		

表 1.8 不同办学性质高质量发展水平前 5 强

办学性质	学校名称	办学性质	学校名称
公办	成都大学	公办职业本科	同济大学浙江学院
	东莞理工学院		广东外语外贸大学南国商学院
	上海应用技术大学		南京工业职业技术大学
	江汉大学		山西工程科技职业大学
	福建工程学院		广西农业职业技术大学
民办	西京学院		浙江药科职业大学
	无锡太湖学院		河北科技工程职业技术大学
	吉林外国语大学	民办职业本科	运城职业技术大学
	浙江越秀外国语学院		山东外国语职业技术大学
	宁波财经学院		浙江广厦建设职业技术大学
独立学院	电子科技大学中山学院		广州科技职业技术大学
	厦门大学嘉庚学院		海南科技职业大学
	西安交通大学城市学院		

第二章 学术论文分析报告

本报告中论文指标包含国内学术论文和国际学术论文两个二级指标，国内学术论文由中文社会科学引文索引（CSSCI）论文数和中国科学引文数据库（CSCD）论文数共同衡量，国际学术论文由科学引文索引（Science Citation Index，SCI）论文数和社会科学引文索引（Social Sciences Citation Index，SSCI）论文数共同衡量。考虑到应用型本科高校科研发展水平不高，不应盲目追求世界一流大学和国内一流大学的科研评价标准，还将以国内论文为主。因此，课题组赋予国内学术论文指标权重为15%，国际学术论文指标权重为5%，以凸显对国内论文的重视。

如表2.1所示，成都大学、上海政法学院、河北中医学院、上海应用技术大学和广东金融学院位居应用型本科高校"论文"高质量发展水平前5强。前50强中共有48所公办高校和2所民办高校。2所民办高校分别是浙江越秀外国语学院和西京学院。进入前150强的民办高校还包括浙江树人学院、无锡太湖学院、武昌理工学院、宁波财经学院和厦门大学嘉庚学院等5所院校。

研究发现，我国有100余所应用型本科高校在2021年论文的高质量发展综合指数为0，意味着这些院校未发表任何CSSCI、CSCD、SCI和SSCI论文，这些高校主要是独立学院和独立设置的民办本科高校，也包含4所公办本科高校（新疆警察学院、山西科技学院、赣东学院和新疆政法学院）和10余所公、民办职业本科院校。上海政法学院、河北中医学院、成都大学和湖北经济学院分别是CSSCI、CSCD、SCI和SSCI论文发文数第一名，各类论文发文数前5名见表2.2。

表 2.1　2021 年我国应用型本科高校论文发表前 50 强

序号	学校名称	省（区、市）	办学性质	办学类型	区域
1	成都大学	四川	公办	综合类	西部
2	上海政法学院	上海	公办	政法类	东部
3	河北中医学院	河北	公办	医药类	东部
4	上海应用技术大学	上海	公办	理工类	东部
5	广东金融学院	广东	公办	财经类	东部
6	湖州师范学院	浙江	公办	师范类	东部
7	浙江传媒学院	浙江	公办	艺术类	东部
8	南京工程学院	江苏	公办	理工类	东部
9	太原师范学院	山西	公办	师范类	中部
10	福建工程学院	福建	公办	理工类	东部
11	东莞理工学院	广东	公办	理工类	东部
12	嘉兴学院	浙江	公办	综合类	东部
13	南京晓庄学院	江苏	公办	师范类	东部
14	上海立信会计金融学院	上海	公办	财经类	东部
15	江汉大学	湖北	公办	综合类	中部
16	长江师范学院	重庆	公办	师范类	西部
17	西安医学院	陕西	公办	医药类	西部
18	湖北经济学院	湖北	公办	财经类	中部
19	淮阴师范学院	江苏	公办	师范类	东部
20	台州学院	浙江	公办	综合类	东部
21	洛阳师范学院	河南	公办	师范类	中部
22	浙江科技学院	浙江	公办	理工类	东部
23	厦门理工学院	福建	公办	理工类	东部
24	闽江学院	福建	公办	综合类	东部
25	盐城师范学院	江苏	公办	师范类	东部
26	***浙江越秀外国语学院***	浙江	***民办***	语言类	东部
27	***西京学院***	陕西	***民办***	理工类	西部
28	铜仁学院	贵州	公办	综合类	西部
29	常熟理工学院	江苏	公办	理工类	东部
30	临沂大学	山东	公办	综合类	东部
31	南昌工程学院	江西	公办	理工类	中部
32	重庆科技学院	重庆	公办	理工类	西部
33	常州工学院	江苏	公办	理工类	东部
34	长沙学院	湖南	公办	综合类	中部
35	广西财经学院	广西	公办	财经类	西部
36	重庆文理学院	重庆	公办	综合类	西部

续表

序号	学校名称	省（区、市）	办学性质	办学类型	区域
37	浙江万里学院	浙江	公办	理工类	东部
38	淮阴工学院	江苏	公办	理工类	东部
39	莆田学院	广东	公办	综合类	东部
40	徐州工程学院	江苏	公办	综合类	东部
41	南阳师范学院	河南	公办	师范类	中部
42	广东第二师范学院	广东	公办	师范类	东部
43	河南工程学院	河南	公办	理工类	中部
44	防灾科技学院	北京	公办	综合类	东部
45	郑州师范学院	河南	公办	师范类	中部
46	山西工学院	山西	公办	理工类	中部
47	榆林学院	陕西	公办	综合类	西部
48	贵州师范学院	贵州	公办	师范类	西部
49	宜春学院	江西	公办	综合类	中部
50	浙大宁波理工学院	浙江	公办	理工类	东部

表 2.2 2021 年我国应用型本科高校各类论文发文数前 5 强

类别	排名	学校名称	类别	排名	学校名称
CSSCI 发文数	1	上海政法学院	SCI 发文数	1	成都大学
	2	广东金融学院		2	湖州师范学院
	3	浙江传媒学院		3	嘉兴学院
	4	成都大学		4	东莞理工学院
	4	南京晓庄学院		5	武夷学院
	4	上海立信会计金融学院			
CSCD 发文数	1	河北中医学院	SSCI 发文数	1	湖北经济学院
	2	上海应用技术大学		2	上海立信会计金融学院
	3	南京工程学院		3	湖州师范学院
	3	西安医学院		4	上海商学院
	5	成都大学		5	浙大城市学院

一、应用型本科高校 CSSCI 论文刊发情况

课题组对应用型本科高校的教学、科研和社会服务进行综合评价，包括论

文、课题、专利、学科、专业、课程、教材等若干个一级指标，论文的评价标准之一是CSSCI发文数（评价院校须作为第一机构，不包含CSSCI扩展版）。CSSCI数据库由南京大学中国社会科学研究评价中心开发，从全国的中文人文社会科学学术性期刊中精选出学术性强、编辑规范的期刊作为来源期刊。在CSSCI来源期刊发表论文是国家社会科学基金课题结题的必要条件，是教育部人文社会科学课题结题时“免予鉴定”的必要条件，也是国内大多数高校人文社科教师职称晋升的重要依据，受到高校人文社科领域学者的高度重视。

本报告的应用型本科高校CSSCI论文刊发情况采用2021年度的数据。报告中各高校CSSCI论文刊发数据来源于中文社会科学引文索引官方网站，以应用型本科高校名称作为第一作者机构对2021年CSSCI论文刊发数进行检索。

（一）我国应用型本科高校发表CSSCI来源期刊整体情况

2021年在CSSCI来源期刊上发文数量较多的前50名应用型本科高校如表2.3所示（部分高校并列）。上海政法学院、广东金融学院、浙江传媒学院、成都大学、南京晓庄学院、上海立信会计金融学院位居前5强。上海政法学院作为一所以法学为主干、多学科协调发展的政法类应用型高校，形成了鲜明的法学研究与办学特色，法学学科（含国际法学、行政法学、监狱学、金融法学、环境与资源保护法学）是上海市一流学科、高原学科，在CSSCI来源期刊上发文数量最多。前50强中共有49所公办高校和3所民办高校，进入前50强的3所民办高校是浙江越秀外国语学院、宁波财经学院和浙江树人学院，分别位列第7名、第39名和第46名。进入前100强的民办高校还包括武昌理工学院、无锡太湖学院、南京传媒学院3所高校。

2021年全国663所应用型本科高校总发文量为2393篇，校均3.61篇，前50强高校在CSSCI来源期刊上发文量为1318篇，占应用型高校发文总量的55.08%。2021年有336所应用型本科高校未在CSSCI来源期刊发文，约占应用型本科高校总数的50.68%，这说明我国应用型本科高校整体科研竞争力还较弱。未在C刊发文的应用型本科高校主要是独立学院和民办高校（共计283所），约占应用型本科高校总数的42.68%；另有53所公办应用型本科高校未在CSSCI来源期刊发文，约占应用型本科高校总数的7.99%。

新修订的《职业教育法》规定，高等职业学校教育由专科、本科及以上教育层次的高等职业学校和普通高等学校实施，确定了本科职业教育在中国特色职业教育体系中的法律地位。值得注意的是，2021 年全国本科职业技术大学在 CSSCI 来源期刊上发文量均未进入前 100 强，这在一定程度上表明我国职业技术大学整体社会科学研究竞争力不高，社会科学研究水平有待进一步提升。

表 2.3　2021 年我国应用型本科高校发表 CSSCI 来源期刊论文数前 50 强

排名	学校	性质	发文数量（篇）
1	上海政法学院	公办	99
2	广东金融学院	公办	71
3	浙江传媒学院	公办	69
4	成都大学	公办	47
4	南京晓庄学院	公办	47
4	上海立信会计金融学院	公办	47
7	***浙江越秀外国语学院***	**民办**	44
8	湖北经济学院	公办	42
9	淮阴师范学院	公办	37
10	浙江外国语学院	公办	31
11	长江师范学院	公办	30
12	湖州师范学院	公办	29
13	太原师范学院	公办	28
13	盐城师范学院	公办	28
15	广西财经学院	公办	27
16	洛阳师范学院	公办	26
17	上海应用技术大学	公办	25
18	东莞理工学院	公办	24
18	中国劳动关系学院	公办	24
20	广东第二师范学院	公办	23
21	常州工学院	公办	22
21	湖南财政经济学院	公办	22
21	上海商学院	公办	22
24	常熟理工学院	公办	21
24	长沙学院	公办	21
26	浙江科技学院	公办	20
27	闽江学院	公办	19
28	江苏第二师范学院	公办	18

续表

排名	学校	性质	发文数量（篇）
28	山东政法学院	公办	18
28	铜仁学院	公办	18
31	安阳师范学院	公办	17
31	嘉兴学院	公办	17
31	泉州师范学院	公办	17
31	上饶师范学院	公办	17
35	湖北第二师范学院	公办	16
35	中华女子学院	公办	16
37	黄冈师范学院	公办	15
37	湖南理工学院	公办	15
39	福建工程学院	公办	14
39	福建江夏学院	公办	14
39	***宁波财经学院***	***民办***	14
39	山东女子学院	公办	14
39	天水师范学院	公办	14
39	浙大宁波理工学院	公办	14
39	肇庆学院	公办	14
46	北部湾大学	公办	13
46	绵阳师范学院	公办	13
46	山东管理学院	公办	13
46	山东青年政治学院	公办	13
46	上海第二工业大学	公办	13
46	***浙江树人学院***	***民办***	13
46	郑州师范学院	公办	13

上海政法学院注重科研激励，激发科研活力

上海政法学院注重激发学科科研活力，学校按照“优势学科、特色学科”的学科建设分类，制定差异化的学科引导支持政策，开展了第四期特色学科建设工作、非法学硕士点建设项目及学位点培育建设项目；聚焦学科建设、分类评价等重点任务，制定学科建设和分类评价对标提升实施方案。修订《上海政法学院科研项目经费管理办法》，进一步激发教师的科研积极性，营造了良好的科研创新环境。同时为响应国家一流学科建设号召，提升学校教师科研能力

与科研水平，促进学校学科发展，积极迎接教育部高校学科评估，学校出台了《上海政法学院高水平科研成果提升计划》。经过核查科研成果属实的，科研处即根据配套标准对科研成果予以配套。具体的配套支持对象如下：

1. 国家级项目：国家社科基金重大项目、国家社科基金重点项目、国家社科基金一般项目（含青年项目）、中华外译项目等在内的国家级项目。

2. 高水平科研论文：权威核心、重要核心、法学类十五大核心、非法学学科 CSSCI 来源期刊排名前 30%的刊物。

3. 高水平决策咨询报告：决策咨询报告被国家级领导人批示、决策咨询报告被省部级领导人批示、决策咨询报告被中办单篇录用。

4. 高级别科研奖励：国家级奖励、省部级奖励。

（二）民办应用型本科高校 CSSCI 来源期刊论文发表情况

民办应用型本科高校是高等教育事业的重要生力军，其办学质量和社会科学研究水平受到各界广泛关注。2021 年，全国共有 78 所民办本科高校在 CSSCI 来源期刊上发文，共计 240 篇，校均 3.08 篇，有 144 所民办本科高校未在 CSSCI 来源期刊上发文，可见科研水平有待提升。表 2.4 列出了 2021 年在 CSSCI 来源期刊发文数较多的民办高校，除武昌理工学院来自中部地区外，其余 4 所民办高校均来自东部地区。浙江越秀外国语学院、宁波财经学院、浙江树人学院位居前 3 强。

浙江越秀外国语学院是位于浙江绍兴的民办应用型本科高校，该校重视学科、专业建设，已形成以外语为特色、文学为主体、经济学与管理学为两翼、多学科协调发展的“一体两翼”学科专业布局，引进一大批高水平博士，近几年的科研综合实力持续提高，2021 年继续保持增长势头，CSSCI 来源期刊发文数量位居民办高校之首。

表 2.4　2021 年我国民办应用型本科高校发表 CSSCI 来源期刊论文数前 5 强

排名	学校	省（区、市）	发文数量（篇）
1	浙江越秀外国语学院	浙江	44
2	宁波财经学院	浙江	14
3	浙江树人学院	浙江	13
4	武昌理工学院	湖北	12
5	无锡太湖学院	江苏	8

（三）独立学院 CSSCI 来源期刊论文发表情况

独立学院是我国高等教育事业的重要组成部分，是指实施本科以上学历教育的普通高等学校与国家机构以外的社会组织或者个人合作，利用非国家财政性经费举办的实施本科学历教育的高等学校。2021 年，全国共有 15 所独立学院在 CSSCI 来源期刊上发文，共计 39 篇，校均 2.60 篇，有 140 所独立学院未在 CSSCI 来源期刊上发文。表 2.5 列出了 2021 年在 CSSCI 来源期刊发文数较多的独立学院（部分高校并列），除西安交通大学城市学院来自西部地区，其余院校均来自东部地区。发文量最大的独立学院是厦门大学嘉庚学院（8 篇），该校创办于 2003 年，由厦门大学和厦门嘉庚教育发展有限公司共同举办，遵循“教学与科研并举，以有效教学见长”的发展思路，在不断提高教学质量的同时，将大力发展科研工作作为学校新一轮跨越发展的重大举措和生长点之一。其次是电子科技大学中山学院（5 篇），紧随其后的是西安交通大学城市学院和浙江工商大学杭州商学院，发文量均为 4 篇，上海财经大学浙江学院和天津财经大学珠江学院在 CSSCI 来源期刊发文量均为 3 篇。

此外，还有 9 所独立学院在 CSSCI 来源期刊发文。虽然我国独立学院的整体科研竞争力因部分高水平的独立学院（如浙江大学宁波理工学院和浙江大学城市学院）转设而有所下降，但总体看来，独立学院仍在不断增强自身的科研建设，努力提高科学研究水平。

表 2.5　2021 年我国独立院校发表 CSSCI 来源期刊论文数前 5 强

排名	学校	省（区、市）	发文数量（篇）
1	厦门大学嘉庚学院	福建	8
2	电子科技大学中山学院	广东	5
3	西安交通大学城市学院	陕西	4
3	浙江工商大学杭州商学院	浙江	4
5	上海财经大学浙江学院	浙江	3
5	天津财经大学珠江学院	天津	3

（四）独立学院转设高校 CSSCI 来源期刊论文发表情况

根据 2008 年《独立学院设置与管理办法》和 2020 年教育部办公厅《关于加快推进独立学院转设工作的实施方案》，全国已有一批独立学院转设为独立设置的本科高校。截至 2022 年 5 月，我国 663 所应用型本科高校中共有 148

所院校由独立学院转设而来，课题组称之为“转设高校”，其中 17 所为公办高校，131 所为民办高校。2021 年有 41 所转设高校在 CSSCI 来源期刊发文，共计 130 篇，校均 3.17 篇。有 107 所转设高校未在 CSSCI 来源期刊发文。表 2.6 列出了发文较多的转设高校，其中有 2 所为公办高校，3 所为民办高校。发文量最大的是浙大宁波理工学院，该校成立于 2001 年，前身为浙江大学宁波理工学院，2020 年 1 月更名为浙大宁波理工学院，是一所经教育部批准，由浙江省人民政府管理、宁波市人民政府举办、浙江大学支持办学的全日制公办普通本科高校。该校自 2020 年转设以来，持续保持较高的社会科学研究水平，2021 年 CSSCI 来源期刊发文量为 14 篇，近几年来一直蝉联第一名。

自转设以来，武昌理工学院（原武汉科技大学中南分校）、浙大城市学院（原浙江大学城市学院）、无锡太湖学院（原江南大学太湖学院）、南京传媒学院（原中国传媒大学南广学院）4 所院校也表现优异，在 CSSCI 来源期刊的发文量分别为 12、11、8、7 篇，在转设高校中分别位于第 2、3、4、5 名。

表 2.6　2021 年我国独立学院转设高校发表 CSSCI 来源期刊论文数前 5 强

排名	学校	学校性质	转设时间	省（区、市）	发文数量（篇）
1	浙大宁波理工学院	公办	2020 年	浙江	14
2	武昌理工学院	民办	2011 年	湖北	12
3	浙大城市学院	公办	2020 年	浙江	11
4	无锡太湖学院	民办	2011 年	江苏	8
5	南京传媒学院	民办	2020 年	江苏	7

（五）各区域和各省区市应用型本科高校 CSSCI 来源期刊论文发表情况

表 2.7 列出了我国各省区市发表 CSSCI 来源期刊论文最多的应用型本科高校。在东部地区，2021 年发表 CSSCI 来源期刊论文最多的应用型本科高校是位于上海的上海政法学院（99 篇）。在北京的应用型本科高校中，2021 年发表 CSSCI 来源期刊论文最多的高校为中国劳动关系学院，发文较多的北京高校还有北京城市学院、北京警察学院、中华女子学院等；在福建的应用型本科高校中，2021 年发表 CSSCI 来源期刊论文最多的高校为闽江学院，此外进入前 5 强的还有泉州师范学院、福建工程学院、福建江夏学院、厦门理工学院等 4 所高校；在广东的应用型本科高校中，2021 年发表 CSSCI 来源期刊论文最多的高校为广东金融学院，此外进入前 5 强的还有东莞理工学院、广东第二师

范学院、肇庆学院、嘉应学院等 4 所高校；在河北的应用型本科高校中，2021 年发表 CSSCI 来源期刊论文最多的高校为廊坊师范学院，此外进入前 5 强的还有河北金融学院、北华航天工业学院、邯郸学院、河北传媒学院、邢台学院等 5 所高校（部分高校并列）；在海南的应用型本科高校中，2021 年发表 CSSCI 来源期刊论文最多的高校为海南热带海洋学院和三亚学院，此外在 CSSCI 来源期刊发文的还有海口经济学院；在江苏的应用型本科高校中，2021 年发表 CSSCI 来源期刊论文最多的高校为南京晓庄学院，此外进入前 5 强的还有盐城师范学院、常州工学院、常熟理工学院、江苏第二师范学院等 4 所高校；在山东的应用型本科高校中，2021 年发表 CSSCI 来源期刊论文最多的高校为山东政法学院，此外进入前 5 强的还有山东女子学院、山东管理学院、山东青年政治学院、临沂大学等 4 所高校；在上海的应用型本科高校中，2021 年发表 CSSCI 来源期刊论文最多的高校为上海政法学院，此外进入前 5 强的还有上海应用技术大学、上海商学院、上海第二工业大学、上海海关学院等 4 所高校；在天津的应用型本科高校中，2021 年发表 CSSCI 来源期刊论文最多的高校为天津财经大学珠江学院，此外在 CSSCI 来源期刊发文的还有天津传媒学院、天津天狮学院等 2 所高校；在浙江的应用型本科高校中，2021 年发表 CSSCI 来源期刊论文最多的高校为浙江传媒学院，此外进入前 5 强的还有浙江越秀外国语学院、浙江外国语学院、湖州师范学院、浙江科技学院等 4 所高校。

在中部地区，2021 年发表 CSSCI 来源期刊论文最多的应用型本科高校是位于湖北的湖北经济学院（42 篇）。在安徽的应用型本科高校中，2021 年发表 CSSCI 来源期刊论文最多的高校为合肥学院，此外进入前 5 强的还有铜陵学院、滁州学院、黄山学院、合肥师范学院、淮南师范学院等 5 所高校（部分高校并列）；在湖北的应用型本科高校中，2021 年发表 CSSCI 来源期刊论文最多的高校为湖北经济学院，此外进入前 5 强的还有湖北第二师范学院、黄冈师范学院、武昌理工学院、江汉大学等 4 所高校；在湖南的应用型本科高校中，2021 年发表 CSSCI 来源期刊论文最多的高校为湖南财政经济学院，此外进入前 5 强的还有长沙学院、湖南理工学院、衡阳师范学院、湖南科技学院、怀化学院等 5 所高校（部分高校并列）；在河南的应用型本科高校中，2021 年发表 CSSCI 来源期刊论文最多的高校为洛阳师范学院，此外进入前 5 强的还有安阳师范学院、郑州师范学院、南阳师范学院、河南工程学院、黄淮学院、周口师范学院等 6 所高校（部分高校并列）；在江西的应用型本科高校中，2021 年发表 CSSCI 来源期刊论文最多的高校为上饶师范学院，此外进入前 5 强的还有南昌工程学院、井冈山大学、九江学院、宜春学院等 4 所高校；在山西的应用型本科高校中，2021 年发表 CSSCI 来源期刊论文最多的高校为太原师范学院，此外进入前 5 强的还有忻州师范学院、吕梁学院、山西传媒学院、太原学院等 4 所高校。

在西部地区，2021 年发表 CSSCI 来源期刊论文最多的应用型本科高校是位于四川的成都大学（47 篇）。在重庆的应用型本科高校中，2021 年发表 CSSCI 来源期刊论文最多的高校为长江师范学院，此外进入前 5 强的还有重庆文理学院、重庆第二师范学院、重庆财经学院、重庆科技学院等 4 所高校；在甘肃的应用型本科高校中，2021 年发表 CSSCI 来源期刊论文最多的高校为天水师范学院，此外进入前 5 强的还有兰州城市学院、兰州文理学院、河西学院、陇东学院等 4 所高校；在广西的应用型本科高校中，2021 年发表 CSSCI 来源期刊论文最多的高校为广西财经学院，此外进入前 5 强的还有百色学院、桂林航天工业学院、桂林旅游学院、梧州学院等 4 所高校；在贵州的应用型本科高校中，2021 年发表 CSSCI 来源期刊论文最多的高校为铜仁学院，此外进入前 5 强的还有贵州师范学院、遵义师范学院、贵阳学院、贵州商学院等 4 所高校；在内蒙古的应用型本科高校中，2021 年发表 CSSCI 来源期刊论文最多的高校为呼伦贝尔学院，此外在 CSSCI 来源期刊发文的还有赤峰学院、鄂尔多斯应用技术学院、呼和浩特民族学院、内蒙古鸿德文理学院、内蒙古艺术学院等 5 所高校；在宁夏的应用型本科高校中，2021 年在 CSSCI 来源期刊发文的高校仅有宁夏师范学院；在四川的应用型本科高校中，2021 年发表 CSSCI 来源期刊论文最多的高校为成都大学，此外进入前 5 强的还有绵阳师范学院、乐山师范学院、内江师范学院、宜宾学院等 4 所高校；在陕西的应用型本科高校中，2021 年发表 CSSCI 来源期刊论文最多的高校为榆林学院，此外进入前 5 强的还有咸阳师范学院、商洛学院、西安交通大学城市学院、西安文理学院等 4 所高校；在新疆的应用型本科高校中，2021 年在 CSSCI 来源期刊发文的高校仅有昌吉学院；在云南的应用型本科高校中，2021 年发表 CSSCI 来源期刊论文最多的高校为昆明学院，此外在 CSSCI 来源期刊发文的还有楚雄师范学院、玉溪师范学院、滇西科技师范学院、红河学院、普洱学院、曲靖师范学院、文山学院、云南警官学院、昭通学院等高校。

在东北地区，2021 年发表 CSSCI 来源期刊论文最多的应用型本科高校是位于吉林的长春财经学院（6 篇）。在黑龙江的应用型本科高校中，2021 年发表 CSSCI 来源期刊论文最多的高校为黑龙江工程学院，此外在 CSSCI 来源期刊发文的还有大庆师范学院、哈尔滨学院、黑龙江财经学院、黑龙江东方学院、绥化学院等 5 所高校；在吉林的应用型本科高校中，2021 年发表 CSSCI 来源期刊论文最多的高校为长春财经学院，此外在 CSSCI 来源期刊发文的还有吉林警察学院、长春光华学院、白城师范学院、吉林工商学院等 4 所高校；在辽宁的应用型本科高校中，2021 年发表 CSSCI 来源期刊论文最多的高校为沈阳工程学院，此外，在 CSSCI 来源期刊发文的还有大连艺术学院和辽宁对外经贸学院。

表 2.7　2021 年各省区市应用型本科高校发表 CSSCI 来源期刊论文数之首

区域	省（区、市）	学校	性质	发文数量（篇）
东部	北京	中国劳动关系学院	公办	24
	福建	闽江学院	公办	19
	广东	广东金融学院	公办	71
	河北	廊坊师范学院	公办	12
	海南	海南热带海洋学院	公办	5
		三亚学院	***民办***	
	江苏	南京晓庄学院	公办	47
	山东	山东政法学院	公办	18
	上海	上海政法学院	公办	99
	天津	***天津财经大学珠江学院***	***独立学院***	3
	浙江	浙江传媒学院	公办	69
中部	安徽	合肥学院	公办	12
	湖北	湖北经济学院	公办	42
	湖南	湖南财政经济学院	公办	22
	河南	洛阳师范学院	公办	26
	江西	上饶师范学院	公办	17
	山西	太原师范学院	公办	28
西部	重庆	长江师范学院	公办	30
	甘肃	天水师范学院	公办	14
	广西	广西财经学院	公办	27
	贵州	铜仁学院	公办	18
	内蒙古	呼伦贝尔学院	公办	3
	宁夏	宁夏师范学院	公办	3

续表

区域	省（区、市）	学校	性质	发文数量（篇）
西部	四川	成都大学	公办	47
	陕西	榆林学院	公办	9
	新疆	昌吉学院	公办	1
	云南	昆明学院	公办	5
东北	黑龙江	黑龙江工程学院	公办	2
	吉林	***长春财经学院***	***民办***	6
	辽宁	沈阳工程学院	公办	3

（六）不同类型应用型本科高校 CSSCI 来源期刊论文发表情况

根据教育部 2023 年 4 月发布的最新《普通高等学校本科专业目录》，我国普通高校本科专业目录涉及 12 个学科门类，分别为哲学、经济学、法学、教育学、文学、历史学、理学、工学、农学、医学、管理学、艺术学。按照不同高校所涉及的学科范围以及办学特色，可大致将我国普通高校分为综合类、财经类、理工类、民族类、农林类、师范类、体育类、医药类、艺术类、语言类、政法类等 11 种不同的办学类型。表 2.8 列出了 2021 年我国不同办学类型的应用型本科高校中发表 CSSCI 来源期刊论文最多的应用型本科高校。

在我国综合类应用型本科高校中，发表 CSSCI 来源期刊论文最多的是成都大学，此外进入前 5 强的还有长沙学院、闽江学院、铜仁学院、嘉兴学院等 4 所高校；在我国财经类应用型本科高校中，发表 CSSCI 来源期刊论文最多的是广东金融学院，此外进入前 5 强的还有上海立信会计金融学院、湖北经济学院、广西财经学院、上海商学院、湖南财政经济学院等 5 所高校（部分高校并列）；在我国理工类应用型本科高校中，发表 CSSCI 来源期刊论文最多的是上海应用技术大学，此外进入前 5 强的还有东莞理工学院、常州工学院、常熟理工学院、浙江科技学院等 4 所高校；在我国民族类应用型本科高校中，发表 CSSCI 来源期刊论文最多的是四川民族学院，此外在 CSSCI 来源期刊发文的还有呼和浩特民族学院、贵阳人文科技学院等 2 所高校；在我国农林类应用型本科高校中，发表 CSSCI 来源期刊论文最多的是信阳农林学院，其余高校并未在 CSSCI 来源期刊发文；在我国师范类应用型本科高校中，发表 CSSCI 来源期刊论文最多的是南京晓庄学院，此外进入前 5 强的还有淮阴师范学院、长江师范学院、湖州师范学院、盐城师范学院等 4 所高校；在本报告所涉及的应用型本科高校中，体育类应用型本科高校仅有武汉体育学院体育科技学院一所，且 2021 年该校未在 CSSCI 来源期刊发文；在我国医药类应用型本科高校中，发表 CSSCI 来源期刊论文最多的是湖南医药学院和齐鲁医药学院，此外在 CSSCI 来源期刊发文的还有西安医学院、山东协和学院等 2 所高校；在我国艺术类应用型本科高校中，发表 CSSCI 来源期刊论文最多的是浙江传媒学院，此外进入前 5 强的还有南京传媒学院、山西传媒学院、上海视觉艺术学院、四川电影电视学院、河北传媒学院等 5 所高校（部分高校并列）；在我国语言类应用型本科高校中，发表 CSSCI 来源期刊论文最多的是浙江越秀外国语学院，此外进入前 5 强的还有浙江外国语学院、中华女子学院、吉林外国语大学、重庆外语外事学院、西安翻译学院、安徽外国语学院等 6 所高校（部分高校并列）；在我国政法类应用型本科高校中，发表 CSSCI 来源期刊论文最多的是上海政法学院，此外进入前 5 强的还有中国劳动关系学院、山东政法学院、江苏警官学院、南京森林警察学院等 4 所高校。

表 2.8　2021 年各类应用型本科高校发表 CSSCI 来源期刊论文数之首

办学类型	学校	性质	省（区、市）	发文数量（篇）
综合类	成都大学	公办	四川	47
财经类	广东金融学院	公办	广东	71
理工类	上海应用技术大学	公办	上海	25
民族类	四川民族学院	公办	四川	2
农林类	信阳农林学院	公办	河南	1
师范类	南京晓庄学院	公办	江苏	47
医药类	湖南医药学院	公办	湖南	3
	齐鲁医药学院	**民办**	山东	
艺术类	浙江传媒学院	公办	浙江	69
语言类	***浙江越秀外国语学院***	**民办**	浙江	44
政法类	上海政法学院	公办	上海	99

二、应用型本科高校 CSCD 论文刊发情况

论文的评价标准之二是 CSCD 来源期刊发文数（评价院校须作为第一机构，包含 CSCD 扩展版）。CSCD 数据库是由中国科学院文献情报中心与中国学术期刊（光盘版）电子杂志社联合主办，并由清华同方光盘电子出版社正式

出版，是我国第一个引文数据库，收录我国出版的中、英文核心期刊 1200 余种，覆盖自然科学、工程技术、医学等学科领域，在发现我国重要科学研究成果、追踪科学研究过程中发挥了重要的信息导航作用。此外，CSCD 数据库还是中国科学院院士推选人指定查询库、自然基金委国家杰出青年基金指定查询库、第四届中国青年科学家奖申报人指定查询库、自然基金委资助项目后期绩效评估指定查询库、自然基金委国家重点实验室评估查询库，在我国科研院所、高等学校的课题查新、基金资助、项目评估、成果申报、人才选拔以及文献计量与评价研究等多方面作为权威文献检索工具获得广泛应用。

本报告的应用型本科高校 CSCD 来源期刊论文刊发情况采用 2021 年度的数据。报告中各高校刊发 CSCD 来源期刊论文的数据来源于中国科学引文数据库官方网站。

（一）我国应用型本科高校发表 CSCD 来源期刊论文整体情况

2021 年在 CSCD 来源期刊上发文较多的前 50 所应用型本科高校如表 2.9 所示（部分高校并列）。河北中医学院、上海应用技术大学、南京工程学院、西安医学院、成都大学位居前 5 强。其中，河北中医学院以 177 篇 CSCD 来源期刊论文位列榜首。该校是一所以中医药学为主干、多学科协调发展的医学类公办应用型高校，建校以来，始终聚焦“建设高水平有特色中医药大学”的发展目标，不断强化以中医学、中西医结合、中药学等为主体的特色优势专业建设，深入开展特色医学研究，不断提升服务区域经济社会发展能力。现已建成国家中医临床研究基地 1 个；国家中医药管理局中医药重点研究室 1 个；河北省重点实验室 6 个、工程实验室 1 个、工程研究中心 1 个、技术创新中心 6 个、产业技术研究院 1 个、国际科技合作基地 3 个；河北省协同创新中心 1 个；高等学校人文社会科学重点研究基地 1 个；高校应用技术研发中心 1 个。近年来，该学校充分发挥行业领先优势，积极承担国家中医药技术标准示范研究项目，持续推动中医药科技创新发展，科研创新能力不断提升。

2021 年全国 663 所应用型本科高校总发文量为 7335 篇，校均 11.06 篇，前 50 强高校在 CSCD 来源期刊上发文量为 2843 篇，约占应用型高校发文总量的 38.76%。值得注意的是，前 50 强应用型本科高校中，仅有西京学院一所民办高校入榜，其余均为公办高校。由此可见，我国民办应用型本科高校在自然科学研究方面比较薄弱，科学研究能力和科技创新实力有待进一步加强。2021 年有 170 所应用型本科高校未在 CSCD 来源期刊发文，约占应用型本科高校总数的25.64%，这说明我国大部分应用型本科高校能以第一机构在CSCD来源期刊上发文，具备一定的科研水平，但整体科研竞争力还较弱。未在CSCD来源期刊发文的应用型本科高校主要是独立学院和民办高校（共计156所），约占应用型本科高校总数的23.53%；有14所公办应用型本科高校未在CSCD来源期刊发文，约占应用型本科高校总数的2.11%。

表2.9　2021年我国应用型本科高校发表CSCD来源期刊论文数前50强

排名	学校	性质	发文数量（篇）
1	河北中医学院	公办	177
2	上海应用技术大学	公办	109
3	南京工程学院	公办	104
3	西安医学院	公办	104
5	成都大学	公办	97
6	福建工程学院	公办	86
6	江汉大学	公办	86
8	太原师范学院	公办	73
9	防灾科技学院	公办	72
9	湖州师范学院	公办	72
11	***西京学院***	***民办***	69
12	嘉兴学院	公办	64
13	重庆科技学院	公办	61
13	厦门理工学院	公办	61
15	莆田学院	公办	59
15	台州学院	公办	59
17	商洛学院	公办	55
17	宜春学院	公办	55
19	东莞理工学院	公办	51
19	南昌工程学院	公办	51
21	攀枝花学院	公办	50
22	华北科技学院	公办	49
22	浙江万里学院	公办	49
24	河南工程学院	公办	48
24	西安航空学院	公办	48
26	南阳师范学院	公办	47
27	长江师范学院	公办	46

续表

排名	学校	性质	发文数量（篇）
27	湖南工学院	公办	46
27	淮阴工学院	公办	46
27	榆林学院	公办	46
31	贵州师范学院	公办	45
31	徐州工程学院	公办	45
31	浙江科技学院	公办	45
31	遵义师范学院	公办	45
35	铜仁学院	公办	43
36	临沂大学	公办	42
37	滨州学院	公办	41
37	重庆文理学院	公办	41
37	邵阳学院	公办	41
37	郑州师范学院	公办	41
41	九江学院	公办	39
42	湖北理工学院	公办	38
42	湖南城市学院	公办	38
42	湖南科技学院	公办	38
42	闽江学院	公办	38
46	衡阳师范学院	公办	37
46	洛阳师范学院	公办	37
46	潍坊学院	公办	37
49	贵阳学院	公办	36
49	金陵科技学院	公办	36

河北中医学院实施“科研创新能力提升工程”

国家级科研立项、成果是评价高校科研基础实力及学术水平的重要指标，更是“双一流”建设、“双万计划”建设的重要内容。河北中医学院根据学校学科分布、人员结构等发展现状，结合中医药大学自身发展的特点，实施“科研创新能力提升工程”，促进科技全面快速发展，实现变道超车。学校采取多种措施，加强科研内涵建设，努力提升科研创新能力。

1.努力提升国家和省重大重点项目竞争力。以国家和省重大重点项目为牵引，依托河北省重点实验室、技术创新中心等省部级以上科研创新平台，充分发挥重点优势学科、学术带头人、新进博士人员的作用，追踪中医药科研领域焦点、难点、热点问题，积极开展中医药传承创新为主导的基础性研究和应用技术研究。统筹基础与临床、医学与药学的交叉融合，切实提高申报重大重点科研项目的能力。

2.集中攻关省内中医药科技专项。加强与科技厅沟通，推动省科技厅设立中医药研究专项，提升中医药科研水平；整合中医药优势资源，围绕国家战略及区域经济发展需求，攻关中医药重大、重点科技专项，加强对重大疑难疾病、重大传染病防治的联合攻关和对常见病、多发病、慢性病的中医药防治研究；充分发挥学校河北省中药配方颗粒技术创新中心在应用基础研究、产业关键技术研发中的引领作用。

3.持续增加高水平学术成果数量。突出对高水平学术成果的科研考核占比，大力推进学术讲座及科研培训等措施，不断提高代表性、原创性科技成果的数量和质量。

4.强化科研反哺教学作用。进一步加强科研促进教育教学的引导，提升学校教师科研反哺教学意识，将科研成果中的新观点、新技术及时融入教学中，培养学生的科学素养，提高人才培养质量。

（二）民办应用型本科高校 CSCD 来源期刊论文发表情况

民办高校是我国应用型高等教育的重要组成部分，其办学质量和创新能力受到各界广泛关注。2021 年，全国共有 151 所民办应用型本科高校在 CSCD 来源期刊发文，共计 852 篇，校均 5.64 篇。有 71 所民办应用型本科高校未在 CSCD 来源期刊发文，约占我国民办应用型本科高校总数的 31.98%。由此可见，我国大部分民办应用型本科高校具备一定的科研水平，但整体表现不佳，仍需进一步提升科研水平和创新能力，以高质量科研推动特色学科建设，引领学校实现高水平发展。

表 2.10 列出了 2021 年在 CSCD 来源期刊发文数较多的民办高校，其中有 3 所高校来自东部地区，1 所来自中部地区，1 所来自西部地区。西京学院以 69 篇 CSCD 来源期刊论文在我国民办应用型本科高校中位列第一名，浙江树人学院、郑州工业应用技术学院分别以 29 篇、28 篇 CSCD 来源期刊论文在我国民办应用型本科高校中位列第二名、第三名。郑州工业应用技术学院是来自

中部地区的一所以工学为主的民办应用型本科高校，该学院主动服务区域经济社会发展，融入地方产业转型升级和创新驱动发展，积极构建新工科专业布局、创新人才培养模式、搭建协同创新平台、推动课程教学改革，全面提高应用型人才培养质量和应用技术创新能力，不断推动学校转型发展、内涵发展、特色发展和高水平发展。现已建有工程研究中心、工程技术研究中心等省级平台 3 个，郑州市重点实验室、工程技术研究中心等市级平台 11 个，为学校进一步开展高质量科研奠定了基础。

表 2.10　2021 年我国民办应用型本科高校发表 CSCD 来源期刊论文数前 5 强

排名	学校	省（区、市）	发文数量（篇）
1	西京学院	陕西	69
2	浙江树人学院	浙江	29
3	郑州工业应用技术学院	河南	28
4	烟台南山学院	山东	27
5	广州城市理工学院	广东	23

西京学院积极引进高层次科研人才

西京学院建于 1994 年，现有全日制在校学生 1.5 万余人。2011 年成为全国最早一批获取研究生教育资格的民办高校之一，得益于学校筑巢招才引智，打造科研良好氛围。2016 年 3 月，学校制定了《西京学院“人才特区”三年行动计划》，走进十多所海外名校、科研院所，邀请高层次人才加盟。

西京学院将 2017 年确定为“人才工程年”，理顺体制机制，全力打造学校的“人才特区”。同年，陕西省首个民办高校院士工作室——何积丰院士工作室在西京学院成立。

积极开放的人才政策，吸引了一批高水平领军人才、专家、教授加入学校的科研团队。迄今为止，西京学院已有博士教师 285 人，其中包括院士等高层次人才 24 人，拥有陕西省“三秦学者”创新团队 1 个、黄大年式科研团队 1 个、陕西省教学及科研团队 10 个，为打造学校优质科研团队和师资队伍奠定了良好基础。

据了解，5 年来，该校修建了 38000 平方米的科研楼、4000 平方米的凤凰小筑、13 层特区楼等，优化科研人才发展环境。

经过不懈努力，西京学院建设了陕西省重点实验室、陕西省工程技术研究中心、陕西省国际科技合作基地、何积丰院士工作室、国防科技研究院等学术科研平台，汇聚了一批高水平的核心科研团队。

（三）独立学院 CSCD 来源期刊论文发表情况

2021 年全国共有 76 所独立学院在 CSCD 来源期刊发文，共计 321 篇，校均 4.22 篇。有 79 所独立学院未在 CSCD 来源期刊发文，约占我国独立学院总数的 50.97%。整体来看，我国独立学院的科研水平较低。

表 2.11 列出了 2021 年在 CSCD 来源期刊发文数较多的独立学院，其中有 3 所高校来自东部地区，2 所来自西部地区。在 CSCD 来源期刊发文最多的独立学院是南京医科大学康达学院（19 篇）。该校创办于 1999 年，由南京医科大学和连云港市政府共同举办，结合自身发展目标和港城地方特色，重点建设全科医学、护理学、药学、康复治疗学、医学影像技术、公共事业管理等专业，在积极探索教育教学改革的同时，也在特色医学领域大力发展科研工作，逐渐形成科教研互促、教学相长的良好发展格局。其次是西安交通大学城市学院（18 篇），紧随其后的是厦门大学嘉庚学院和电子科技大学中山学院，发文量分别为 17 篇和 13 篇，成都理工大学工程技术学院在 CSCD 来源期刊发文量为 12 篇。

表 2.11　2021 年我国独立院校发表 CSSD 来源期刊论文数前 5 强

排名	学校	省（区、市）	发文数量（篇）
1	南京医科大学康达学院	江苏	19
2	西安交通大学城市学院	陕西	18
3	厦门大学嘉庚学院	福建	17
3	电子科技大学中山学院	广东	13
5	成都理工大学工程技术学院	四川	12

（四）独立学院转设高校 CSCD 来源期刊论文发表情况

2021 年有 94 所转设高校在 CSCD 来源期刊发文，共计 475 篇，校均 5.05 篇，较之独立学院的 CSCD 来源期刊发文情况，可见我国独立学院脱离母体高校转设后，正在进一步加强科研工作，学术研究水平和科技创新能力不断增强。在我国 148 所转设高校中，仍有 54 所转设高校 2021 年未在 CSCD 来源期刊发文，其中民办高校 49 所，公办高校 5 所，这说明独立院校转设高校的科学研究水平有很大提升空间，尤其是转设民办高校，未来需进一步加强校企合作，不断提升学校的科研竞争力，充分发挥高质量科研对高层次应用型人才培养和区域经济与社会发展的积极促进作用。

表 2.12 列出了 2021 年在 CSCD 来源期刊发文数较多的独立学院转设高校。其中，有 2 所为公办高校，有 3 所为民办高校，均来自东部地区。发文量最多的是浙大城市学院，该校成立于 1999 年，前身为浙江大学城市学院，2020 年 1 月，经教育部批准更名为浙大城市学院，是一所由杭州市人民政府举办的全日制公办普通高等学校。该校自 2020 年转设以来，锚定建设一流应用型大学目标，面向国家战略和地方重大发展需求，不断改革创新，重塑学科建设逻辑、创新协同育人平台、深化治理体系建设，积极探索构建“科教创新综合体”新型范式，科研创新能力和高层次应用型人才培养能力不断提升。近年来，浙大城市学院持续保持较高的社会科学研究水平，2021 年 CSCD 来源期刊发文量为 35 篇，在我国转设高校中位列第一名。

表 2.12 2021 年我国独立学院转设高校发表 CSCD 来源期刊论文数前 5 强

排名	学校	学校性质	转设时间	省（区、市）	发文数量（篇）
1	浙大城市学院	公办	2020 年	浙江	35
2	浙大宁波理工学院	公办	2020 年	浙江	34
3	广州城市理工学院	民办	2021 年	广东	23
4	无锡太湖学院	民办	2011 年	江苏	22
5	广州华商学院	民办	2020 年	广东	19

（五）各区域和各省区市应用型本科高校 CSCD 来源期刊论文发表情况

表 2.13 列出了我国各省区市发表 CSCD 来源期刊论文最多的应用型本科高校。在东部地区，2021 年发表 CSCD 来源期刊论文最多的应用型本科高校是位于河北的河北中医学院（177 篇）。在北京的应用型本科高校中，2021 年发表 CSCD 来源期刊论文最多的高校为防灾科技学院，此外进入前 5 强的还有华北科技学院、中国劳动关系学院、北京城市学院、沧州交通学院等 4 所高校；在福建的应用型本科高校中，2021 年发表 CSCD 来源期刊论文最多的高校为福建工程学院，此外进入前 5 强的还有厦门理工学院、闽江学院、武夷学院、三明学院等 4 所高校；在广东的应用型本科高校中，2021 年发表 CSCD

来源期刊论文最多的高校为莆田学院，此外进入前5强的还有东莞理工学院、广东石油化工学院、韶关学院、肇庆学院等4所高校；在河北的应用型本科高校中，2021年发表CSCD来源期刊论文最多的高校为河北中医学院，此外进入前5强的还有石家庄学院、唐山师范学院、北华航天工业学院、廊坊师范学院等4所高校；在海南的应用型本科高校中，2021年发表CSCD来源期刊论文最多的高校为海南热带海洋学院，此外在CSCD来源期刊发文的还有三亚学院、海口经济学院；在江苏的应用型本科高校中，2021年发表CSCD来源期刊论文最多的高校为南京工程学院，此外进入前5强的还有淮阴工学院、徐州工程学院、金陵科技学院、常州工学院等4所高校；在山东的应用型本科高校中，2021年发表CSCD来源期刊论文最多的高校为临沂大学，此外进入前5强的还有滨州学院、潍坊学院、山东交通学院、烟台南山学院等4所高校；在上海的应用型本科高校中，2021年发表CSCD来源期刊论文最多的高校为上海应用技术大学，此外进入前5强的还有上海电机学院、上海第二工业大学、上海立信会计金融学院、上海商学院等4所高校；在天津的应用型本科高校中，2021年发表CSCD来源期刊论文最多的高校为天津仁爱学院和天津中德应用技术大学，此外在CSCD来源期刊发文的还有南开大学滨海学院、天津理工大学中环信息学院、北京科技大学天津学院等3所高校；在浙江的应用型本科高校中，2021年发表CSCD来源期刊论文最多的高校为湖州师范学院，此外进入前5强的还有嘉兴学院、台州学院、浙江万里学院、浙江科技学院等4所高校。

在中部地区，2021年发表CSCD来源期刊论文最多的应用型本科高校是位于湖北的江汉大学（86篇）。在安徽的应用型本科高校中，2021年发表CSCD来源期刊论文最多的高校为滁州学院，此外进入前5强的还有合肥师范学院、合肥学院、宿州学院、巢湖学院等4所高校；在湖北的应用型本科高校中，2021年发表CSCD来源期刊论文最多的高校为江汉大学，此外进入前5强的还有湖北理工学院、湖北第二师范学院、湖北工程学院、黄冈师范学院等4所高校；在湖南的应用型本科高校中，2021年发表CSCD来源期刊论文最多的高校为湖南工学院，此外进入前5强的还有邵阳学院、湖南警察学院、湖南城市学院、湖南文理学院等4所高校；在河南的应用型本科高校中，2021年发表CSCD来源期刊论文最多的高校为河南工程学院，此外进入前5强的还有南阳师范学院、洛阳师范学院、平顶山学院、新乡学院、郑州工业应用技术学院等 5 所高校（部分高校并列）；在江西的应用型本科高校中，2021 年发表 CSCD 来源期刊论文最多的高校为宜春学院，此外进入前 5 强的还有南昌工程学院、九江学院、井冈山大学、上饶师范学院等 4 所高校；在山西的应用型本科高校中，2021 年发表 CSCD 来源期刊论文最多的高校为太原师范学院，此外进入前 5 强的还有太原工业学院、吕梁学院、忻州师范学院、运城学院等 4 所高校。

在西部地区，2021 年发表 CSCD 来源期刊论文最多的应用型本科高校是位于陕西的西安医学院（104 篇）。在重庆的应用型本科高校中，2021 年发表 CSCD 来源期刊论文最多的高校为重庆科技学院，此外进入前 5 强的还有重庆文理学院、长江师范学院、重庆城市科技学院、重庆财经学院、重庆第二师范学院等 5 所高校（部分高校并列）；在甘肃的应用型本科高校中，2021 年发表 CSCD 来源期刊论文最多的高校为河西学院和陇东学院，此外进入前 5 强的还有天水师范学院、兰州城市学院、甘肃医学院等 3 所高校；在广西的应用型本科高校中，2021 年发表 CSCD 来源期刊论文最多的高校为北部湾大学，此外进入前 5 强的还有玉林师范学院、百色学院、桂林航天工业学院、广西财经学院等 4 所高校；在贵州的应用型本科高校中，2021 年发表 CSCD 来源期刊论文最多的高校为贵州师范学院和遵义师范学院，此外进入前 5 强的还有铜仁学院、贵阳学院、贵州理工学院等 3 所高校；在内蒙古的应用型本科高校中，2021 年发表 CSCD 来源期刊论文最多的高校为赤峰学院，此外在 CSCD 来源期刊发文的还有鄂尔多斯应用技术学院、呼和浩特民族学院、河套学院、集宁师范学院等 4 所高校；在宁夏的应用型本科高校中，2021 年发表 CSCD 来源期刊论文最多的高校为宁夏师范学院，此外进入前 5 强的还有宁夏理工学院、宁夏大学新华学院、银川科技学院、银川能源学院等 4 所高校；在四川的应用型本科高校中，2021 年发表 CSCD 来源期刊论文最多的高校为成都大学，此外进入前 5 强的还有攀枝花学院、内江师范学院、成都工业学院、乐山师范学院、西昌学院等 5 所高校（部分高校并列）；在陕西的应用型本科高校中，2021 年发表 CSCD 来源期刊论文最多的高校为西安医学院，此外进入前 5 强的还有商洛学院、西安航空学院、榆林学院、安康学院、西安文理学院等 5 所高校（部分高校并列）；在新疆的应用型本科高校中，2021 年在 CSCD 来源期刊发文的高校仅有新疆工程学院、昌吉学院、新疆理工学院；在云南的应用型本科高校中，2021 年发表 CSCD 来源期刊论文最多的高校为昆明学院，此外进入前 5 强的还有曲靖师范学院、玉溪师范学院、楚雄师范学院、红河学院等 4 所高校。

在东北地区，2021 年发表 CSCD 来源期刊论文最多的应用型本科高校是位于吉林的长春工程学院（21 篇）。在黑龙江的应用型本科高校中，2021 年发表 CSCD 来源期刊论文最多的高校为黑龙江工程学院和绥化学院，此外在 CSCD 来源期刊发文的还有大庆师范学院、哈尔滨学院、黑龙江东方学院、黑河学院、哈尔滨金融学院、黑龙江工业学院等 6 所高校；在吉林的应用型本科高校中，2021 年发表 CSCD 来源期刊论文最多的高校为长春工程学院，此外进入前 5 强的还有吉林农业科技学院、长春电子科技学院、白城师范学院、长春科技学院等 4 所高校；在辽宁的应用型本科高校中，2021 年发表 CSCD 来源期刊论文最多的高校为辽东学院，此外进入前 5 强的还有沈阳工程学院、大连科技学院、辽宁科技学院、大连东软信息学院、沈阳工学院等 5 所高校（部分高校并列）。

表 2.13　2021 年各省区市应用型本科高校发表 CSCD 来源期刊论文数之首

区域	省（区、市）	学校	性质	发文数量（篇）
东部	北京	防灾科技学院	公办	72
	福建	福建工程学院	公办	86
	广东	莆田学院	公办	59
	河北	河北中医学院	公办	177
	海南	海南热带海洋学院	公办	16
	江苏	南京工程学院	公办	104
	山东	临沂大学	公办	42
	上海	上海应用技术大学	公办	109
	天津	***天津仁爱学院***	***民办***	8
		天津中德应用技术大学	公办	
	浙江	湖州师范学院	公办	72
中部	安徽	滁州学院	公办	30
	湖北	江汉大学	公办	86
	湖南	湖南工学院	公办	46
	河南	河南工程学院	公办	48
	江西	宜春学院	公办	55
	山西	太原师范学院	公办	73

续表

区域	省（区、市）	学校	性质	发文数量（篇）
西部	重庆	重庆科技学院	公办	61
	甘肃	河西学院	公办	31
		陇东学院	公办	
	广西	北部湾大学	公办	30
	贵州	贵州师范学院	公办	45
		遵义师范学院	公办	
	内蒙古	赤峰学院	公办	25
	宁夏	宁夏师范学院	公办	11
	四川	成都大学	公办	97
	陕西	西安医学院	公办	104
	新疆	新疆工程学院	公办	28
	云南	昆明学院	公办	33
东北	黑龙江	黑龙江工程学院	公办	13
		绥化学院	公办	
	吉林	长春工程学院	公办	21
	辽宁	辽东学院	公办	15

（六）不同类型应用型本科高校 CSCD 来源期刊论文发表情况

表 2.14 列出了 2021 年我国不同办学类型的应用型本科高校中发表 CSCD 来源期刊论文最多的应用型本科高校。在我国综合类应用型本科高校中，发表 CSCD 来源期刊论文最多的是成都大学，此外进入前 5 强的还有江汉大学、防灾科技学院、嘉兴学院、莆田学院等 4 所高校；在我国财经类应用型本科高校中，发表 CSCD 来源期刊论文最多的是河南牧业经济学院，此外进入前 5 强的还有福建江夏学院、广东金融学院、上海立信会计金融学院、广州华商学院等 4 所高校；在我国理工类应用型本科高校中，发表 CSCD 来源期刊论文最多的是上海应用技术大学，此外进入前 5 强的还有南京工程学院、福建工程学院、西京学院、重庆科技学院、厦门理工学院等 5 所高校（部分高校并列）；在我国民族类应用型本科高校中，发表 CSCD 来源期刊论文最多的是四川民族学院，此外在 CSCD 来源期刊发文的还有河北民族师范学院、呼和浩特民族学院、广西民族大学相思湖学院等 3 所高校；在我国农林类应用型本科高校中，发表 CSCD 来源期刊论文最多的是信阳农林学院，此外在 CSCD 来源期

刊发文的还有吉林农业科技学院、广西农业职业技术大学、浙江农林大学暨阳学院、山东农业工程学院等 4 所高校；在我国师范类应用型本科高校中，发表 CSCD 来源期刊论文最多的是太原师范学院，此外进入前 5 强的还有湖州师范学院、长江师范学院、贵州师范学院、遵义师范学院等 4 所高校；在本报告涉及的应用型本科高校中，体育类应用型本科高校仅有武汉体育学院体育科技学院一所，且 2021 年该校未在 CSCD 来源期刊发文，故表格中相关数据空缺；在我国医药类应用型本科高校中，发表 CSCD 来源期刊论文最多的是河北中医学院，此外进入前 5 强的还有西安医学院、南京医科大学康达学院、甘肃医学院、浙江药科职业大学等 4 所高校；在我国艺术类应用型本科高校中，发表 CSCD 来源期刊论文最多的是浙江传媒学院，此外进入前 5 强的还有武汉设计工程学院、山西传媒学院、河北传媒学院、河北美术学院、吉林动画学院、景德镇艺术职业大学、江西服装学院等 7 所高校（部分高校并列）；在我国语言类应用型本科高校中，发表 CSCD 来源期刊论文最多的是吉林外国语大学，此外进入前 5 强的还有浙江外国语学院、西安翻译学院、浙江越秀外国语学院、中华女子学院等 4 所高校；在我国政法类应用型本科高校中，发表 CSCD 来源期刊论文最多的是南京森林警察学院，此外进入前 5 强的还有江苏警官学院、浙江警察学院、湖南警察学院、河南警察学院、中国劳动关系学院等 5 所高校（部分高校并列）。

表 2.14　2021 年各类应用型本科高校发表 CSCD 来源期刊论文数之首

办学类型	学校	性质	省（区、市）	发文数量（篇）
综合类	成都大学	公办	四川	97
财经类	河南牧业经济学院	公办	河南	22
理工类	上海应用技术大学	公办	上海	109
民族类	四川民族学院	公办	四川	6
农林类	信阳农林学院	公办	河南	25
师范类	太原师范学院	公办	山西	73
体育类	—	—	—	—
医药类	河北中医学院	公办	河北	177
艺术类	浙江传媒学院	公办	浙江	7
语言类	***吉林外国语大学***	***民办***	吉林	5
政法类	南京森林警察学院	公办	江苏	21

三、应用型本科高校 SCI 论文刊发情况

论文的评价标准之三是 SCI 发文数（评价院校须作为第一机构）。SCI 是美国科学引文索引的简称，本质是数据库和检索系统，由美国科学信息研究所（ISI）于 1957 年在美国费城创建。它以布拉德福（S.C.Bradford）文献离散律理论、加菲尔德（E.Garfield）引文分析理论为主要基础，通过论文的被引用频次等的统计，对学术期刊和科研成果进行多方位的评价研究，从而评判一个国家或地区、科研单位、个人的科研产出绩效，反映其在国际上的学术水平。通过 SCI 可获取期刊等多种类型统计数据，为期刊质量等评价提供定量依据。截至 2019 年 12 月，SCI 收录全世界出版的数、理、化、农、林、医、生命科学、天文、地理、环境、材料、工程技术等自然科学各学科的核心期刊约 3500 种（主要是理工科）。SCI 是国际上被公认的值得借鉴的科技文献检索工具。

本报告的应用型本科高校 SCI 论文刊发情况采用 2021 年度的数据。报告中各高校刊发 SCI 论文的数据来源于 Web of Science（WoS）官方网站。

（一）我国应用型本科高校发表 SCI 论文整体情况

2021 年 SCI 发文数量较多的前 50 名应用型本科高校如表 2.15 所示（部分高校并列）。成都大学、湖州师范学院、嘉兴学院、东莞理工学院、武夷学院位居前 5 强。成都大学以 1125 篇 SCI 论文位列榜首。成都大学位于四川省成都市，是四川省和成都市共建的综合性大学、成都市重点建设大学，是教育部国防教育特色高校、四川省博士学位授权立项建设单位，入选教育部“卓越工程师教育培养计划”、四川 2011 计划、四川省卓越工程师教育培养计划、四川省卓越教师教育培养计划、四川省深化创新创业教育改革示范高校，为中俄“长江—伏尔加河”高校联盟、成都国际友城高校联盟、CDIO 工程教育联盟成员单位。

2021 年，全国 663 所应用型本科高校 SCI 总发文量为 41961 篇，校均 63.29 篇，前 50 强高校 SCI 发文量为 21656 篇，约占应用型高校发文总量的 51.61%。值得注意的是，前 50 强应用型本科高校中，仅有西京学院、南昌理工学院两所民办高校入榜，其余均为公办高校。由此可见，我国民办应用型本科高校在基础学科研究方面比较薄弱，科学研究能力和科技创新实力有待进一步加强。2021 年，有 214 所应用型本科高校未发表 SCI 论文，约占应用型本科高校总数的 32.28%，这说明我国大部分应用型本科高校能以第一机构发

表 SCI 论文，具备一定的科研水平，但整体科研竞争力还较弱。未发表 SCI 论文的应用型本科高校主要是独立学院和民办高校（共计 169 所），约占应用型本科高校总数的 25.49%；也有 24 所公办应用型本科高校未发表 SCI 论文，约占应用型本科高校总数的 3.62%。

表 2.15　2021 年我国应用型本科高校发表 SCI 论文前 50 强

排名	学校	性质	发文数量（篇）
1	成都大学	公办	1125
2	湖州师范学院	公办	1057
3	嘉兴学院	公办	841
4	东莞理工学院	公办	828
5	武夷学院	公办	730
6	上海应用技术大学	公办	681
7	台州学院	公办	638
7	泰州学院	公办	638
9	淮阴工学院	公办	608
10	临沂大学	公办	591
11	闽江学院	公办	529
12	南京工程学院	公办	523
13	江汉大学	公办	479
14	浙江科技学院	公办	424
15	重庆科技学院	公办	420
16	常熟理工学院	公办	415
17	重庆文理学院	公办	412
18	福建工程学院	公办	399
19	厦门理工学院	公办	376
20	长江师范学院	公办	375
21	淮阴师范学院	公办	355
22	***西京学院***	***民办***	352
23	洛阳师范学院	公办	329
23	徐州工程学院	公办	329
25	西安医学院	公办	301
26	黄冈师范学院	公办	266
27	宁波工程学院	公办	262
28	九江学院	公办	256
29	南昌工程学院	公办	247

续表

排名	学校	性质	发文数量（篇）
29	***南昌理工学院***	***民办***	247
29	南京晓庄学院	公办	247
29	南阳师范学院	公办	247
33	盐城师范学院	公办	246
34	长沙学院	公办	241
34	浙大城市学院	公办	241
36	安阳工学院	公办	236
37	宜宾学院	公办	234
38	许昌学院	公办	233
39	金陵科技学院	公办	229
40	内江师范学院	公办	226
41	周口师范学院	公办	225
42	湖南城市学院	公办	224
43	玉林师范学院	公办	223
44	合肥学院	公办	221
45	宿州学院	公办	217
46	滁州学院	公办	213
47	河南工程学院	公办	207
48	邵阳学院	公办	206
49	惠州学院	公办	203
49	枣庄学院	公办	203

（二）民办应用型本科高校 SCI 论文发表情况

党的二十大报告提出："坚持创新在我国现代化建设全局中的核心地位。"[①]高校是创新的基础力量。民办高校是我国应用型高等教育的重要组成部分，其办学质量和创新能力受到各界广泛关注。2021 年全国共有 165 所民办应用型本科高校发表 SCI 论文，共计 3746 篇，校均 22.70 篇。有 57 所民办应用型本科高校未发表 SCI 论文，约占我国民办应用型本科高校总数的 25.68%。由此可见，我国大部分民办应用型本科高校具备一定的科研水平，但整体表现不佳，仍需进一步提升科研水平和创新能力，以高质量科研推动特色学科建设，

① 《高举中国特色社会主义伟大旗帜　为全面建设社会主义现代化国家而团结奋斗》，北京：人民出版社，2022 年版，第 35 页。

引领学校实现高水平发展。

表2.16列出了2021年在SCI发文较多的民办高校，其中有2所来自东部地区，2所来自中部地区，1所来自西部地区。西京学院以352篇SCI论文在我国民办应用型本科高校中位列第一名，南昌理工学院、浙江树人学院分别以247篇、202篇SCI论文在我国民办应用型本科高校中位列第二名、第三名。南昌理工学院是全国示范性民办高校，国防教育特色鲜明，军魂育人成效显著。2021年，该校被江西省人民政府学位委员会列为"十四五"硕士授权立项建设单位。该校位于江西省英雄城市——南昌，以"航天科教，兴我中华"为办学宗旨，秉承"科学、求实、厚德、创新"的校训，立足江西，面向全球，着眼社会产业结构发展，关注社会人才需求，为国家经济社会发展培养高素质应用创新型人才。学校十分重视科研成果和专利的转化，紧紧围绕电子信息、新能源、新能源汽车工程、智能机器人、航天食品等重点产业，建设了50余项前沿科技项目的知识产权及技术成果库。浙江树人学院是一所由浙江省政协创立、省教育厅主管的社会力量办学本科高校。2004年，习近平同志在浙江工作期间视察该校，高度肯定了学校的办学道路并提出了殷切希望。该校致力于高级应用型人才培养。办学39年来，该校办学质量稳步提升，社会声誉不断提高，已培养出9万余名专业知识扎实、动手能力强、人文素质高、具有吃苦耐劳精神的社会主义建设人才。该校建有智慧康养产业学院、树兰国际护理学院、绍兴黄酒学院、万科随园养老学院、绿城智慧物业学院、钢结构绿筑行业学院等12个行业学院，智慧康养产业学院位列浙江省首批21所省级重点支持现代产业学院之一。该校通过校政企协同，产科教融合，大力提高学生的学习能力、应用能力和发展能力。近三年来，学生获得国家级和省级各类大学生科技竞赛奖1000余项，毕业生就业率保持在97%以上，创业率保持在全省本科院校前10位。

表2.16　2021年我国民办应用型本科高校发表SCI论文前5强

排名	学校	省（区、市）	发文数量（篇）
1	西京学院	陕西	352
2	南昌理工学院	江西	247
3	浙江树人学院	浙江	202
4	潍坊科技学院	山东	184
5	武昌理工学院	湖北	159

（三）独立学院 SCI 论文发表情况

2021 年全国共有 49 所独立学院发表 SCI 论文，共计 530 篇，校均 10.82 篇。有 106 所独立学院未发表 SCI 论文，约占我国独立学院总数的 68.39%。整体来看，我国独立学院的科研水平较低。

表 2.17 列出了 2021 年 SCI 论文发文较多的独立学院，其中前 5 强学校均来自东部地区。在 SCI 发文量最大的独立学院是电子科技大学中山学院（90 篇），该校为全日制普通本科独立学院，合作双方为中山市人民政府和国家重点建设的“世界一流大学”A 类高校电子科技大学。该校建校至今已有近 40 年的办学历史。前身为 1986 年成立的中山大学孙文学院；1995 年，该校更名为中山学院，实行省市共管，以市为主的管理体制；2002 年至今，合作双方共同举办电子科技大学中山学院；2016—2020 年，该校先后被遴选为“广东省首批普通本科转型试点高校”、“省市共建”高校、广东省高等教育“冲一流、补短板、强特色”提升计划建设高校。其次是厦门大学嘉庚学院（39 篇），紧随其后的是常州大学怀德学院和广东外语外贸大学南国商学院，发文量分别为 28 篇和 27 篇，杭州师范大学钱江学院、浙江工商大学杭州商学院 SCI 发文量均为 26 篇。

表 2.17　2021 年我国独立院校发表 SCI 论文前 5 强

排名	学校	省（区、市）	发文数量（篇）
1	电子科技大学中山学院	广东	90
2	厦门大学嘉庚学院	福建	39
3	常州大学怀德学院	江苏	28
3	广东外语外贸大学南国商学院	广东	27
5	杭州师范大学钱江学院	浙江	26
5	浙江工商大学杭州商学院	浙江	26

（四）独立学院转设高校 SCI 论文发表情况

2021 年有 111 所转设高校在 SCI 来源期刊发文，共计 4194 篇，校均 37.78 篇，较之独立学院的 SCI 来源期刊发文情况，可见我国独立学院脱离母体高校转设后，正在进一步加强科研工作，学术研究水平和科技创新能力不断增强。在我国 148 所转设高校中，仍有 37 所转设高校 2021 年未在 SCI 来源期刊发文，其中民办高校 32 所，公办高校 5 所，这说明独立院校转设高校的科学研究水平有很大提升空间，尤其是转设民办高校，未来需进一步加强校企合作，不断提升学校的科研竞争力，充分发挥高质量科研对高层次应用型人才培养和区域经济与社会发展的积极促进作用。

表2.18列出了2021年在SCI来源期刊发文数较多的独立学院转设高校。其中，2所为公办高校，2所为民办高校，其中3所来自东部地区，1所来自中部地区。发文量最多的是浙大城市学院（241篇），紧随其后的是武昌理工学院和浙大宁波理工学院，发文量分别为159篇和149篇，阳光学院SCI发文量为91篇。阳光学院位于福建省福州市，学院依托福州大学举办，创建于2001年，时名福州大学阳光学院，为独立学院；2015年经教育部批准，转设为独立设置的民办普通本科高校，并更名为阳光学院。该校现为福建省一流应用型建设培育高校和硕士学位授予培育单位。目前，阳光学院已发展成为一所涵盖理、工、经、管、文、法、艺、教育等学科，在校本科生15000余人的多科性大学，其中计算机科学与技术、电子信息工程、电子商务等3个专业获批国家一流本科专业建设点，电子信息和国际商务获批福建省一流应用型高校重点建设学科。该校近年来引入百名博士，全军优秀博导、少将级专家、国务院政府特殊津贴获得者、教育部教指委委员等50余位国家级人才，担任学校教学科研骨干，师资队伍跻身全国民办高校第一梯队。2020年该校进入中国民办综合性大学排名前十强。2022年入选福建省一流应用型建设高校培育项目。

表2.18　2021年我国独立学院转设高校发表SCI论文前4强

排名	学校	学校性质	转设时间	省（区、市）	发文数量（篇）
1	浙大城市学院	公办	2020年	浙江	241
2	***武昌理工学院***	***民办***	2011年	湖北	159
3	浙大宁波理工学院	公办	2020年	浙江	149
4	***阳光学院***	***民办***	2015年	福建	91

（五）各区域和各省区市应用型本科高校SCI论文发表情况

表2.19列出了我国各省区市发表SCI论文最多的应用型本科高校。

在东部地区，2021年发表SCI论文最多的应用型本科高校是位于浙江的湖州师范学院（1057篇）。在北京的应用型本科高校中，2021年发表SCI论文最多的高校为华北科技学院，此外进入前5强的还有北京城市学院、沧州交通学院、燕京理工学院、北京医药大学东方学院等4所高校；在福建的应用型本科高校中，2021 年发表 SCI 论文最多的高校为武夷学院，此外进入前 5 强的还有闽江学院、福建工程学院、厦门理工学院、泉州师范学院等 4 所高校；在广东的应用型本科高校中，2021 年发表 SCI 论文最多的高校为东莞理工学院，此外进入前 5 强的还有惠州学院、莆田学院、肇庆学院、韶关学院等 4 所高校；在河北的应用型本科高校中，2021 年发表 SCI 论文最多的高校为河北中医学院，此外进入前 5 强的还有石家庄学院、北华航天工业学院、廊坊师范学院、唐山师范学院等 4 所高校；在海南的应用型本科高校中，2021 年发表 SCI 论文最多的高校为三亚学院，此外发表 SCI 论文的还有海口经济学院；在江苏的应用型本科高校中，2021 年发表 SCI 论文最多的高校为泰州学院，此外进入前 5 强的还有淮阴工学院、南京工程学院、淮阴师范学院、徐州工程学院等 4 所高校；在山东的应用型本科高校中，2021 年发表 SCI 论文最多的高校为临沂大学，此外进入前 5 强的还有枣庄学院、山东交通学院、潍坊学院、滨州学院等 4 所高校；在上海的应用型本科高校中，2021 年发表 SCI 论文最多的高校为上海应用技术大学，此外进入前 5 强的还有上海电机学院、上海立信会计金融学院、上海商学院、上海政法学院等 4 所高校；在天津的应用型本科高校中，2021 年发表 SCI 论文最多的高校为天津中德应用技术大学，此外发表 SCI 论文的还有天津仁爱学院、天津天狮学院、南开大学滨海学院、天津商业大学宝德学院等 4 所高校；在浙江的应用型本科高校中，2021 年发表 SCI 论文最多的高校为湖州师范学院，此外进入前 5 强的还有嘉兴学院、台州学院、浙江科技学院、宁波工程学院等 4 所高校。

在中部地区，2021 年发表 SCI 论文多的应用型本科高校是位于湖北的江汉大学（479 篇）。在安徽的应用型本科高校中，2021 年发表 SCI 论文最多的高校为合肥学院，此外进入前 5 强的还有宿州学院、滁州学院、合肥师范学院、皖西学院等 4 所高校；在湖北的应用型本科高校中，2021 年发表 SCI 论文最多的高校为江汉大学，此外进入前 5 强的还有黄冈师范学院、武昌理工学院、湖北工程学院、湖北经济学院等 4 所高校；在湖南的应用型本科高校中，2021 年发表 SCI 论文最多的高校为长沙学院，此外进入前 5 强的还有邵阳学院、湖南城市学院、邵阳学院、湖南理工学院等 4 所高校；在河南的应用型本科高校中，2021 年发表 SCI 论文最多的高校为洛阳师范学院，此外进入前 5 强的还有南阳师范学院、安阳工学院、许昌学院、周口师范学院等 4 所高校；在江西的应用型本科高校中，2021 年发表 SCI 论文最多的高校为九江学院，此外进入前 5 强的还有南昌工程学院、南昌理工学院、井冈山大学、上饶师范学院等 4 所高校；在山西的应用型本科高校中，2021 年发表 SCI 论文最多的高校为太原师范学院，此外进入前 5 强的还有、太原工业学院、晋中学院、运城学院、长治学院等 5 所高校。

在西部地区，2021 年发表 SCI 论文最多的应用型本科高校是位于四川的成都大学（1125 篇）。在重庆的应用型本科高校中，2021 年发表 SCI 论文最多的高校为重庆科技学院，此外进入前 5 强的还有重庆文理学院、长江师范学院、重庆第二师范学院、重庆工程学院等 4 所高校；在甘肃的应用型本科高校中，2021 年发表 SCI 论文最多的高校为兰州城市学院，此外进入前 5 强的还有河西学院、天水师范学院、陇东学院、兰州工业学院等 4 所高校；在广西的应用型本科高校中，2021 年发表 SCI 论文最多的高校为玉林师范学院，此外进入前 5 强的还有北部湾大学、桂林航天工业学院、贺州学院、广西财经学院等 4 所高校；在贵州的应用型本科高校中，2021 年发表 SCI 论文最多的高校为贵州理工学院，此外进入前 5 强的还有贵州师范学院、贵阳学院、铜仁学院、六盘水师范学院等 4 所高校；在内蒙古的应用型本科高校中，2021 年发表 SCI 论文最多的高校为赤峰学院，此外发表 SCI 论文的还有河套学院、鄂尔多斯应用技术学院、呼伦贝尔学院、内蒙古鸿德文理学院等 4 所高校；在宁夏的应用型本科高校中，2021 年发表 SCI 论文最多的高校为宁夏师范学院，此外发表 SCI 论文的还有宁夏理工学院、银川科技学院等 2 所高校；在四川的应用型本科高校中，2021 年发表 SCI 论文最多的高校为成都大学，此外进入前 5 强的还有宜宾学院、内江师范学院、攀枝花学院、成都师范学院等 4 所高校；在陕西的应用型本科高校中，2021 年发表 SCI 论文最多的高校为西京学院，此外进入前 5 强的还有西安医学院、榆林学院、咸阳师范学院、商洛学院等 4 所高校；在新疆的应用型本科高校中 2021 年发表 SCI 论文最多的高校为新疆工程学院，此外进入前 5 强的还有昌吉学院、新疆理工学院、新疆第二医学院、新疆科技学院等 4 所高校；在云南的应用型本科高校中，2021 年发表 SCI 论文最多的高校为昆明学院，此外进入前 5 强的还有曲靖师范学院、玉溪师范学院、红河学院、滇西科技师范学院等 4 所高校。

在东北地区，2021 年发表 SCI 论文最多的应用型本科高校是位于吉林的长春工程学院（86 篇）。在黑龙江的应用型本科高校中，2021 年发表 SCI 论文最多的高校为哈尔滨学院，此外进入前 5 强的还有黑龙江工程学院、大庆师范学院、黑河学院、黑龙江东方学院、黑龙江工业学院等 5 所高校（部分高校并列）；在吉林的应用型本科高校中，2021 年发表 SCI 论文最多的高校为长春工程学院，此外进入前 5 强的还有长春科技学院、吉林农业科技学院、吉林工商学院、白城师范学院等 4 所高校；在辽宁的应用型本科高校中，2021 年发表 SCI 论文最多的高校为沈阳工程学院，此外进入前 5 强的还有辽宁科技学院、辽宁理工学院、沈阳工学院、大连科技学院等 4 所高校。

表 2.19　2021 年各省区市应用型本科高校发表 SCI 论文之首

区域	省（区、市）	学校	性质	发文数量（篇）
东部	北京	华北科技学院	公办	177
	福建	武夷学院	公办	730
	广东	东莞理工学院	公办	828
	河北	河北中医学院	公办	177
	海南	三亚学院	公办	27
	江苏	泰州学院	公办	638
	山东	临沂大学	公办	591
	上海	上海应用技术大学	公办	681
	天津	天津中德应用技术大学	公办	44
	浙江	湖州师范学院	公办	1057
中部	安徽	合肥学院	公办	221
	湖北	江汉大学	公办	479
	湖南	长沙学院	公办	241
	河南	洛阳师范学院	公办	329
	江西	九江学院	公办	256
	山西	太原师范学院	公办	158
西部	重庆	重庆科技学院	公办	420
	甘肃	兰州城市学院	公办	169
	广西	玉林师范学院	公办	223
	贵州	贵州理工学院	公办	187
	内蒙古	赤峰学院	公办	110
	宁夏	宁夏师范学院	公办	36
	四川	成都大学	公办	1125
	陕西	***西京学院***	***民办***	352
	新疆	新疆工程学院	公办	78
	云南	昆明学院	公办	170
东北	黑龙江	哈尔滨学院	公办	81
	吉林	长春工程学院	公办	86
	辽宁	沈阳工程学院	公办	71

（六）不同类型应用型本科高校 SCI 论文发表情况

表 2.20 列出了 2021 年我国不同办学类型的应用型本科高校中发表 SCI 论文最多的应用型本科高校。在我国综合类应用型本科高校中，发表 SCI 论文最多的是成都大学，此外进入前 5 强的还有嘉兴学院、武夷学院、泰州学院、台州学院等 4 所高校；在我国财经类应用型本科高校中，发表 SCI 论文最多的是上海立信会计金融学院，此外进入前 5 强的还有河南牧业经济学院、湖北经济学院、湖南财政经济学院、福建江夏学院等 4 所高校；在我国理工类应用型本科高校中，发表 SCI 论文最多的是东莞理工学院，此外进入前 5 强的还有上海应用技术大学、淮阴工学院、南京工程学院、浙江科技学院等 4 所高校；在我国民族类应用型本科高校中，发表 SCI 论文最多的是河北民族师范学院，此外发表了 SCI 论文的还有四川民族学院、贵阳人文科技学院等 2 所高校；在我国农林类应用型本科高校中，发表 SCI 论文最多的是吉林农业科技学院，此外发表了 SCI 论文的还有信阳农林学院、山东农业工程学院、广西农业职业技术大学、浙江农林大学暨阳学院等 4 所高校；在我国师范类应用型本科高校中，发表 SCI 论文最多的是湖州师范学院，此外进入前 5 强的还有长江师范学院、淮阴师范学院、洛阳师范学院、黄冈师范学院等 4 所高校；在本报告所涉及的应用型本科高校中，体育类应用型本科高校仅有武汉体育学院体育科技学院一所，且 2021 年该校未发表 SCI 论文，故表格中相关数据空缺；在我国医药类应用型本科高校中，发表 SCI 论文最多的是西安医学院，此外进入前 5 强的还有河北中医学院、湖南医药学院、长沙医学院、齐鲁医药学院等 4 所高校；在我国艺术类应用型本科高校中，发表 SCI 论文最多的是浙江传媒学院，此外进入前 5 强的还有河北美术学院、四川文化艺术学院、上海视觉艺术学院、北海艺术设计学院等 4 所高校；在我国语言类应用型本科高校中，发表 SCI 论文最多的是浙江越秀外国语学院，此外进入前 5 强的还有浙江外国语学院、重庆外语外事学院、广西外国语学院、吉林外国语大学等 4 所高校；在我国政法类应用型本科高校中，发表 SCI 论文最多的是浙江警察学院，此外进入前 5 强的还有湖南警察学院、上海政法学院、江苏警官学院、四川警察学院等 4 所高校。

表 2.20　2021 年各类应用型本科高校发表 SCI 论文之首

办学类型	学校	性质	省（区、市）	发文数量（篇）
综合类	成都大学	公办	四川	1125
财经类	上海立信会计金融学院	公办	上海	156
理工类	东莞理工学院	公办	广东	828
民族类	河北民族师范学院	公办	河北	32
农林类	吉林农业科技学院	公办	吉林	73
师范类	湖州师范学院	公办	浙江	1057
体育类	—	—	—	—
医药类	西安医学院	公办	陕西	301
艺术类	浙江传媒学院	公办	浙江	45
语言类	浙江越秀外国语学院	民办	浙江	44
政法类	浙江警察学院	公办	浙江	32

四、应用型本科高校 SSCI 论文刊发情况

论文的评价标准之四是 SSCI 发文数（评价院校须作为第一机构）。SSCI 是 WoS 核心合集的子库之一，是全球最权威的社会科学引文数据库之一，内容涉及社会科学的各个领域，目前收录社会科学 3600 多种国际性、高影响力的学术期刊，数据最早可以回溯到 1900 年。所有入选期刊都是经过 SSCI 编辑部门的严格挑选并进行动态滚动监测的，以保证收录其中的都是最优质的学术资源，因此 SSCI 成为衡量社科科研水平的重要指标。

本报告的应用型本科高校 SSCI 论文刊发情况采用 2021 年度的数据。报告中各高校刊发 SSCI 论文的数据来源于 WoS 官方网站。

（一）我国应用型本科高校发表 SSCI 论文整体情况

2021 年 SSCI 发文数量较多的前 50 名应用型本科高校如表 2.21 所示（部分高校并列）。湖北经济学院、上海立信会计金融学院、湖州师范学院、上海商学院、浙大城市学院位居前 5 强。湖北经济学院以 123 篇 SSCI 论文位列我国应用型本科高校榜首。湖北经济学院是湖北省人民政府举办的全日制普通本科院校，国务院学位委员会批准的硕士学位授予单位，国家“十四五”教育强国推进工程支持高校。该校办学历史最早可追溯到 1907 年张之洞创办的“湖北商业中学堂”，于 2002 年 3 月经教育部批准，由原湖北商业高等专科

学校、武汉金融高等专科学校、湖北省计划管理干部学院合并组建。学校已建成以经管法为主干，工文理艺协调发展的学科专业体系。

2021 年全国 663 所应用型本科高校总发文量为 4018 篇，校均 6.06 篇，前 50 强高校 SSCI 发文量为 2043 篇，约占应用型高校发文总量的 50.85%。值得注意的是，前 50 强应用型本科高校中，有福州外语外贸学院、温州商学院、阳光学院、武昌理工学院、浙江越秀外国语学院、南昌理工学院、广州南方学院、宁波财经学院、广州城市理工学院等 9 所民办高校入榜，其余均为公办高校。由此可见，我国民办应用型本科高校在社会学科研究方面发轫，社会科学研究能力和实力得到进一步提升。2021 年，有 386 所应用型本科高校未发表 SSCI 论文，约占应用型本科高校总数的 58.22%，这说明我国大部分应用型本科高校能以第一机构发表 SSCI 论文，具备一定的科研水平。未发表 SSCI 论文的应用型本科高校主要是独立学院和民办高校（共计 236 所），约占应用型本科高校总数的 35.60%；也有 44 所公办应用型本科高校未发表 SSCI 论文，占应用型本科高校总数的 6.64%。

表 2.21 2021 年我国应用型本科高校发表 SSCI 论文前 50 强

排名	学校	性质	发文数量（篇）
1	湖北经济学院	公办	123
2	上海立信会计金融学院	公办	117
3	湖州师范学院	公办	76
4	上海商学院	公办	68
5	浙大城市学院	公办	63
6	闽江学院	公办	59
6	南京晓庄学院	公办	59
8	广东金融学院	公办	55
9	*福州外语外贸学院*	*民办*	54
10	徐州工程学院	公办	53
11	黄冈师范学院	公办	52
12	福建工程学院	公办	50
13	湖南财政经济学院	公办	49
14	成都大学	公办	48
15	常熟理工学院	公办	47
15	嘉兴学院	公办	47
17	山西工学院	公办	42

续表

排名	学校	性质	发文数量（篇）
18	东莞理工学院	公办	41
19	淮阴师范学院	公办	39
19	武夷学院	公办	39
21	广西财经学院	公办	38
22	台州学院	公办	37
22	泰州学院	公办	37
22	咸阳师范学院	公办	37
25	浙江万里学院	公办	34
26	临沂大学	公办	33
26	***温州商学院***	***民办***	33
26	厦门理工学院	公办	33
29	***阳光学院***	***民办***	32
30	湖南工学院	公办	29
30	江汉大学	公办	29
30	***武昌理工学院***	***民办***	29
30	***浙江越秀外国语学院***	***民办***	29
34	湖南第一师范学院	公办	28
34	南昌工程学院	公办	28
34	***南昌理工学院***	***民办***	28
37	桂林旅游学院	公办	27
37	淮阴工学院	公办	27
39	九江学院	公办	26
40	***广州南方学院***	***民办***	25
40	浙大宁波理工学院	公办	25
40	浙江科技学院	公办	25
43	丽水学院	公办	24
44	许昌学院	公办	23
45	盐城师范学院	公办	22
45	浙江外国语学院	公办	22
47	***宁波财经学院***	***民办***	21
47	上海应用技术大学	公办	21
49	重庆文理学院	公办	20
49	***广州城市理工学院***	***民办***	20
49	肇庆学院	公办	20

湖北经济学院强调教学与科研相互促进

湖北经济学院位于湖北省武汉市，是湖北省人民政府举办的全日制普通本科院校，2021年SSCI发文数量位居榜首，该校强调教学与科研相互促进，并打造学校实验教学中心供学生进行经营管理综合仿真实践学习。湖北经济学院在2019年、2020年连续进行了两轮“经营管理综合仿真实习”创新尝试，将其作为大四学生的必修课程，于2021年正式展开课程教学。学生规模从前两年的每年近800名增加到2021年的2000多名，参加教学活动的教师从30余名增加到近60名。

实验教学中心作为这门课程的组织单位，充分利用学校创建的协同机制，整合教学资源，搭建跨学科、跨专业的高度融合的教学平台，设计出具有挑战性、自主性的课程内容体系，让学生在分工协作中体验高水准专业实习，通过提高毕业实习质量来提升本科毕业生质量，给高校实验教学注入了全新内涵，形成了一种“全方位协同、多专业融合、自主创新”的全新实验教学生态。

这种仿真实习探索，4年前就已经开始。2017年，湖北经济学院决定将实验教学中心从教学辅助机构改造成专门的实验教学部门，将校内综合实验实训作为提高人才培养质量的基本举措。实验教学中心经过几年的摸索，建立了全校性的综合实训实验教学体系，内含“企业沙盘推演”“企业资源计划”“经营管理综合仿真实习”3门课程。按照这种部署，2018级学生入学第一年即学习了“企业沙盘推演”课程，在大三年级又修习了“企业资源计划”，目前正在如期进行大四年级的经营管理综合仿真实习。

（二）民办应用型本科高校SSCI论文发表情况

2021年全国共有109所民办应用型本科高校发表SSCI论文，共计681篇，校均6.25篇。有113所民办应用型本科高校未发表SSCI论文，约占我国民办应用型本科高校总数的50.91%。由此可见，我国大部分民办应用型本科高校具备一定的科研水平，但整体表现仍不佳，仍需进一步提升科研水平和创新能力，以高质量科研推动特色学科建设，引领学校实现高水平发展。

表2.22列出了2021年在SSCI发文较多的民办高校，其中有4所高校来自东部地区，1所来自中部地区。福州外语外贸学院以54篇SSCI论文在我国

民办应用型本科高校中位列第一名。福州外语外贸学院创建于2004年，是教育部批准设立的非营利性民办本科高校，是全国非营利性民办高等学校联盟发起单位、副主席单位和中国民办教育协会高等教育专业委员会常务副理事长单位、硕士研究生联合培养单位。该校外国语学院现设有英语系、翻译系、日语系、法语系、西班牙语系、公共外语教学部和外语学习诊断与辅导中心。该学校目前拥有省级一流专业2个，国家级一流课程3门、省级一流课程9门，翻译学科被确定为该校的重点学科，并被纳入硕士专业学位授权点培育项目，近年来在语料库与翻译技术、中国文化国际传播、国别区域等领域成果丰硕。温州商学院、阳光学院分别以33篇、32篇SSCI论文在我国民办应用型本科高校中位列第二名、第三名。温州商学院是浙南闽北赣东唯一一所商科类本科院校。该校始创于1999年，2016年经教育部批准成为浙江省第一所由独立学院成功转设的全日制民办普通本科高校，2023年获批列入浙江省新增硕士学位授予立项建设单位，现有在校生17000余人。学校充分发挥“精干、高效、灵活、务实”的民办机制优势，以传承和弘扬“敢为人先，特别能创业”的温州人精神为己任，秉承“砥志砺行、与时竞进”的校训精神，践行“成长会做人，成才会做事”的育人理念，立足温州，面向浙江，辐射全国，努力培养具有国际视野和现代商业精神的高素质应用型人才，走出了一条具有温州辨识度的高水平地方性应用型大学办学之路。

表2.22　2021年我国民办应用型本科高校发表SCI论文前5强

排名	学校	省（区、市）	发文数量（篇）
1	福州外语外贸学院	福建	54
2	温州商学院	浙江	33
3	阳光学院	福建	32
4	武昌理工学院	湖北	29
5	浙江越秀外国语学院	浙江	29

（三）独立学院SSCI论文发表情况

2021年，全国共有28所独立学院发表SSCI论文，共计107篇，校均3.82篇。有127所独立学院未发表SSCI论文，约占我国独立学院总数的81.94%。整体来看，我国独立学院的科研水平较低。

表2.23列出了2021年SSCI发文数较多的独立学院，7所高校（部分学

校并列）均来自东部地区。在SSCI发文最多的独立学院是浙江工商大学杭州商学院（16篇），该校是1999年经浙江省人民政府批准设立，2004年经教育部重新确认的全日制本科独立学院。该学院位于“中国最美县城”——杭州桐庐，设有6个二级学院和1个基础教研部，在校生10000余人，学科涵盖经济学、管理学、文学、法学、工学、艺术学和理学7大门类，共33个本科专业（方向），是一所“以商见长”的应用型、创新型大学。其次是浙江财经大学东方学院（14篇），紧随其后的是电子科技大学中山学院，发文量为10篇，广东外语外贸大学南国商学院、杭州师范大学钱江学院、南京师范大学泰州学院、南开大学滨海学院发文量均为6篇。

表2.23　2021年我国独立院校发表SSCI论文前5强

排名	学校	省（区、市）	发文数量（篇）
1	浙江工商大学杭州商学院	浙江	16
2	浙江财经大学东方学院	浙江	14
3	电子科技大学中山学院	广东	10
4	广东外语外贸大学南国商学院	广东	6
4	杭州师范大学钱江学院	浙江	6
4	南京师范大学泰州学院	江苏	6
4	南开大学滨海学院	天津	6

（四）独立学院转设高校SSCI论文发表情况

2021年有70所转设高校发表SSCI论文，共计403篇，校均5.76，较之独立学院的SSCI论文发文情况，可见我国独立学院脱离母体高校转设后，正在进一步加强科研工作，学术研究水平和科技创新能力不断增强。在我国148所转设高校中，仍有77所转设高校2021年未发表SSCI论文，其中民办高校68所，公办高校9所，这说明独立院校转设高校的科学研究水平有很大提升空间，尤其是转设民办高校，未来需进一步加强校企合作，不断提升学校的科研竞争力，充分发挥高质量科研对高层次应用型人才培养和区域经济与社会发展的积极促进作用。

表2.24列出了2021年SSCI论文发文较多的独立学院转设高校。其中，有2所为公办高校，有3所为民办高校；3所来自东部地区，2所来自中部地区。发文量最大的是浙大城市学院（63篇），其次是山西工学院（42篇），紧随其后的是温州商学院、阳光学院和武昌理工学院，发文量分别为33篇、32

篇和 29 篇。武昌理工学院是一所以工学为主体，理学、管理学、经济学、文学、艺术学、法学、医学等多学科协调发展的全日制普通本科高校。该校坚持特色发展战略，始终致力于培养高素质人才，把立德树人、培养社会主义建设者和接班人作为崇高使命和责任。该校首创“成功素质教育”这一全新的高等教育理念和独具特色的“1+3 大学素质教育人才培养模式”，形成了“以产教融合、实践教学、学科专业技能竞赛为路径，专业教育、通识教育、创新创业教育有机结合，突出立德树人、全面发展、专业能力和创新创业”的三维人才培养特色，培养德智体美劳全面发展、适应地方经济社会发展、具有创新精神、创新能力和国际视野的高素质应用型人才。

表 2.24 2021 年我国独立学院转设高校发表 SSCI 论文前 5 强

排名	学校	学校性质	转设时间	省（区、市）	发文数量（篇）
1	浙大城市学院	公办	2020 年	浙江	63
2	山西工学院	公办	2021 年	山西	42
3	温州商学院	民办	2016 年	浙江	33
4	阳光学院	民办	2015 年	福建	32
5	武昌理工学院	民办	2011 年	湖北	29

山西工学院结合地方区位优势精准科研

山西工学院结合地方区位优势，针对行业痛点进行科学研究，并集结学校师资力量组建科研团队，形成了属于学校自己的科研特色。

1. 煤电污染控制及废弃物资源化利用山西省重点实验室

依托山西平朔煤矸石发电有限责任公司，山西大学和山西工学院作为合作单位联合建设申报的“煤电污染控制及废弃物资源化利用山西省重点实验室”于 2015 年正式批准建设，2016 年 4 月通过山西省科技厅验收。目前，该实验室是朔州市唯一的省级重点实验室，山西省唯一的以固废资源化利用为研究方向的省级重点实验室。实验室紧密围绕“煤电污染控制与废弃物资源化利用技术”这一主题开展研究工作；紧跟国务院和山西省委省政府深化能源革命综合改革试点工作，实现碳达峰、碳中和山西行动目标，在“煤燃烧过程中污染物的迁移与转化”“煤电污染物控制与减排”“煤电废弃物资源化利用”三个方向已经形成了鲜明的研究主题和特色。该实验室目前将研究和技术转化目标锚定在煤矸石、粉煤灰、脱硫石膏等煤基固废资源化利用，同时推进冶金固废、城市固废的综合资源化应用技术的研究与开发。

2. 煤系高岭土深加工工程技术研究中心

煤系高岭土深加工工程技术研究中心立足于现有煤矸石制备煅烧高岭土朔州市重点实验室和省级企业技术中心的基础上，立足山西煤矸石资源优势，以煤系高岭土为主要研究对象，加强产学研合作和协同创新，高校和企业联合承担共同开发，积极构建基础研究、应用研究、成果转化和产业化协调发展的机制。该中心结合山西现有的煤系高岭土资源以及煤系高岭土研发生产深加工工艺装备和产业化基础，研发煤系煅烧高岭土升级换代新技术新产品，构建煤系高岭土制备新型功能型填涂料创新技术体系和研发生产平台。中心研究领域涉及煤矸石制备优质煅烧高岭土，煅烧高岭土表面改性技术，煤系高岭土功能型复合填料制备技术研究与开发。为实现山西省煤炭固废煤矸石的高附加值利用和煤系高岭土整体产业的快速发展，为山西省资源循环经济转型发展，探索一条实际可行的工业发展道路。中心瞄准高岭土发展的国际科技前沿，积极与国外高岭土相关科技开发公司进行科技合作与交流，与美国EARTHRES 科技公司建立了长期合作关系。中心和中北大学、山西大学、太原理工大学和山西省玻璃陶瓷科学研究所建立了产学研合作关系，集中生产一线技术骨干和高校科研创新骨干，组成煤系高岭土科研攻关队伍，现已成为产学研合作院校的学生实习基地。

（五）各区域和各省区市应用型本科高校 SSCI 论文发表情况

表 2.25 列出了我国各省区市发表 SSCI 论文最多的应用型本科高校。在东部地区，2021 年发表 SSCI 论文最多的应用型本科高校是位于上海的上海立信会计金融学院（117 篇）。在北京的应用型本科高校中，2021 年发表 SSCI 论文最多的高校为华北科技学院，此外发表 SSCI 论文的还有北京城市学院、燕京理工学院、沧州交通学院等 3 所高校；在福建的应用型本科高校中，2021 年发表 SSCI 论文最多的高校为闽江学院，此外进入前 5 强的还有福州外语外贸学院、福建工程学院、武夷学院、厦门理工学院等 4 所高校；在广东的应用型本科高校中，2021 年发表 SSCI 论文最多的高校为广东金融学院，此外进入前 5 强的还有东莞理工学院、广州南方学院、肇庆学院、广州城市理工学院等 4 所高校；在河北的应用型本科高校中，2021 年发表 SSCI 论文最多的高校为沧

州师范学院、唐山师范学院，此外进入前 5 强的还有河北中医学院、河北金融学院、河北民族师范学院等 3 所高校；在海南的应用型本科高校中，2021 年发表 SSCI 论文最多的高校为三亚学院，此外发表 SSCI 论文的还有海口经济学院；在江苏的应用型本科高校中，2021 年发表 SSCI 论文最多的高校为南京晓庄学院，此外进入前 5 强的还有徐州工程学院、常熟理工学院、淮阴师范学院、泰州学院等 4 所高校；在山东的应用型本科高校中，2021 年发表 SSCI 论文最多的高校为临沂大学，此外进入前 5 强的还有山东管理学院、山东交通学院、潍坊学院、潍坊科技学院等 4 所高校；在上海的应用型本科高校中，2021 年发表 SSCI 论文最多的高校为上海立信会计金融学院，此外进入前 5 强的还有上海商学院、上海应用技术大学、上海电机学院、上海政法学院等 4 所高校；在天津的应用型本科高校中，2021 年发表 SSCI 论文最多的高校为南开大学滨海学院，此外发表 SSCI 论文的还有天津中德应用技术大学、天津财经大学珠江学院、天津仁爱学院、天津天狮学院等 4 所高校；在浙江的应用型本科高校中，2021 年发表 SSCI 论文最多的高校为湖州师范学院，此外进入前 5 强的还有浙大城市学院、嘉兴学院、台州学院、浙江万里学院等 4 所高校。

在中部地区，2021 年发表 SSCI 论文多的应用型本科高校是位于湖北的湖北经济学院（123 篇）。在安徽的应用型本科高校中，2021 年发表 SSCI 论文最多的高校为滁州学院，此外进入前 5 强的还有合肥师范学院、宿州学院、合肥学院、黄山学院等 4 所高校；在湖北的应用型本科高校中，2021 年发表 SSCI 论文最多的高校为湖北经济学院，此外进入前 5 强的还有黄冈师范学院、江汉大学、武昌理工学院、湖北工程学院等 4 所高校；在湖南的应用型本科高校中，2021 年发表 SSCI 论文最多的高校为湖南财政经济学院，此外进入前 5 强的还有湖南工学院、湖南第一师范学院、湖南人文科技学院、长沙学院等 4 所高校；在河南的应用型本科高校中，2021 年发表 SSCI 论文最多的高校为许昌学院，此外进入前 5 强的还有河南牧业经济学院、周口师范学院、洛阳师范学院、安阳学院、平顶山学院等 5 所高校（部分高校并列）；在江西的应用型本科高校中，2021 年发表 SSCI 论文最多的高校为南昌工程学院和南昌理工学院，此外进入前 5 强的还有九江学院、上饶师范学院、井冈山大学等 3 所高校；在山西的应用型本科高校中，2021 年发表 SSCI 论文最多的高校为山西工学院，此外进入前 5 强的还有太原师范学院、太原工业学院、太原学院、运城学院、长治学院等 5 所高校（部分高校并列）。

在西部地区，2021 年发表 SSCI 论文最多的应用型本科高校是位于四川的成都大学（48 篇）。在重庆的应用型本科高校中，2021 年发表 SSCI 论文最多的高校为重庆文理学院，此外进入前 5 强的还有长江师范学院、重庆第二师范学院、重庆科技学院、重庆外语外事学院等 4 所高校；在甘肃的应用型本科高校中，2021 年发表 SSCI 论文最多的高校为兰州城市学院，此外进入前 5 强的还有天水师范学院、河西学院、兰州工业学院、陇东学院等 4 所高校；在广西的应用型本科高校中，2021 年发表 SSCI 论文最多的高校为广西财经学院，此外进入前 5 强的还有桂林旅游学院、玉林师范学院、广西农业职业技术大学、贺州学院等 4 所高校；在贵州的应用型本科高校中，2021 年发表 SSCI 论文最多的高校为贵阳学院，此外进入前 5 强的还有安顺学院、贵州商学院、黔南民族师范学院、遵义师范学院等 4 所高校；在内蒙古的应用型本科高校中，2021 年发表 SSCI 论文最多的高校为呼伦贝尔学院，此外发表 SSCI 论文的还有赤峰学院、鄂尔多斯应用技术学院、河套学院等 3 所高校；在宁夏的应用型本科高校中，2021 年仅有宁夏理工学院发表 SSCI 论文；在四川的应用型本科高校中，2021 年发表 SSCI 论文最多的高校为成都大学，此外进入前 5 强的还有乐山师范学院、攀枝花学院、宜宾学院、内江师范学院等 4 所高校；在陕西的应用型本科高校中，2021 年发表 SSCI 论文最多的高校为咸阳师范学院，此外进入前 5 强的还有西安医学院、西京学院、陕西学前师范学院、榆林学院等 4 所高校；在新疆的应用型本科高校中，2021 年发表 SSCI 论文最多的高校为新疆理工学院，此外发表 SSCI 论文的还有昌吉学院、新疆工程学院等 2 所高校；在云南的应用型本科高校中，2021 年发表 SSCI 论文最多的高校为昆明学院，此外进入前 5 强的还有红河学院、云南经济管理学院（云南经济管理职业学院）、玉溪师范学院、云南工商学院等 4 所高校。

在东北地区，2021 年发表 SSCI 论文最多的应用型本科高校是位于吉林的长春工程学院、长春光华学院（9 篇）。在黑龙江的应用型本科高校中，2021 年发表 SSCI 论文最多的高校为哈尔滨学院，此外进入前 5 强的还有黑龙江东方学院、哈尔滨金融学院、黑龙江工程学院、黑龙江工业学院等 4 所高校；在吉林的应用型本科高校中，2021 年发表 SSCI 论文最多的高校为长春工程学院、长春光华学院，此外进入前 5 强的还有长春财经学院、吉林工商学院、长春科技学院、白城师范学院、吉林农业科技学院等 5 所高校（部分高校并列）；在辽宁的应用型本科高校中，2021 年发表 SSCI 论文最多的高校为沈阳工学院，此外进入前 5 强的还有大连科技学院、辽宁对外经贸学院、辽宁科技学院、沈阳工程学院等 4 所高校。

表 2.25　2021 年各省区市应用型本科高校发表 SSCI 论文之首

区域	省（区、市）	学校	性质	发文数量（篇）
东部	北京	华北科技学院	公办	9
	福建	闽江学院	公办	59
	广东	广东金融学院	公办	55
	河北	沧州师范学院	公办	8
		唐山师范学院	公办	
	海南	三亚学院	公办	10
	江苏	南京晓庄学院	公办	59
	山东	临沂大学	公办	33
	上海	上海立信会计金融学院	公办	117
	天津	***南开大学滨海学院***	***独立学院***	6
	浙江	湖州师范学院	公办	76
中部	安徽	滁州学院	公办	19
	湖北	湖北经济学院	公办	123
	湖南	湖南财政经济学院	公办	49
	河南	许昌学院	公办	23
	江西	南昌工程学院	公办	28
		南昌理工学院	**民办**	
	山西	山西工学院	公办	42
西部	重庆	重庆文理学院	公办	20
	甘肃	兰州城市学院	公办	13
	广西	广西财经学院	公办	38
	贵州	贵阳学院	公办	7
	内蒙古	呼伦贝尔学院	公办	9
	宁夏	宁夏师范学院	公办	1
	四川	成都大学	公办	48
	陕西	咸阳师范学院	公办	37
	新疆	新疆理工学院	公办	4
	云南	昆明学院	公办	11
东北	黑龙江	哈尔滨学院	公办	7
	吉林	长春工程学院	公办	9
		长春光华学院	**民办**	
	辽宁	***沈阳工学院***	**民办**	3

（六）不同类型应用型本科高校 SSCI 论文发表情况

表 2.26 列出了 2021 年我国不同办学类型的应用型本科高校中发表 SSCI 论文最多的应用型本科高校。在我国综合类应用型本科高校中，发表 SSCI 论文最多的是浙大城市学院，此外进入前 5 强的还有闽江学院、徐州工程学院、成都大学、武夷学院等 4 所高校；在我国财经类应用型本科高校中，发表 SSCI 论文最多的是湖北经济学院，此外进入前 5 强的还有上海立信会计金融学院、上海商学院、广东金融学院、福州外语外贸学院等 4 所高校；在我国理工类应用型本科高校中，发表 SSCI 论文最多的是福建工程学院，此外进入前 5 强的还有常熟理工学院、山西工学院、东莞理工学院、浙江万里学院等 4 所高校；在我国民族类应用型本科高校中，发表 SSCI 论文最多的是河北民族师范学院，此外发表 SSCI 论文的还有四川民族学院等 1 所高校；在我国农林类应用型本科高校中，发表 SSCI 论文最多的是广西农业职业技术大学，此外发表 SSCI 论文的还有吉林农业科技学院、山东农业工程学院、信阳农林学院等 3 所高校；在我国师范类应用型本科高校中，发表 SSCI 论文最多的是湖州师范学院，此外进入前 5 强的还有南京晓庄学院、黄冈师范学院、淮阴师范学院、咸阳师范学院等 4 所高校；在本报告所涉及的应用型本科高校中，体育类应用型本科高校仅有武汉体育学院体育科技学院，且 2021 年该校未发表 SSCI 论文，故表格中相关数据空缺；在我国医药类应用型本科高校中，发表 SSCI 论文最多的是西安医学院，此外进入前 5 强的还有河北中医学院、温州医科大学仁济学院、长沙医学院、湖南医药学院等 4 所高校；在我国艺术类应用型本科高校中，发表 SSCI 论文最多的是浙江传媒学院，此外进入前 5 强的还有北海艺术设计学院、大连艺术学院、上海视觉艺术学院、山西传媒学院、南京传媒学院等 5 所高校（部分高校并列）；在我国语言类应用型本科高校中，发表 SSCI 论文最多的是浙江越秀外国语学院，此外发表 SSCI 论文的还有浙江外国语学院、重庆外语外事学院、广西外国语学院等 3 所高校；在我国政法类应用型本科高校中，发表 SSCI 论文最多的是上海政法学院，此外进入前 5 强的还有山东政法学院、浙江警察学院、江苏警官学院、山东警察学院等 4 所高校。

表 2.26　2021 年各类应用型本科高校发表 SSCI 论文之首

办学类型	学校	性质	省（区、市）	发文数量（篇）
综合类	浙大城市学院	公办	浙江	63
财经类	湖北经济学院	公办	湖北	123
理工类	福建工程学院	公办	福建	50
民族类	河北民族师范学院	公办	河北	5
农林类	广西农业职业技术大学	公办	广西	13
师范类	湖州师范学院	公办	浙江	76
体育类	—	—	—	—
医药类	西安医学院	公办	陕西	16
艺术类	浙江传媒学院	公办	浙江	9
语言类	浙江越秀外国语学院	民办	浙江	29
政法类	上海政法学院	公办	上海	19

第三章　科研课题分析报告

本报告中课题指标包含社会科学基金课题和自然科学基金课题两个二级指标，社会科学基金课题由国家社会科学基金重大重点项目立项数、国家社会科学基金一般项目立项数和教育部人文社会科学研究项目立项数共同衡量，自然科学基金课题由国家自然科学基金立项数衡量。考虑到课题对于应用型本科高校科研发展的重要性，课题组赋予课题指标权重为15%。

民办高校在课题这一指标上的表现不尽如人意。只有 4 所民办高校跻身于“课题”高质量发展水平前 100 强，分别是浙江越秀外国语学院、宁波财经学院、西京学院和浙江树人学院，前 50 强均为公办高校（见表 3.1）。2021 年有 11 所民办本科高校和 1 所独立学院（电子科技大学中山学院）获得国家自然科学基金立项；3 所民办本科高校获得国家社会科学基金重大重点项目立项；23 所民办本科高校和 2 所独立学院（厦门大学嘉庚学院、东南大学成贤学院）获得国家社会科学基金一般项目立项；28 所民办本科高校、9 所独立学院和 1 所民办职业本科院校（泉州职业技术大学）获得教育部人文社会科学研究项目立项。东莞理工学院、浙江传媒学院、广西财经学院和淮阴师范学院分别在国家自然科学基金、国家社会科学基金重大重点项目立项数、国家社会科学基金一般项目立项数和教育部人文社会科学研究项目立项数中排行第一名（见表 3.2）。

表 3.1　2021 年我国应用型本科高校课题立项前 50 强

排名	学校名称	省（区、市）	办学性质	办学类型	区域
1	东莞理工学院	广东	公办	理工类	东部
2	临沂大学	山东	公办	综合类	东部
3	重庆科技学院	重庆	公办	理工类	西部

续表

排名	学校名称	省（区、市）	办学性质	办学类型	区域
4	井冈山大学	江西	公办	综合类	中部
5	台州学院	浙江	公办	综合类	东部
6	淮阴师范学院	江苏	公办	师范类	东部
6	洛阳师范学院	河南	公办	师范类	中部
8	南京工程学院	江苏	公办	理工类	东部
9	湖北经济学院	湖北	公办	财经类	中部
10	上海应用技术大学	上海	公办	理工类	东部
11	湖州师范学院	浙江	公办	师范类	东部
11	盐城师范学院	江苏	公办	师范类	东部
13	成都大学	四川	公办	综合类	西部
14	嘉兴学院	浙江	公办	综合类	东部
14	浙江科技学院	浙江	公办	理工类	东部
16	江汉大学	湖北	公办	综合类	中部
17	长沙学院	湖南	公办	综合类	中部
17	榆林学院	陕西	公办	综合类	西部
19	长江师范学院	重庆	公办	师范类	西部
19	南京晓庄学院	江苏	公办	师范类	东部
21	闽江学院	福建	公办	综合类	东部
22	厦门理工学院	福建	公办	理工类	东部
22	宜春学院	江西	公办	综合类	中部
24	南昌工程学院	江西	公办	理工类	中部
25	贵州理工学院	贵州	公办	理工类	西部
25	金陵科技学院	江苏	公办	理工类	东部
27	广东金融学院	广东	公办	财经类	东部
28	广西财经学院	广西	公办	财经类	西部
29	常州工学院	江苏	公办	理工类	东部
29	湖南理工学院	湖南	公办	理工类	中部
29	周口师范学院	河南	公办	师范类	中部
32	常熟理工学院	江苏	公办	理工类	东部
33	重庆文理学院	重庆	公办	综合类	西部
33	浙大宁波理工学院	浙江	公办	理工类	东部
35	九江学院	江西	公办	综合类	中部
36	德州学院	山东	公办	综合类	东部
36	衡阳师范学院	湖南	公办	师范类	中部
36	昆明学院	云南	公办	综合类	西部

续表

排名	学校名称	省（区、市）	办学性质	办学类型	区域
39	上海立信会计金融学院	上海	公办	财经类	东部
40	徐州工程学院	江苏	公办	综合类	东部
41	福建工程学院	福建	公办	理工类	东部
41	河北中医学院	河北	公办	医药类	东部
43	滨州学院	山东	公办	综合类	东部
43	惠州学院	广东	公办	综合类	东部
43	商丘师范学院	河南	公办	师范类	中部
46	安阳师范学院	河南	公办	师范类	中部
46	广东石油化工学院	广东	公办	理工类	东部
46	上饶师范学院	江西	公办	师范类	中部
46	浙江万里学院	浙江	公办	理工类	东部
50	黄冈师范学院	湖北	公办	师范类	中部
50	天水师范学院	甘肃	公办	师范类	西部

表 3.2　2021 年我国应用型本科高校各类课题立项数前 5 强

类别	排名	学校名称	类别	排名	学校名称
国家自然科学基金立项数	1	东莞理工学院	国家社会科学基金一般项目立项数	1	广西财经学院
	2	重庆科技学院		2	盐城师范学院
	3	临沂大学		3	长江师范学院
	4	南京工程学院		4	湖北经济学院
	5	井冈山大学		4	上海政法学院
国家级社会科学基金重大重点项目立项数	1	浙江传媒学院	教育部人文社会科学研究项目立项数	1	淮阴师范学院
	2	浙江越秀外国语学院		2	湖北经济学院
	3	湖北经济学院		3	东莞理工学院
	4	三亚学院		4	长沙学院
	5	安阳师范学院			
	5	成都师范学院		4	广东金融学院
	5	常州工学院			
	5	广西财经学院		4	闽江学院
	5	丽水学院			
	5	西京学院			
	5	盐城师范学院		4	台州学院
	5	浙江科技学院			

一、我国应用型本科高校社会科学基金项目竞争力情况

课题组对应用型本科高校的教学、科研和社会服务进行综合评价，包括论文、课题、专利、学科、专业、课程、教材等若干个一级指标，国家社会科学基金项目和教育部人文社会科学研究项目立项情况是课题的评价指标之一。2016 年 5 月 17 日，习近平总书记在哲学社会科学工作座谈会上的讲话中指出："哲学社会科学是人们认识世界、改造世界的重要工具，是推动历史发展和社会进步的重要力量，其发展水平反映了一个民族的思维能力、精神品格、文明素质，体现了一个国家的综合国力和国际竞争力。"[①]国家社会科学基金和教育部人文社会科学研究资助是我国支持人文社会科学研究的两大主要渠道。国家社会科学基金是经国务院批准设立，由全国哲学社会科学工作办公室负责管理，面向全国的社会科学研究资助计划，资助项目主要包括国家社会科学基金重大项目、全国教育科学"十四五"规划国家重大重点项目等重大重点项目、国家社会科学基金年度重点项目等重点项目，以及国家社会科学基金年度一般项目、青年项目、国家社会科学基金冷门绝学研究专项等一般项目。国家社会科学基金项目资金来源于中央财政拨款，用于资助哲学社会科学研究和培养哲学社会科学人才，为促进哲学社会科学学科发展、人才培养和队伍建设作出了重要贡献。教育部人文社会科学研究项目是教育部面向全国普通高等学校设立的社会科学研究资助项目，主要包括全国教育科学"十四五"规划省部级项目、教育部人文社会科学研究一般项目、专项项目和教育部哲学社会科学研究后期资助项目。作为全国人文社会科学领域高级别的纵向科研项目，其覆盖面广、影响力大，是衡量高校人文社会科学科研水平的重要指标之一。我国应用型本科高校以高素质应用型人才培养为办学定位，目标是建设成为特色鲜明的高水平应用型大学。国家社会科学基金项目和教育部人文社会科学研究项目对于应用型本科高校特色学科建设、高质量应用型人才培养具有重要的支撑作用，将有力推动应用型本科高校的内涵建设与特色发展。因此，我国应用型本科高校应积极争取国家社会科学基金项目和教育部人文社会科学研究项目立项，不断提升高层次应用型人才培养能力和创新科研水平，为地方经济社会发展作出积极贡献。

① 习近平：《在哲学社会科学工作座谈会上的讲话》，北京：人民出版社，2016 年版，第 2 页。

本报告采用应用型本科高校 2021 年度的数据。报告中各高校获批的国家社会科学基金项目数据和教育部人文社会科学研究资助项目数据均来源于全国哲学社会科学工作办公室官网公布的各项目立项名单，以及教育部官网公布的各项目立项名单。

（一）我国应用型本科高校社会科学基金项目竞争力指数整体情况

为凸显不同社会科学基金项目的重要程度，本报告将我国社会科学基金项目分为国家社会科学基金重大重点项目、国家社会科学基金一般项目以及教育部人文社会科学研究项目等三大类型。重大重点项目、一般项目、省部级项目的当量分别取 1、2、3。例如某高校获得国家重大重点项目 1 项，一般项目 1 项，省部级项目 1 项，经过当量法处理后，该高校在国家重大重点项目的值为 3，一般项目为 2，省部级项目为 1，将三项数据加总得到该高校的社会科学基金项目竞争指数。其中，第一大类是国家社会科学基金重大重点项目，具体包括国家社会科学基金重大项目、研究阐释党的十九届五中全会精神国家社会科学基金重大项目、国家社会科学基金年度项目（重点项目）、国家社会科学基金艺术学重大重点项目、国家社会科学基金中华学术外译项目（重点项目）、国家社会科学基金后期资助项目（重点项目）等 6 项资助项目。此外本报告还将全国教育科学“十四五”规划课题（国家重大重点项目）和教育部哲学社会科学研究重大课题攻关项目等 2 项资助项目一同纳入国家社会科学基金重大重点项目统计。第二大类是国家社会科学基金一般项目，具体包括国家社会科学基金年度项目（一般项目）和青年项目、国家社会科学基金后期资助项目（一般项目、青年项目、西部项目）、国家社会科学基金中华学术外译项目（一般项目）、国家社会科学基金冷门绝学研究专项、国家社会科学基金高校思想政治理论课研究专项、国家社会科学基金艺术学项目（一般项目、青年项目和西部项目）、国家社会科学基金西部项目等 7 项资助项目。此外，本报告还将全国教育科学“十四五”规划课题（国家一般项目、国家青年项目、西部项目）纳入国家社会科学基金一般项目统计。第三大类是教育部人文社会科学研究项目，具体包括教育部人文社会科学研究一般项目（规划基金项目、青年基金项目、自筹经费项目、西部和边疆地区项目、西藏项目、专项任务项目中国特色社会主义理论体系研究、专项任务项目高校辅导员研究）、教育部哲学社会科学研究后期资助项目、教育部专项项目高校思想政治理论课教师研究专项、全国教育科学“十四五”规划课题（教育部重点项目、教育部青年项目、教育部专项项目）等 4 项资助项目。

2021 年社会科学基金项目竞争力指数排名前 50 的应用型本科高校如表 3.3 所示（部分高校并列）。湖北经济学院、盐城师范学院、广西财经学院、长江师范学院、淮阴师范学院位居前 5 强。其中，湖北经济学院的社会科学基金项目竞争力指数位列我国应用型本科高校的榜首，该校在 2021 年分别获批 2 项国家社会科学基金重大重点项目、11 项国家社会科学基金一般项目、12 项教育部人文社会科学研究项目，获批的 2 项国家社会科学基金重大重点项目为“研究阐释党的十九届五中全会精神国家社会科学基金重大项目”和“2021 年国家社会科学基金年度项目（重点项目）”，立项课题分别为“基层党组织‘不忘初心、牢记使命’制度化研究”和“积极参与和引领应对气候变化国际合作研究”。该校位于湖北省武汉市，是一所以经济学、管理学、法学为主干，工学、文学、理学、教育学、艺术学协调发展的财经类公办应用型本科高校，锚定“建设特色鲜明的高水平财经大学”的目标，以学科建设为龙头，坚持科研和社会服务协同推进，主动对接国家区域经济社会发展需求，优化学科专业布局，打造科研创新平台，深入推进产教融合校企合作，应用型人才培养能力不断提升，现已建成碳排放权交易省部共建协同创新中心，拥有省级人文社会科学重点研究基地 7 个、省工程技术研究中心 1 个、省级科研平台 2 个、省委省政府改革智库 2 个。盐城师范学院以 37 分的社会科学基金项目竞争力指数在我国应用型本科高校中排名第二，该校在 2021 年分别获批 1 项国家社会科学基金重大重点项目、14 项国家社会科学基金一般项目、6 项教育部人文社会科学研究项目。紧随其后的是广西财经学院，该校在 2021 年分别获批 1 项国家社会科学基金重大重点项目、15 项国家社会科学基金一般项目。长江师范学院和淮阴师范学院均以 31 分的社会科学基金项目竞争力指数在我国应用型本科高校排行中并列第四，其中长江师范学院在 2021 年分别获批 14 项国家社会科学基金一般项目、3 项教育部人文社会科学研究项目，淮阴师范学院在 2021 年分别获批 9 项国家社会科学基金一般项目、13 项教育部人文社会科学研究项目。前 50 强中共有 52 所公办高校和 4 所民办高校，这 4 所民办高校分别是波财经学院、浙江越秀外国语学院、宁三亚学院和浙江树人学院。其中，宁波财经学院和浙江越秀外国语学院均进入前 20 强，并列第 15 名；三亚学院和浙江树人学院分别位列第 22 名和第 46 名。

研究还发现，2021 年全国 663 所应用型本科高校社会科学基金项目竞争力指数总分为1446分，校均2.18分，前50强高校社会科学基金项目竞争力指数为807分，约占应用型高校社会科学基金项目竞争力指数总分的55.81%。2021年有399所应用型本科高校2021年社会科学基金项目竞争力指数为0，约占应用型本科高校总数的60.18%，这说明我国大部分应用型本科高校未获批社会科学基金项目，整体科研竞争力较弱。未获批社会科学基金项目的应用型本科高校主要是独立学院和民办高校（共计323所），约占应用型本科高校总数的48.72%；也有76所公办应用型本科高校未获批社会科学基金项目，约占应用型本科高校总数的11.46%。

值得注意的是，2021年全国职业技术大学均未进入社会科学基金项目竞争力指数前100强，这在一定程度上表明我国职业技术大学整体社会科学研究竞争力不高，社会科学研究水平有待进一步提升。2021年有2所本科职业技术大学获批社会科学基金项目，这两所高校分别是广西农业职业技术大学和泉州职业技术大学。

表3.3　2021年我国应用型本科高校社会科学基金项目竞争力指数前50强

排名	学校	性质	竞争力指数（分）
1	湖北经济学院	公办	40
2	盐城师范学院	公办	37
3	广西财经学院	公办	33
4	长江师范学院	公办	31
4	淮阴师范学院	公办	31
6	广东金融学院	公办	25
7	上海政法学院	公办	22
8	台州学院	公办	21
8	浙江外国语学院	公办	21
10	湖州师范学院	公办	19
10	浙江传媒学院	公办	19
12	长沙学院	公办	17
12	常州工学院	公办	17
12	湖南理工学院	公办	17
15	安阳师范学院	公办	16
15	湖南财政经济学院	公办	16
15	洛阳师范学院	公办	16
15	***宁波财经学院***	***民办***	16

续表

排名	学校	性质	竞争力指数（分）
15	南京晓庄学院	公办	16
15	***浙江越秀外国语学院***	***民办***	16
21	嘉兴学院	公办	14
22	成都师范学院	公办	13
22	井冈山大学	公办	13
22	***三亚学院***	***民办***	13
22	徐州工程学院	公办	13
26	成都大学	公办	12
26	重庆文理学院	公办	12
26	黄冈师范学院	公办	12
26	临沂大学	公办	12
26	梧州学院	公办	12
31	闽江学院	公办	11
31	上海立信会计金融学院	公办	11
31	上海应用技术大学	公办	11
31	浙江科技学院	公办	11
35	东莞理工学院	公办	10
35	贵州师范学院	公办	10
35	呼和浩特民族学院	公办	10
35	浙江万里学院	公办	10
39	百色学院	公办	9
39	衡阳师范学院	公办	9
39	山东管理学院	公办	9
39	上海电机学院	公办	9
39	天水师范学院	公办	9
39	武夷学院	公办	9
39	浙大宁波理工学院	公办	9
46	广东第二师范学院	公办	8
46	惠州学院	公办	8
46	丽水学院	公办	8
46	龙岩学院	公办	8
46	泉州师范学院	公办	8
46	三明学院	公办	8
46	商丘师范学院	公办	8
46	太原师范学院	公办	8

续表

排名	学校	性质	竞争力指数（分）
46	浙大城市学院	公办	8
46	***浙江树人学院***	***民办***	8
46	周口师范学院	公办	8

表 3.4 列出了 2021 年获得国家社会科学基金重大重点项目立项的 12 所应用型本科高校及其获批的项目，其中有 9 所为公办高校，3 所为民办高校。国家社会科学基金重大重点项目立项数最多的高校为湖北经济学院、浙江传媒学院和浙江越秀外国语学院，这三所高校均获批 2 项国家社会科学基金重大重点项目。此外还有安阳师范学院、成都师范学院、常州工学院、广西财经学院、丽水学院、三亚学院、西京学院、盐城师范学院、浙江科技学院等 9 所高校获批 1 项国家社会科学基金重大重点项目。

表 3.4　2021 年我国获批国家社会科学基金重大重点项目的应用型本科高校

学校	类型	省（区、市）	项目	立项数（项）
湖北经济学院	公办	湖北	研究阐释党的十九届五中全会精神国家社会科学基金重大项目 2021 年国家社会科学基金年度项目（重点项目）	2
浙江传媒学院	公办	浙江	2021 年度国家社会科学基金重大项目 国家社会科学基金艺术学项目（重点项目）	2
浙江越秀外国语学院	民办	浙江	2021 年度国家社会科学基金中华学术外译项目（重点项目） 2021 年度国家社会科学基金后期资助重点项目	2
安阳师范学院	公办	河南	2021 年度国家社会科学基金后期资助项目（重点项目）	1
成都师范学院	公办	四川	2021 年国家社会科学基金年度项目（重点项目）	1
常州工学院	公办	江苏	2021 年国家社会科学基金年度项目（重点项目）	1

续表

学校	类型	省（区、市）	项目	立项数（项）
广西财经学院	公办	广西	2021 年国家社会科学基金年度项目（重点项目）	1
丽水学院	公办	浙江	2021 年国家社会科学基金年度项目（重点项目）	1
三亚学院	民办	海南	2021 年国家社会科学基金年度项目（重点项目）	1
西京学院	民办	陕西	2021 年国家社会科学基金年度项目（重点项目）	1
盐城师范学院	公办	江苏	全国教育科学“十四五”规划 2021 年度课题（国家重点项目）	1
浙江科技学院	公办	浙江	2021 年国家社会科学基金年度项目（重点项目）	1

（二）民办应用型本科高校社会科学基金项目竞争力指数情况

2021 年全国共有 43 所民办应用型本科高校获批社会科学基金项目，竞争力指数共计 126 分，校均 2.93 分。有 179 所民办应用型本科高校未获得社会科学基金项目立项，约占我国民办应用型本科高校总数的 80.63%。由此可见，我国民办应用型本科高校整体社会科学基金项目竞争力不强，仍需进一步提升科研水平和创新能力。

表 3.5 列出了 2021 年社会科学基金项目竞争力指数较高的民办高校，其中有 5 所高校来自东部地区，1 所来自西部地区。宁波财经学院和浙江越秀外国语学院均以 16 分在我国民办应用型本科高校社会科学基金项目竞争力指数排行中并列第一名。其中，宁波财经学院 2021 年获批 6 项国家社会科学基金一般项目和 4 项教育部人文社会科学研究项目，浙江越秀外国语学院 2021 年获批 2 项国家社会科学基金重大重点项目和 5 项国家社会科学基金一般项目。三亚学院社会科学基金项目竞争力指数为 13 分，在我国民办应用型本科高校中位列第三，其在 2021 年获批 1 项国家社会科学基金重大重点项目、4 项国家社会科学基金一般项目和 2 项教育部人文社会科学研究项目。浙江树人学院社会科学基金项目竞争力指数为 8 分，在我国民办应用型本科高校中位列第四，其在 2021 年获批 2 项国家社会科学基金一般项目和 4 项教育部人文社

会科学研究项目。三江学院和西京学院社会科学基金项目竞争力指数均为 5 分，在我国民办应用型本科高校中并列第五。

表 3.5　2021 年我国民办应用型本科高校社会科学基金项目竞争力指数前 5 强

排名	学校	省（区、市）	竞争力指数（分）
1	宁波财经学院	浙江	16
1	浙江越秀外国语学院	浙江	16
3	三亚学院	海南	13
4	浙江树人学院	浙江	8
5	三江学院	江苏	5
5	西京学院	陕西	5

宁波财经学院持续推进创新科研团队建设

为加快推进特色鲜明的高水平应用型大学建设，宁波财经学院紧密对接区域经济发展需求，加强应用型学科科研建设，不断凝练学科特色方向，强化政策顶层设计，制定出台《宁波财经学院学科特色方向集聚、科研团队建设、优秀科研成果奖培育一体化推进方案》等一系列制度文件，创新科研团队建设，加大高层次人才引进力度，为教师营造潜心做科研的良好氛围，高级别项目立项数稳中有升，核心科研竞争力水平不断提升，有效增强了学校在区域中的科研影响力和办学美誉度。

宁波财经学院作为首批浙江省应用型建设试点示范学校，其科研团队建设工作启动于 2012 年，计划每年经评审设立 15—20 个研究基础扎实、研究领域清晰、研究目标明确的科研团队；用 6 年左右的时间，分类别、分批次建设 100 个左右成员结构优化、研究创新能力强、整体优势明显的科研团队。结合科研团队考核工作，每年评选出一定数量的科研能力强、科研成果突出，具有团队合作精神的学术科研带头人，逐步建立起一支 100 人左右的科研带头人队伍。科研团队建设工作对提升教师科研能力、推动学校科研水平起到了一定作用。一是明确研究领域和研究目标。以学校学科建设、专业建设、产学研合作的基础为基本依据，鼓励研究方向明确、有一定研究基础的科研团队积极开展科学研究、教学研究及改革、学校发展校本研究等。二是加强团队建设管理。学校制定相应的科研团队管理细则，加强对科研团队建设的指导和管理，确保科研团队建设目标顺利达成。学校对科研团队建设采取成果导向的激励性原则，以成果奖励为主要资助方式。三是加大经费支持力度和科研保障条件建设。学校安排专项经费对科研团队建设进行支持。同时，进一步完善学校的科研平台建设，加大学科、专业建设投入，加大校企合作推进力度，加强各类学科性、创新性实验室建设，举办学术报告和学术沙龙，为科研团队开展各类活动搭建良好的研究平台。四是评选学术科研带头人。制定评审细则和奖励标准，结合每年度的科研团队考核工作，遴选出一批科研成果突出且在团队建设中发挥重要作用的教师，授予“学术科研带头人”称号，予以表彰和奖励，并创造条件充分发挥带头人队伍在学校科研中的引领作用和示范效应，推动学校整体科研工作顺利开展。

浙江越秀外国语学院

近年来，浙江越秀外国语学院根据创建中国民办大学“双一流”发展目标，以学科建设为引领，加强科研平台和学术团队建设，不断提升科研成果的数量与质量，持续增强整体科研实力，服务国家“一带一路”倡议和浙江省建设“重要窗口”战略。

一是坚持学科特色化发展。学校依托多语种优势，构筑集成发展、交叉融合、协同创新的新文科科研格局，已形成了以文学为主体，经济学、管理学为两翼，艺术学、工学、教育学等多科协调发展的“一体两翼”学科体系。学校重点打造经典与文化翻译、国别与区域、跨境电商、华文文学、对外传播、文旅产业国际化等特色学科方向。二是重视科研平台与智库建设。学校“东北亚研究中心”被评为教育部国别和区域研究中心高水平建设单位，“非洲大湖区研究中心”被评为教育部国别和区域研究备案中心，“网络安全与文明社会科学普及基地”获批浙江省社会科学普及基地。三是坚持打造高水平产业研究院。学校充分结合绍兴经济社会发展需要，与政府部门共建绍兴市文旅产业研究院和绍兴市国际贸易研究院，与上海交通大学“双一流研究基地”战争审判与世界和平研究院和上海交通大学出版社共建南洋译书院。四是不断拓展学术交流的深度与广度。学校每年举办鲁迅文化基金会“大师跨时空对话”系列活动，并先后举办了“2017 年全国外语人才培养与中国文化‘走出去’国际学术研讨会”“第六届国际新移民华文作家笔会暨‘新移民文学研究’国际学术研讨会”等百余场国际国内学术研讨会或论坛活动。学校建立 12 个国际科研合作平台，获 11 项国际科研资助项目，与印度尼西亚、马来西亚、泰国、美国等国家的高校与机构建立“印度尼西亚华文文学研究中心”“美国华文文学研究中心”以及“马来西亚华文文学研究中心”。五是坚持“人才强校”战略。学校推进“高层次人才引进计划”“中青年骨干教师培养计划”“教师国境外研修计划”并设立“张巨昌教育奖”等，为教师发展搭建多维度、多层次的平台，努力为学生的成长成才和学校科研高质量发展提供强有力的人才保障。

（三）独立学院社会科学基金项目竞争力指数情况

2021 年全国共有 11 所独立学院获得社会科学基金项目立项，竞争力指数共计 17 分，校均 1.55 分。有 144 所独立学院未获批社会科学基金项目。表 3.6 列出了 2021 年获得社会科学基金项目立项的独立学院，有 8 所来自东部地区，1 所来自中部地区，2 所来自西部地区。社会科学基金项目竞争力指数最高的是浙江工商大学杭州商学院，该校在 2021 年获批 5 项教育部人文社会科学研究项目。其次是东南大学成贤学院和厦门大学嘉庚学院，在 2021 年均获批 1 项国家社会科学基金一般项目。

此外，还有电子科技大学中山学院、南京师范大学泰州学院、绍兴文理学院元培学院、武汉体育学院体育科技学院、西安交通大学城市学院、云南大学滇池学院、扬州大学广陵学院、浙江工业大学之江学院等 8 所独立学院获批社会科学基金项目，这些高校均在 2021 年获批 1 项教育部人文社会科学研究项目。

表 3.6 2021 年我国获批社会科学基金项目的独立学院

学校	省（区、市）	竞争力指数（分）
浙江工商大学杭州商学院	浙江	5
东南大学成贤学院	江苏	2
厦门大学嘉庚学院	福建	2
电子科技大学中山学院	广东	1
南京师范大学泰州学院	江苏	1
绍兴文理学院元培学院	浙江	1
武汉体育学院体育科技学院	湖北	1
西安交通大学城市学院	陕西	1
云南大学滇池学院	云南	1
扬州大学广陵学院	江苏	1
浙江工业大学之江学院	浙江	1

（四）独立学院转设高校社会科学基金项目竞争力指数情况

2021年有23所转设高校获得社会科学基金项目立项，竞争力指数共计65分，校均2.83分，较之独立学院的社会科学基金项目竞争力指数情况，可见我国独立学院脱离母体高校转设后，正在进一步加强科研工作，学术研究水平和科技创新能力不断增强。在我国148所转设高校中，仍有125所转设高校2021年未获得社会科学基金项目立项，其中民办高校113所，公办高校12所，这说明独立院校转设高校的科学研究水平有很大提升空间，未来仍需不断提升学校在社会科学基金项目方面的竞争力，充分发挥高质量科研对高层次应用型人才培养和区域经济与社会发展的积极促进作用。

表3.7列出了2021年社会科学基金项目竞争力指数较高的独立学院转设高校（部分高校并列）。其中，有2所为公办高校，6所为民办高校；有6所来自东部地区，1所来自中部地区，1所来自西部地区。社会科学基金项目竞争力指数最高的是三亚学院，该校在2021年获批1项国家社会科学基金重大重点项目、4项国家社会科学基金一般项目和2项教育部人文社会科学研究项目。其次是浙大宁波理工学院，该校在2021年获批3项国家社会科学基金一般项目和3项教育部人文社会科学研究项目。紧随其后的是浙大城市学院，该校在2021年获批2项国家社会科学基金一般项目和4项教育部人文社会科学研究项目。之后是阳光学院，该校在2021年获批2项国家社会科学基金一般项目。此外，进入我国独立学院转设高校社会科学基金项目竞争力指数排行榜前5强的还有重庆财经学院、武昌理工学院、温州商学院、珠海科技学院等4所高校，这些学校的社会科学基金项目竞争力指数均为3分，在我国独立学院转设高校并列第五。

表3.7 2021年我国独立学院转设高校社会科学基金项目竞争力指数前5强

排名	学校	学校性质	转设时间	省（区、市）	竞争力指数（分）
1	三亚学院	民办	2012	海南	13
2	浙大宁波理工学院	公办	2020	浙江	9
3	浙大城市学院	公办	2020	浙江	8
4	阳光学院	民办	2015	福建	4
5	重庆财经学院	民办	2020	重庆	3
5	武昌理工学院	民办	2011	湖北	3
5	温州商学院	民办	2016	浙江	3
5	珠海科技学院	民办	2021	广东	3

（五）各区域和各省区市应用型本科高校社会科学基金项目竞争力指数情况

表 3.8 列出了我国各省区市社会科学基金项目竞争力指数最高的应用型本科高校。在东部地区，2021 年社会科学基金项目竞争力指数最高的应用型本科高校是位于江苏的盐城师范学院（37 分）。在北京的应用型本科高校中，2021 年社会科学基金项目竞争力指数最高的为中国劳动关系学院，此外进入前 5 强的还有中华女子学院、北京警察学院、北京城市学院、华北科技学院等 4 所高校（部分高校并列）；在福建的应用型本科高校中，2021 年社会科学基金项目竞争力指数最高的为闽江学院，此外进入前 5 强的还有武夷学院、三明学院、泉州师范学院、龙岩学院等 4 所高校（部分高校并列）；在广东的应用型本科高校中，2021 年社会科学基金项目竞争力指数最高的为广东金融学院，此外进入前 5 强的还有东莞理工学院、广东第二师范学院、惠州学院、嘉应学院、肇庆学院等 5 所高校（部分高校并列）；在河北的应用型本科高校中，2021 年社会科学基金项目竞争力指数最高的为河北金融学院和沧州师范学院，此外进入前 5 强的还有唐山学院、石家庄学院、廊坊师范学院、河北美术学院等 4 所高校（并列第二）；在海南的应用型本科高校中，2021 年社会科学基金项目竞争力指数最高的为三亚学院，此外获批社会科学基金项目的还有海口经济学院；在江苏的应用型本科高校中，2021 年社会科学基金项目竞争力指数最高的为盐城师范学院，此外进入前 5 强的还有淮阴师范学院、常州工学院、南京晓庄学院、徐州工程学院等 4 所高校；在山东的应用型本科高校中，2021 年社会科学基金项目竞争力指数最高的为临沂大学，此外进入前 5 强的还有山东管理学院、泰山学院、德州学院、枣庄学院、山东政法学院等 5 所高校（部分高校并列）；在上海的应用型本科高校中，2021 年社会科学基金项目竞争力指数最高的为上海政法学院，此外进入前 5 强的还有上海应用技术大学、上海立信会计金融学院、上海电机学院、上海商学院等 4 所高校（部分高校并列）；在天津的应用型本科高校中，2021 年获批社会科学基金项目的仅有天津仁爱学院；在浙江的应用型本科高校中，2021 年社会科学基金项目竞争力指数最高的为浙江外国语学院和台州学院，此外进入前 5 强的还有浙江传媒学院、湖州师范学院、浙江越秀外国语学院、宁波财经学院等 4 所高校（部分高校并列）。

在中部地区，2021 年社会科学基金项目竞争力指数最高的应用型本科高校是位于湖北的湖北经济学院（40 分）。在安徽的应用型本科高校中，2021 年社会科学基金项目竞争力指数最高的为合肥师范学院，此外进入前 5 强的还有合肥学院、淮南师范学院、巢湖学院、滁州学院等 4 所高校（部分高校并列）；在湖北的应用型本科高校中，2021 年社会科学基金项目竞争力指数最高的为湖北经济学院，此外进入前 5 强的还有黄冈师范学院、江汉大学、湖北理工学院、武昌理工学院、湖北第二师范学院等 5 所高校（部分高校并列）；在湖南的应用型本科高校中，2021 年社会科学基金项目竞争力指数最高的为长沙学院和湖南理工学院，此外进入前 5 强的还有湖南财政经济学院、衡阳师范学院、湖南文理学院、湖南人文科技学院、湖南城市学院等 5 所高校（部分高校并列）；在河南的应用型本科高校中，2021 年社会科学基金项目竞争力指数最高的为洛阳师范学院和安阳师范学院，此外进入前 5 强的还有周口师范学院、商丘师范学院、洛阳理工学院等 3 所高校（部分高校并列）；在江西的应用型本科高校中，2021 年社会科学基金项目竞争力指数最高的为井冈山大学，此外进入前 5 强的还有宜春学院、上饶师范学院、南昌师范学院、新余学院、萍乡学院、九江学院、江西工程学院、江西服装学院等 8 所高校（部分高校并列）；在山西的应用型本科高校中，2021 年社会科学基金项目竞争力指数最高的为太原师范学院，此外进入前 5 强的还有长治学院、忻州师范学院、太原工业学院、运城学院、晋中学院等 5 所高校（部分高校并列）。

在西部地区，2021 年社会科学基金项目竞争力指数最高的应用型本科高校是位于广西的广西财经学院（33 分）。在重庆的应用型本科高校中，2021 年社会科学基金项目竞争力指数最高的为长江师范学院，此外进入前 5 强的还有重庆文理学院、重庆科技学院、重庆财经学院、重庆第二师范学院等 4 所高校；在甘肃的应用型本科高校中，2021 年社会科学基金项目竞争力指数最高的为天水师范学院，此外获批社会科学基金项目的还有陇东学院、兰州城市学院、兰州文理学院、河西学院、兰州工业学院等 5 所高校；在广西的应用型本科高校中，2021 年社会科学基金项目竞争力指数最高的为广西财经学院，此外进入前 5 强的还有梧州学院、百色学院、玉林师范学院、北部湾大学等 4 所高校；在贵州的应用型本科高校中，2021 年社会科学基金项目竞争力指数最高的为贵州师范学院，此外进入前 5 强的还有凯里学院、兴义民族师范学院、遵义师范学院、黔南民族师范学院等 4 所高校（部分高校并列）；在内蒙古的应用型本科高校中，2021 年社会科学基金项目竞争力指数最高的为呼和浩特民族学院，此外获批社会科学基金项目的还有赤峰学院、集宁师范学院、呼伦贝尔学院、鄂尔多斯应用技术学院等 4 所高校；在宁夏的应用型本科高校中，2021 年获批社会科学基金项目的仅有宁夏师范学院；在四川的应用型本科高校中，2021 年社会科学基金项目竞争力指数最高的为成都师范学院，此外进入前 5 强的还有成都大学、绵阳师范学院、四川文理学院、乐山师范学院、宜宾学院等 5 所高校（部分高校并列）；在陕西的应用型本科高校中，2021 年社会科学基金项目竞争力指数最高的为西京学院和咸阳师范学院，此外进入前 5 强的还有商洛学院、西安医学院、安康学院、西安翻译学院、西安培华学院、西安文理学院、榆林学院等 7 所高校（部分高校并列）；在新疆的应用型本科高校中，2021 年社会科学基金项目竞争力指数最高的为新疆警察学院和昌吉学院，此外获批社会科学基金项目的还有新疆理工学院；在云南的应用型本科高校中，2021 年社会科学基金项目竞争力指数最高的为曲靖师范学院和红河学院，此外进入前 5 强的还有昆明学院、保山学院、滇西科技师范学院、云南警官学院、丽江文化旅游学院、云南大学滇池学院等 6 所高校（部分高校并列）。

在东北地区，2021 年社会科学基金项目竞争力指数最高的应用型本科高校是位于黑龙江的黑河学院（6 分）。在黑龙江的应用型本科高校中，2021 年社会科学基金项目竞争力指数最高的是黑河学院，此外获批社会科学基金项目的还有黑龙江工程学院；在吉林的应用型本科高校中，2021 年社会科学基金项目竞争力指数最高的为长春财经学院和吉林外国语大学，此外获批社会科学基金项目的还有吉林警察学院和吉林动画学院；在辽宁的应用型本科高校中，2021 年获批社会科学基金项目的为沈阳城市学院。

表 3.8　2021 年各省区市应用型本科高校社会科学基金项目竞争力指数之首

区域	省（区、市）	学校	性质	竞争力指数（分）
东部	北京	中国劳动关系学院	公办	7
	福建	闽江学院	公办	11
	广东	广东金融学院	公办	25
	河北	河北金融学院	公办	3
		沧州师范学院	公办	3
	海南	三亚学院	公办	13
	江苏	盐城师范学院	公办	37

续表

区域	省（区、市）	学校	性质	竞争力指数（分）
东部	山东	临沂大学	公办	12
	上海	上海政法学院	公办	22
	天津	天津仁爱学院	民办	1
	浙江	浙江外国语学院	公办	21
		台州学院	公办	21
中部	安徽	合肥师范学院	公办	7
	湖北	湖北经济学院	公办	40
	湖南	长沙学院	公办	17
		湖南理工学院	公办	17
	河南	洛阳师范学院	公办	16
		安阳师范学院	公办	16
	江西	井冈山大学	公办	13
	山西	太原师范学院	公办	8
西部	重庆	长江师范学院	公办	31
	甘肃	天水师范学院	公办	9
	广西	广西财经学院	公办	33
	贵州	贵州师范学院	公办	10
	内蒙古	呼和浩特民族学院	公办	10
	宁夏	宁夏师范学院	公办	4
	四川	成都师范学院	公办	13
	陕西	西京学院	民办	5
		咸阳师范学院	公办	5
	新疆	新疆警察学院	公办	3
		昌吉学院	公办	3
	云南	曲靖师范学院	公办	5
		红河学院	公办	5
东北	黑龙江	黑河学院	公办	6
	吉林	长春财经学院	民办	2
		吉林外国语大学	民办	2
	辽宁	沈阳城市学院	民办	1

（六）不同类型应用型本科高校社会科学基金项目竞争力指数情况

表 3.9 列出了 2021 年我国不同办学类型的应用型本科高校中社会科学基金项目竞争力指数最高的高校。

在我国综合类应用型本科高校中，社会科学基金项目竞争力指数最高的是台州学院，此外进入前 5 强的还有长沙学院、嘉兴学院、井冈山大学、三亚学院、徐州工程学院等 5 所高校（部分高校并列）；在我国财经类应用型本科高校中，社会科学基金项目竞争力指数最高的是湖北经济学院，此外进入前 5 强的还有广西财经学院、广东金融学院、湖南财政经济学院、宁波财经学院等 4 所高校（部分高校并列）；在我国理工类应用型本科高校中，社会科学基金项目竞争力指数最高的是常州工学院和湖南理工学院，此外进入前 5 强的还有上海应用技术大学、浙江科技学院、东莞理工学院、浙江万里学院等 4 所高校；在我国民族类应用型本科高校中，社会科学基金项目竞争力指数最高的是呼和浩特民族学院，此外获批社会科学基金项目的还有四川民族学院；我国农林类应用型本科高校均未获批社会科学基金项目；在我国师范类应用型本科高校中，社会科学基金项目竞争力指数最高的是盐城师范学院，此外进入前 5 强的还有淮阴师范学院、长江师范学院、湖州师范学院、安阳师范学院、洛阳师范学院、南京晓庄学院等 6 所高校（部分高校并列）；在我国体育类应用型本科高校中，获批社会科学基金项目的仅有武汉体育学院体育科技学院；在我国医药类应用型本科高校中，获批社会科学基金项目的有山东协和学院和西安医学院；在我国艺术类应用型本科高校中，社会科学基金项目竞争力指数最高的是浙江传媒学院，此外获批社会科学基金项目的还有河北美术学院、江西服装学院、吉林动画学院、山西传媒学院等 4 所高校；在我国语言类应用型本科高校中，社会科学基金项目竞争力指数最高的是浙江外国语学院，此外获批社会科学基金项目的还有浙江越秀外国语学院、中华女子学院、吉林外国语大学、西安翻译学院等 4 所高校；在我国政法类应用型本科高校中，社会科学基金项目竞争力指数最高的是上海政法学院，此外进入前 5 强的还有中国劳动关系学院、中央司法警官学院、浙江警察学院、福建警察学院、山东政法学院等 5 所高校（部分高校并列）。

表 3.9　2021 年各类应用型本科高校社会科学基金项目竞争指数之首

办学类型	学校	性质	省（区、市）	竞争力指数（分）
综合类	台州学院	公办	浙江	21
财经类	湖北经济学院	公办	湖北	40
理工类	常州工学院	公办	江苏	17
	湖南理工学院	公办	湖南	17

续表

办学类型	学校	性质	省（区、市）	竞争力指数（分）
民族类	呼和浩特民族学院	公办	内蒙古	10
农林类	—	—	—	—
师范类	盐城师范学院	公办	江苏	37
体育类	武汉体育学院体育科技学院	独立学院	湖北	1
医药类	山东协和学院	民办	山东	3
	西安医学院	公办	陕西	3
艺术类	浙江传媒学院	公办	浙江	19
语言类	浙江外国语学院	公办	浙江	21
政法类	上海政法学院	公办	上海	22

二、我国应用型本科高校自然科学基金项目立项情况

国家自然科学基金项目立项情况是课题的评价指标之二。基础研究是整个科学体系的源头，开展前瞻性基础研究，实现引领性原创成果重大突破，是我国建设世界科技强国的重要根基。国家自然科学基金是由国家自然科学基金委员会面向全国设立的自然科学研究资助计划，聚焦基础、前沿、人才，注重创新团队和学科交叉，为全面培育我国源头创新能力作出了重要贡献，是我国支持基础研究的主渠道。2021 年国家自然科学基金资助各类项目 373.16 亿元，总数量 4.89 万项，其中资助直接费用 312.93 亿元，核定 1180 个依托单位间接费用 60.23 亿元。我国应用型本科高校以培养地方经济社会发展需要的高素质应用型技术型人才为目标，国家自然科学基金对于学校特色学科建设、高质量应用型人才培养具有重要的支撑作用，有力推动了应用型本科高校建设成为特色鲜明的高水平应用型大学的历史进程。

本报告采用应用型本科高校 2021 年度的数据。报告中各高校获批的自然科学基金项目数据来源于 LetPub 的国家自然科学基金查询系统。由于 2021 年国家杰出青年科学基金、优秀青年基金项目未公开，且外国学者研究基金项目公布较晚，本报告中高校获批的自然科学基金项目数据不包括以上三项数据。

（一）我国应用型本科高校自然科学基金项目立项整体情况

2021 年获得国家自然科学基金立项较多的前 50 名应用型本科高校如表 3.10 所示（部分高校名次并列）。东莞理工学院、重庆科技学院、临沂大学、

南京工程学院、井冈山大学位居前 5 强。东莞理工学院以 42 项高校国家自然科学基金位列我国应用型本科高校榜首，其中面上项目 11 项、青年项目 31 项。该校是一所以理工科为主、多学科协调发展、培养高素质应用型创新人才的省市共建公办应用型本科高校，建校以来始终瞄准科技前沿和产业需求，大力开展学科建设工作，加速集聚高层次人才资源，不断深化产学研合作，持续拓展境外合作与交流，现已建成广东省重点实验室 2 个，广东省工程技术研究中心 10 个，参与粤港澳联合实验室 1 个，累计获批各类省级平台 28 个、市级科研平台 34 个，获批粤港澳研究团队 2 个、广东高校科研创新团队等 8 个，孵化高新企业 41 家。近年来，该校在国家自然科学基金项目立项数和立项金额方面屡创新高，为推动东莞成为国家创新型城市、助推城市品质内涵提升、集聚高端人才等注入源源不断的动力。

研究还发现，2021 年全国 663 所应用型本科高校获得国家自然科学基金项目总立项数为 969 项，校均 1.46 项，前 50 强高校获得国家自然科学基金项目立项数为 609 项，约占应用型高校总立项数的 62.85%。值得注意的是，前 50 强应用型本科高校均为公办高校，甚至在前 100 强应用型本科高校中，仅有西京学院一所民办高校和电子科技大学中山学院一所独立学院入榜。由此可见，我国民办应用型本科高校和独立学院在国家自然科学基金项目立项方面比较薄弱，科学研究能力和科技创新实力有待进一步加强。2021 年有 468 所应用型本科高校未获得国家自然科学基金项目立项，约占应用型本科高校总数的 70.59%，这说明我国应用型本科高校整体基础研究能力还较弱。未获得国家自然科学基金项目立项的应用型本科高校主要是独立学院和民办高校（共计 365 所），约占应用型本科高校总数的 55.05%；也有 103 所公办应用型本科高校未获得国家自然科学基金项目立项，约占应用型本科高校总数的 15.54%。

创新是引领发展的第一动力。国家自然科学基金对于本科职业技术大学建设特色学科、培养高质量技术技能型人才具有重要的支撑作用。值得注意的是，2021 年全国本科职业技术大学的国家自然科学基金项目获批数均未进入前 100 名，这在一定程度上表明我国职业技术大学整体社会科学研究竞争力不高，社会科学研究水平和技术技能型人才培养能力有待进一步提升。

表 3.10　2021 年我国应用型本科高校社会科学基金项目立项数前 50 强

排名	学校	性质	立项数（项）
1	东莞理工学院	公办	42
2	重庆科技学院	公办	23
2	临沂大学	公办	23
4	南京工程学院	公办	21
5	井冈山大学	公办	20
6	洛阳师范学院	公办	18
7	上海应用技术大学	公办	17
7	台州学院	公办	17
9	江汉大学	公办	16
9	榆林学院	公办	16
11	成都大学	公办	15
11	浙江科技学院	公办	15
13	湖州师范学院	公办	14
13	嘉兴学院	公办	14
13	南昌工程学院	公办	14
16	贵州理工学院	公办	13
16	淮阴师范学院	公办	13
18	金陵科技学院	公办	12
18	厦门理工学院	公办	12
18	宜春学院	公办	12
21	常熟理工学院	公办	11
21	长沙学院	公办	11
21	九江学院	公办	11
21	闽江学院	公办	11
25	河北中医学院	公办	10
25	昆明学院	公办	10
25	南京晓庄学院	公办	10
25	周口师范学院	公办	10
29	滨州学院	公办	9
29	德州学院	公办	9
29	广东石油化工学院	公办	9
29	浙大宁波理工学院	公办	9
33	重庆文理学院	公办	8
33	福建工程学院	公办	8

续表

排名	学校	性质	立项数（项）
33	贵阳学院	公办	8
33	湖北经济学院	公办	8
33	淮阴工学院	公办	8
33	衡阳师范学院	公办	8
33	上饶师范学院	公办	8
33	潍坊学院	公办	8
33	盐城师范学院	公办	8
42	安阳工学院	公办	7
42	常州工学院	公办	7
42	湖南理工学院	公办	7
42	海南热带海洋学院	公办	7
42	惠州学院	公办	7
42	山东交通学院	公办	7
42	上海立信会计金融学院	公办	7
42	商丘师范学院	公办	7
42	西安医学院	公办	7
42	衢州学院	公办	7

东莞理工学院深化科研体制机制改革激发科研活力

为充分调动全校教师开展科学研究和科技成果转化的积极性，推进高水平理工科大学建设，全面服务省、市创新驱动发展，东莞理工学院不断深化科研体制机制改革。2016 年，该校出台《深化科研体制机制改革实施办法（试行）》（下称《实施办法》）。《实施办法》结合高水平理工科大学的评价指标体系，找准切入点、抓住突破点、把握创新点，紧紧围绕科研体制机制改革主体作用、科研创新体系、技术转移和成果转化以及师生科技创新创业等四个方面精准发力。在充分发挥科研体制机制改革主体作用方面，该校加快建立学校、二级组织机构两级科研管理体制；发挥二级组织机构在科研管理中的主体作用；发挥和提升学术委员会学术事务核心作用；建立科研体制机制改革特区；充分激发学校教师积极性；用好仪器设备采购自主权。在加快完善科研创新体系方面，该校创新科研组织管理形式；建立健全科研创新供需对接机制；推进重大科研服务平台建设；探索推进重点科研平台开放共享；探索形成学校科研经费投入新机制；建立高层次人才科研经费管理制度；完善科研项目经费管理方式；加强与国（境）外科技创新力量合作；积极参与国内外重大科研探索和核心技术攻关；开展服务企业创新发展专项行动；建立聘任专职科研人员制度；多措并举开展研究生教育；完善标志性科研成果奖励制度；优化科研创新育才的环境和条件。在加快推进技术转移和成果转化方面，该校完善技术转移和成果转化顶层设计；建立技术转移服务机构；建立科技成果转化资产处置管理制度；完善科技成果转化利益分配机制；探索设立科研成果孵化基金；落实成果转化工作的岗位设置；创新科研项目遴选和评价方式；完善科技成果转化人员的评价制度；改革高层次人才遴选制度；建立健全科研诚信体系；实施科技成果转化免责政策。在支持学校师生科技创新创业方面，该校鼓励教师在学校和企业间合理流动；支持学校教师离岗创新创业；支持学校教师在岗创新创业；支持学生创新创业。

（二）民办应用型本科高校自然科学基金项目立项情况

2021 年全国共有 11 所民办应用型本科高校获得国家自然科学基金项目立项，共计 15 项，校均 1.36 项。有 211 所民办应用型本科高校未获得国家自然科学基金项目，约占我国民办应用型本科高校总数的 95.05%，可见我国民办应用型本科高校在国家自然科学基金项目的建设方面表现不佳，亟须不断提升科研水平和创新能力，以高质量科研推动学科建设、引领创新发展。

表 3.11 列出了 2021 年获得国家自然科学基金项目立项的 11 所民办应用型本科高校，其中有 3 所高校来自东部地区，7 所来自中部地区，1 所来自西部地区。西京学院以 3 项国家自然科学基金项目立项在我国民办应用型本科高校中位列第一名，长沙医学院和浙江树人学院以 2 项国家自然科学基金项目立项在我国民办应用型本科高校中并列第二名。其余 8 所高校均获得 1 项国家自然科学基金项目立项，在我国民办应用型本科高校中并列第三名。

表 3.11　2021 年我国获批国家自然科学基金项目的民办应用型本科高校

学校	省（区、市）	立项数（项）
西京学院	陕西	3
长沙医学院	湖南	2
浙江树人学院	浙江	2
江西科技学院	江西	1
南昌工学院	江西	1
齐鲁医药学院	山东	1
武昌理工学院	湖北	1
武昌首义学院	湖北	1
武汉东湖学院	湖北	1
武汉生物工程学院	湖北	1
烟台南山学院	山东	1

（三）独立学院自然科学基金项目立项情况

2021 年全国仅有 1 所独立学院获得国家自然科学基金项目立项，其余 154 所独立学院未获得国家自然科学基金项目立项，约占我国独立学院总数的 99.35%。整体来看，我国独立学院的国家自然科学基金项目建设工作较为薄弱。

电子科技大学中山学院 2021 年共获批 3 项国家自然科学基金项目，资助金额 72 万元。该学院是一所由中山市人民政府和电子科技大学合作共建的独立学院，建校以来始终坚持以建设“特色鲜明、优势突出的高水平应用型大学”为导向，集中优势力量与资源，积极融入区域创新驱动发展战略，人才培养质量、学科建设水平、科技创新能力不断提升，现建有 1 个国家重点实验室中山分实验室、1 个省级大学科技园（是中山市首家大学科技园，也是省内同类院校首家大学科技园）、6 个省级工程技术研究中心、24 个市级科研平台以及一批地方智库平台。

（四）独立学院转设高校自然科学基金项目立项情况

2021 年有 6 所转设高校获得国家自然科学基金项目立项，共计 22 项，校均 3.67 项，较之独立学院的国家自然科学基金项目立项情况，可见我国独立学院脱离母体高校转设后，正在进一步加强国家自然科学基金项目建设工作，不断增强学术研究水平和科技创新能力，努力服务区域经济发展。在我国 148

所转设高校中，仍有 142 所转设高校 2021 年未获得国家自然科学基金项目立项，其中民办高校 128 所，公办高校 14 所，这说明独立院校转设高校在科学研究这一项职能作用上的实际贡献仍有很大提升空间，尚未能充分发挥高质量科研对社会服务和人才培养的积极促进作用，未来转设高校需进一步加强校企合作，加强国家自然科学基金项目建设工作，不断提升学校的科研竞争力，以高质量科研推动本科层次应用型人才培养、区域经济与社会服务。

表 3.12 列出了 2021 年获得国家自然科学基金项目立项的 6 所独立学院转设高校。其中，有 3 所为公办高校，均来自东部地区；有 3 所为民办高校，均来自中部地区。浙大宁波理工学院、浙大城市学院、无锡学院位居前 3 强，均为公办高校。武昌理工学院、武昌首义学院、武汉东湖学院均获批 1 项国家自然科学基金项目，在我国独立学院转设高校中并列第四。浙大宁波理工学院 2021 年获得 9 项国家自然科学基金项目立项，包括青年科学基金项目 6 项、面上项目 3 项，获得项目直接经费总计 315 万元。该学院是浙江省宁波市的一所公办转设高校，成立于 2001 年 6 月，前身是浙江大学宁波理工学院（宁波市人民政府和浙江大学合作创办）。该校自建校以来，不断加强专业学科建设，深化校企合作，在国家自然科学基金项目建设方面一直保持高水平，累计有 131 个项目获得国家自然科学基金立项资助，基础研究和原始创新的能力不断提高。

表 3.12　2021 年我国获批国家自然科学基金项目的独立学院转设高校

学校	类型	转设时间	省域（区、市）	立项数（项）
浙大宁波理工学院	公办	2020 年	浙江	9
浙大城市学院	公办	2020 年	浙江	6
无锡学院	公办	2021 年	江苏	4
武昌理工学院	民办	2011 年	湖北	1
武昌首义学院	民办	2015 年	湖北	1
武汉东湖学院	民办	2011 年	湖北	1

（五）各区域和各省区市应用型本科高校自然科学基金项目立项情况

表 3.13 列出了我国各省区市获批国家自然科学基金项目最多的应用型本科高校。在东部地区，2021 年国家自然科学基金项目立项数最高的应用型本科高校是位于广东的东莞理工学院（42 项）。在北京的应用型本科高校中，华

北科技学院和防灾科技学院均获批 4 项国家自然科学基金项目，其余高校均未获批国家自然科学基金项目；在福建的应用型本科高校中，2021 年国家自然科学基金项目立项数最高的为厦门理工学院，此外进入前 5 强的还有闽江学院、福建工程学院、福建江夏学院、龙岩学院等 4 所高校；在广东的应用型本科高校中，2021 年国家自然科学基金项目立项数最高的为东莞理工学院，此外进入前 5 强的还有广东石油化工学院、惠州学院、广东金融学院、韶关学院等 4 所高校（部分高校并列）；在河北的应用型本科高校中，2021 年国家自然科学基金项目立项数最高的为河北中医学院，此外进入前 5 强的还有邯郸学院、廊坊师范学院、河北民族师范学院、邢台学院等 4 所高校（部分高校并列）；在海南的应用型本科高校中，2021 年获批国家自然科学基金项目的为海南热带海洋学院，其余高校均未获批国家自然科学基金项目；在江苏的应用型本科高校中，2021 年国家自然科学基金项目立项数最高的为南京工程学院，此外进入前 5 强的还有淮阴师范学院、金陵科技学院、常熟理工学院、南京晓庄学院等 4 所高校；在山东的应用型本科高校中，2021 年国家自然科学基金项目立项数最高的为临沂大学，此外进入前 5 强的还有山东管理学院、泰山学院、德州学院、枣庄学院、山东政法学院等 5 所高校（部分高校并列）；在上海的应用型本科高校中，2021 年国家自然科学基金项目立项数最高的为上海应用技术大学，此外进入前 5 强的还有上海立信会计金融学院、上海商学院、上海电机学院、上海第二工业大学等 4 所高校（部分高校并列）；在天津的应用型本科高校中，2021 年各高校均未获批国家自然科学基金项目；在浙江的应用型本科高校中，2021 年国家自然科学基金项目立项数最高的为台州学院，此外进入前 5 强的还有浙江科技学院、湖州师范学院、嘉兴学院、浙大宁波理工学院等 4 所高校（部分高校并列）。

在中部地区，2021 年国家自然科学基金项目立项数最高的应用型本科高校是位于江西的井冈山大学（20 项）。在安徽的应用型本科高校中，2021 年国家自然科学基金项目立项数最高的为衢州学院，此外进入前 5 强的还有滁州学院、合肥师范学院、合肥学院、黄山学院、宿州学院等 5 所高校（部分高校并列）；在湖北的应用型本科高校中，2021 年国家自然科学基金项目立项数最高的为江汉大学，此外进入前 5 强的还有湖北经济学院、黄冈师范学院、湖北理工学院、湖北第二师范学院、湖北工程学院等 5 所高校（部分高校并列）；在湖南的应用型本科高校中，2021 年国家自然科学基金项目立项数最高的为长沙学院，此外进入前 5 强的还有衡阳师范学院、湖南理工学院、湖南文理学院、湖南工程学院、湖南科技学院等 5 所高校（部分高校并列）；在河南的应用型本科高校中，2021 年国家自然科学基金项目立项数最高的为洛阳师范学院，此外进入前 5 强的还有周口师范学院、安阳工学院、商丘师范学院、河南工程学院等 4 所高校（部分高校并列）；在江西的应用型本科高校中，2021 年国家自然科学基金项目立项数最高的为井冈山大学，此外进入前 5 强的还有南昌工程学院、宜春学院、九江学院、上饶师范学院等 4 所高校；在山西的应用型本科高校中，2021 年国家自然科学基金项目立项数最高的为太原师范学院，此外获批国家自然科学基金项目的还有太原工业学院、长治学院、晋中学院、山西工程技术学院、运城学院等 5 所高校。

在西部地区，2021 年国家自然科学基金项目立项数最高的应用型本科高校是位于重庆的重庆科技学院（23 项）。在重庆的应用型本科高校中，2021 年国家自然科学基金项目立项数最高的为重庆科技学院，此外获批国家自然科学基金项目的还有重庆文理学院和长江师范学院；在甘肃的应用型本科高校中，2021 年国家自然科学基金项目立项数最高的为天水师范学院，此外获批国家自然科学基金项目的还有河西学院、陇东学院、兰州城市学院、兰州工业学院等 4 所高校；在广西的应用型本科高校中，2021 年国家自然科学基金项目立项数最高的为玉林师范学院和北部湾大学，此外进入前 5 强的还有贺州学院、桂林旅游学院、广西财经学院等 3 所高校（部分高校并列）；在贵州的应用型本科高校中，2021 年国家自然科学基金项目立项数最高的为贵州理工学院，此外进入前 5 强的还有贵阳学院、铜仁学院、贵州师范学院、六盘水师范学院、遵义师范学院等 5 所高校；在内蒙古的应用型本科高校中，2021 年国家自然科学基金项目立项数最高的为赤峰学院、河套学院和呼和浩特民族学院，此外获批国家自然科学基金项目的还有鄂尔多斯应用技术学院；在宁夏的应用型本科高校中，2021 年获批国家自然科学基金项目的为宁夏师范学院，其余高校均未获批国家自然科学基金项目；在四川的应用型本科高校中，2021 年国家自然科学基金项目立项数最高的为成都大学，此外获批国家自然科学基金项目的还有西昌学院、攀枝花学院、阿坝师范学院、成都师范学院、绵阳师范学院、内江师范学院、宜宾学院等 7 所高校；在陕西的应用型本科高校中，2021 年国家自然科学基金项目立项数最高的为榆林学院，此外获批国家自然科学基金项目的还有西安医学院、西安文理学院、西京学院、安康学院、商洛学院、西安航空学院、咸阳师范学院等 7 所高校；在新疆的应用型本科高校中，2021 年获批国家自然科学基金项目的为新疆工程学院，其余高校均未获批国家自然科学基金项目；在云南的应用型本科高校中，2021 年国家自然科学基金项目立项数最高的为昆明学院，此外进入前 5 强的还有玉溪师范学院、曲靖师范学院、楚雄师范学院、红河学院等 4 所高校（部分高校并列）。

在东北地区，2021 年国家自然科学基金项目立项数最高的应用型本科高校是位于吉林的白城师范学院（1 项）。在吉林的应用型本科高校中，2021 年获批国家自然科学基金项目的为白城师范学院，其余高校均未获批国家自然科学基金项目；在辽宁和黑龙江的应用型本科高校中，各高校均未获批国家自然科学基金项目。

表 3.13　2021 年各省区市应用型本科高校自然科学基金项目立项数之首

区域	省（区、市）	学校	性质	立项数（项）
东部	北京	华北科技学院	公办	4
		防灾科技学院		4
	福建	厦门理工学院	公办	12
	广东	东莞理工学院	公办	42
	河北	河北中医学院	公办	10
	海南	海南热带海洋学院	公办	7
	江苏	南京工程学院	公办	21
	山东	临沂大学	公办	23
	上海	上海应用技术大学	公办	17
	天津	—	—	—
	浙江	台州学院	公办	17
中部	安徽	衢州学院	公办	7
	湖北	江汉大学	公办	16
	湖南	长沙学院	公办	11
	河南	洛阳师范学院	公办	18
	江西	井冈山大学	公办	20
	山西	太原师范学院	公办	6
西部	重庆	重庆科技学院	公办	23
	甘肃	天水师范学院	公办	6
	广西	玉林师范学院	公办	4
		北部湾大学		4

续表

区域	省（区、市）	学校	性质	立项数（项）
西部	贵州	贵州理工学院	公办	13
	内蒙古	赤峰学院 河套学院 呼和浩特民族学院	公办	3
	宁夏	宁夏师范学院	公办	4
	四川	成都大学	公办	15
	陕西	榆林学院	公办	16
	新疆	新疆工程学院	公办	4
	云南	昆明学院	公办	10
东北	黑龙江	—	—	—
	吉林	白城师范学院	公办	1
	辽宁	—	—	—

重庆科技学院以“有组织科研”推进一流应用型科技大学建设

重庆科技学院是一所具有鲜明特色和优势的应用型高校，是重庆市重点支持的高水平新工科高校。近五年来，学校获批国家自然科学基金项目 85 项，年均 17 项，直接经费 3172.6 万元。其中，2022 年，该校获批国家自然科学基金 23 项，面上项目 9 项、青年基金 13 项。企业创新发展联合基金重点支持项目“海上稠油超临界多源多元热流体发生机理及在储层中的作用机制研究”，实现了学校主持国家自然科学基金重点项目“零”的突破。

重庆科技学院坚持“四个面向”，将面向世界科技前沿、服务国家重大战略需求和经济社会发展目标结合起来，紧贴石油、冶金行业需求，开展有组织科研，加强原创性、引领性技术攻关，强化产学研深度融合，不断提高科技成果转化和产业化水平，使学校科研工作取得了新突破、跃上了新台阶。一是资源优化，稳步推进全国重点实验室平台建设。重庆科技学院不断优化科技创新要素配置：获批 1 个省部共建协同创新中心，1 个重庆市协同创新中心，合计新增 6 个省部级重点实验室和工程技术中心。其中，“非常规油气开发全国重点实验室（筹）”2022 年通过了重庆市科技局、重庆市教育委员会答辩，成功入选重庆市发展和改革委员会建设项目库，创建国家级重点实验室的项目建设稳步推进。二是双向驱动，稳步提升科研工作管理效能。该校深化科研领域“放管服”改革，制定了成果转化激励政策，推进专利等成果推广与应用。制定了知识产权交易内部控制流程，简化成果转化管理流程，严控交易风险。此外，学校还增加科研管理部门编制，配强科研管理干部，设立创新创业学院，统筹科研力量资源，加强学术道德和科研诚信教育，提升科研工作质量，形成了充满活力的科技管理和运行机制，充分调动了科研人员积极性和创造性。三是开放包容，积极开展海内外合作办学和科学研究。该校与英国爱丁堡龙比亚大学、美国伊利诺伊大学芝加哥分校、加拿大里贾纳大学、芬兰哈格赫利尔应用科技大学等60余所高校建立了教学、科研、人才培养等合作关系。学校依托行业办学，主动适应和服务石油冶金行业、成渝区域和安全领域，与中石油、中石化、中海油等400余家国内外知名企业签订了产学研合作战略协议。

（六）不同类型应用型本科高校自然科学基金项目立项情况

表 3.14 列出了 2021 年我国不同办学类型的应用型本科高校国家自然科学基金项目立项数最高的高校。

在我国综合类应用型本科高校中，2021 年国家自然科学基金项目立项数最高的是临沂大学，此外进入前 5 强的还有井冈山大学、台州学院、江汉大学、榆林学院等 4 所高校；在我国财经类应用型本科高校中，2021 年国家自然科学基金项目立项数最高的是湖北经济学院，此外进入前 5 强的还有上海立信会计金融学院、福建江夏学院、广东金融学院、河南牧业经济学院等 4 所高校（部分高校并列）；在我国理工类应用型本科高校中，2021 年国家自然科学基金项目立项数最高的是东莞理工学院，此外进入前 5 强的还有重庆科技学院、南京工程学院、上海应用技术大学、浙江科技学院等 4 所高校；在我国民族类应用型本科高校中，2021 年国家自然科学基金项目立项数最高的是呼和浩特民族学院，此外获批国家自然科学基金项目的还有河北民族师范学院；在我国农林类应用型本科高校中，2021 年获批国家自然科学基金项目的为山东农业工程学院和信阳农林学院，其余高校均未获批国家自然科学基金项目；在我国师范类应用型本科高校中，2021 年国家自然科学基金项目立项数最高的是洛阳师范学院，此外进入前 5 强的还有湖州师范学院、淮阴师范学院、南京晓庄学院、周口师范学院等 4 所高校（部分高校并列）；在本报告所涉及的应用型本科高校中，体育类应用型本科高校仅有武汉体育学院体育科技学院一所，且2021年该校未获批国家自然科学基金项目，故表格中相关数据空缺；在我国医药类应用型本科高校中，2021 年国家自然科学基金项目立项数最高的是河北中医学院，此外获批国家自然科学基金项目的还有西安医学院、长沙医学院、齐鲁医药学院等3所高校；在我国艺术类应用型本科高校中，各高校均未获批国家自然科学基金项目，故表格中相关数据空缺；在我国语言类应用型本科高校中，2021 年获批国家自然科学基金项目的为浙江外国语学院，其余高校均未获批国家自然科学基金项目；在我国政法类应用型本科高校中，2021 年获批国家自然科学基金项目的为南京森林警察学院，其余高校均未获批国家自然科学基金项目。

表 3.14　2021 年各类应用型本科高校自然科学基金项目立项之首

办学类型	学校	性质	省（区、市）	发文数量（篇）
综合类	临沂大学	公办	山东	23
财经类	湖北经济学院	公办	湖北	8
理工类	东莞理工学院	公办	广东	42
民族类	呼和浩特民族学院	公办	内蒙古	3
农林类	山东农业工程学院	公办	山东	1
	信阳农林学院		河南	1
师范类	洛阳师范学院	公办	河南	18
体育类	—	—	—	—
医药类	河北中医学院	公办	河北	0
艺术类	—	—	—	—
语言类	浙江外国语学院	公办	浙江	1
政法类	南京森林警察学院	公办	江苏	1

湖北经济学院打造高水平中国特色高校智库

为深入贯彻落实习近平总书记关于加强智库建设的重要批示，推进中国特色新型高校智库建设，湖北经济学院高度重视科研智库平台建设，着力构建集国家级、省级、校级三级为一体的智库建设平台体系，优化哲学社会科学资源配置，有效聚合省内外优质科研力量。第一，立足地方需求构建多层次智库平台。湖北经济学院立足地方经济社会发展和地方党委政府决策需求，依托学校经济学、管理学、法学等优势学科，构建了一批致力于服务湖北地方经济社会发展的智库平台。第二，建立湖北碳市场高校智库。学校牵头协同10余家单位组建碳排放权交易湖北省协同创新中心，紧跟国家“双碳”目标，成立全国首个低碳经济学院，率先创办环境经济学学术期刊，连续举办八届“市场导向的绿色低碳发展国际研讨会”，积极服务碳交易市场构建的各环节，在支撑湖北碳交易试点建设、服务全国碳市场、探索人才培养等方面取得了重要突破。第三，建立长江经济带高质量发展智库。学校成立“长江经济带发展战略研究院”“长江经济带高质量发展智库联盟”，为长江经济带高质量发展提供智力支撑和创新支撑；连续出版“长江经济带高质量发展”系列丛书和“长江经济带与中国经济发展”系列丛书，学术影响力持续显现。第四，坚持改革创新推进智库运行机制建设。湖北经济学院在智库建设和管理过程中，以改革创新精神推进智库运行机制建设，在科研立项、成果评价、人才培养、制度保证等方面采取诸多有效措施，使研究成果更具针对性、科学性、前瞻性和可操作性，确保智库的顺畅运行和效能发挥。在课题立项方面，该校紧紧围绕地方党委政府中心工作，通过与实际部门建立密切联系，全程紧密跟踪各级党委和政府的重大决策，不断提升发现和聚焦地方党委政府真正需要研究和咨询问题的能力。例如，学校各类智库每年在课题发布前都会进行课题征集专项咨询，通过与湖北省委、省政府、省人大、省政协及省发展和改革委员会、省商务厅、省地税局等有关职能部门及地市州政府深度开展“校政合作”和举办“厅校论坛”。在科研合作机制方面，湖北经济学院一直十分重视加强与地方政府的联系与合作，建立了开放式、常态化的科研合作机制。近年来，该校加快推进特色鲜明的高水平应用型大学建设，紧密对接区域经济发展需求，加强应用型学科科研建设，不断凝练学科特色方向，强化政策顶层设计，制定出台《宁波财经学院学科特色方向集聚、科研团队建设、优秀科研成果奖培育一体化推进方案》等一系列制度文件，创新科研团队建设，加大高层次人才引进力度，为教师营造潜心做科研的良好氛围，高级别项目立项数稳中有升，核心科研竞争力水平得到不断提升，有效增强了学校在区域中的科研影响力和办学美誉度。

第四章 发明专利分析报告

本报告中专利指标包含发明专利 1 个二级指标，由“有效发明专利授权数”来衡量。考虑到发明专利对于应用型本科高校科研发展的重要性，课题组赋予专利指标权重为10%。

课题组对我国应用型本科高校发明专利数进行分析后发现，我国很多应用型本科高校不辱使命，不负期待，深化校政企合作，推动产学研深度融合，面向经济主战场，对准区域产业痛点，对接产业转型重大需求，在发明专利授权上取得较大成绩。许多应用型本科高校鼓励教师往一线企业跑，立足地方的特殊资源与特殊需求，找课题、立项目、做研究，把科研成果写在生产和实践一线，为地方经济结构战略性调整和产业转型提供了有力的科技支撑和人才支撑。

我国民办高校在发明专利这一指标上表现抢眼，说明我国民办高校更加注重应用型研究，形成了应用型人才培养的比较优势。我国只有 5 所民办高校进入应用型本科高校“发明专利”高质量发展水平前 50 强，但是有 9 所民办本科高校、2 所独立学院和 1 所民办职业本科院校进入发明专利前 100 强。这 9 所民办本科高校、2 所独立学院和 1 所民办职业本科院校分别是西京学院、浙江树人学院、安徽信息工程学院、黄河科技学院、南宁学院、潍坊科技学院、南通理工学院、郑州科技学院、郑州工业应用技术学院、电子科技大学中山学院、浙江农林大学暨阳学院和浙江广厦建设职业技术大学。

专利的数量和质量是高校科技创新力和核心竞争力的重要体现。党的十八大以来，高校深入实施创新驱动发展战略，落实《促进科技成果转化法》，保护创新创造的意识不断增强，高校专利授权量持续提升，专利和成果转化工作取得显著成效，但是我国高校专利转化与国外高水平大学仍然存在较大差距。根据《专利法》，可以授予专利保护的发明创造有发明、实用新型和外观设计三种。发明是指对产品、方法或者其改进所提出的新的技术方案，需要具备“突出的实质性特点和显著的进步”。实用新型是指对产品的形状、构造或者其结合所提出的适于实用的新的技术方案，只需具备“实质性特点和显著的进步”。外观设计是指对“产品的整体或者局部的形状、图案或者其结合以及色彩与形状、图案的结合所作出的富有美感并适于工业应用的新设计”。发明的创造性水平要求比实用新型和外观设计高，因此发明专利是衡量高校技术创新活跃程度、服务地方经济、解决区域技术难题、产学研深度合作水平的重要指标。我国应用型本科高校以培养地方经济社会发展需要的高素质应用型技术型人才为目标，获得更多的发明专利授权对于学校高质量发展十分重要。

本报告采用应用型本科高校 2021 年度发明专利的数据，不含实用新型专利和外观设计专利。检索平台为国家知识产权局官网，在该网站的“申请（专利权）人”输入学校名称，筛选条件选择“发明”“有效”，“授权日”设置为“2021-01-01 至 2021-12-31”。

一、我国应用型本科高校发明专利授权整体情况

2021 年发明专利授权数量较多的前 50 名应用型本科高校如表 4.1 所示（部分高校并列）。南京工程学院、上海应用技术大学、常熟理工学院、淮阴工学院、东莞理工学院位居前 5 强，均为公办应用型本科高校。其中，排名第一的南京工程学院是一所以工学为主、多学科协调发展、重点培养工程应用型人才的省属公办应用型本科高校，工科底蕴深厚，应用特色鲜明，先后获评“江苏省教学工作先进高校”及“江苏省大众创业万众创新示范基地”，近年来该校发明专利授权量不断攀升，2021 年以 347 项发明专利授权位列我国应用型本科高校第一。进入前 10 强的还有嘉兴学院、浙江科技学院、厦门理工学院、山东交通学院、重庆科技学院等 5 所公办应用型本科高校。

前 50 强中共有 44 所公办高校、5 所民办高校和 1 所独立学院。进入前 50 强的 5 所民办高校分别是西京学院、浙江树人学院、安徽信息工程学院、黄河科技学院、南宁学院，其中西京学院、浙江树人学院和安徽信息工程学院的发明专利授权量分别为 90 项、79 项和 70 项，分别位列第 26 名、第 31 名和第 41 名，黄河科技学院和南宁学院的发明专利授权量均为 63 项，并列第 47 名。进入前 50 强的独立学院是电子科技大学中山学院，有效发明专利授权数为 74

项，位列第 40 名。此外，进入前 100 强的民办高校还包括潍坊科技学院（52 项）、南通理工学院（51 项）、郑州科技学院（43 项）、郑州工业应用技术学院（42 项）4 所高校。进入前 100 强的独立学院还有浙江农林大学暨阳学院（48 项）。此外，浙江广厦建设职业技术大学作为一所民办职业本科院校，在 2021 年共有 44 项有效发明专利授权，在所有应用型本科高校中位列 72 名。

研究还发现，2021 年全国 663 所应用型本科高校有效发明专利总授权数为 10547 项，校均 15.91 项，其中 286 所公办高校共有 9094 项发明专利，校均 31.80 项；222 所民办高校共有 1113 项发明专利，校均 5.01 项；155 所独立学院共有 340 项发明专利，校均 2.19 项。由此可见，我国公办应用型本科高校在发明专利方面的竞争优势比较明显，而民办应用型本科高校、独立学院则处于相对劣势。前 50 强高校有效发明专利总授权数为 5723 项，约占应用型本科高校有效发明专利授权总数的 54.26%。2021 年有 267 所应用型本科高校未获得有效发明专利授权，约占应用型本科高校总数的 40.27%，其中，公办高校 36 所，约占应用型本科高校总数的 5.43%；民办高校 114 所，约占应用型本科高校总数的 17.19%；独立学院 117 所，约占应用型本科高校总数的 17.65%。这说明我国应用型本科高校的知识产权转化应用能力有待增强，学校整体科研竞争力还需提高。

表 4.1　2021 年我国应用型本科高校发明专利授权量前 50 强

排名	学校	类型	发明专利授权量（项）
1	南京工程学院	公办	347
2	上海应用技术大学	公办	282
3	常熟理工学院	公办	249
4	淮阴工学院	公办	246
5	东莞理工学院	公办	214
6	嘉兴学院	公办	200
7	浙江科技学院	公办	189
8	厦门理工学院	公办	166
9	山东交通学院	公办	147
10	重庆科技学院	公办	145
11	台州学院	公办	144
12	湖南文理学院	公办	133
13	许昌学院	公办	131
14	徐州工程学院	公办	123

续表

排名	学校	类型	发明专利授权量（项）
15	福建工程学院	公办	121
16	广东石油化工学院	公办	118
17	合肥学院	公办	109
18	金陵科技学院	公办	107
19	衢州学院	公办	104
20	宁波工程学院	公办	102
21	闽江学院	公办	100
21	浙大宁波理工学院	公办	100
23	江汉大学	公办	95
24	河南城建学院	公办	94
25	临沂大学	公办	91
26	***西京学院***	***民办***	90
27	河南工程学院	公办	87
27	上海电机学院	公办	87
29	常州工学院	公办	86
30	湖州师范学院	公办	84
31	北部湾大学	公办	79
31	浙大城市学院	公办	79
31	***浙江树人学院***	***民办***	79
34	湖南工程学院	公办	78
34	淮阴师范学院	公办	78
36	重庆文理学院	公办	77
36	哈尔滨学院	公办	77
36	洛阳理工学	公办	77
36	院潍坊学院	公办	77
40	***电子科技大学中山学院***	***独立学院***	74
41	***安徽信息工程学院***	***民办***	70
41	怀化学院	公办	70
43	长江师范学院	公办	69
43	长沙学院	公办	69
45	湖南城市学院	公办	66
46	商丘师范学院	公办	65
47	华北科技学院	公办	63

续表

排名	学校	类型	发明专利授权量（项）
47	*黄河科技学院*	*民办*	63
47	南宁学院	民办	63
50	*安阳工学院*	*公办*	59

南京工程学院实施“科技创新 1111 计划”

为进一步推动学校科技创新及成果转化，南京工程学院于 2018 年下半年启动“科技创新 1111 计划”，面向行业产业，集聚优质资源，重点突破，三年内投入了 1 亿元，建设了 10 个左右高新技术产业技术研究院，设置了 100 个专职科研编制岗位，培育了一批高水平科研成果和高层次科技创新平台。该校重点打造康尼机电、智能电网、智能装备、智能液压、能源、先进工业（军民融合）、人工智能、新材料、产业经济与创新管理、文化艺术创意设计等十大产业技术研究院，充分发挥其人才培养、科技研发、成果转化、社会服务“四合一”功能，探索一条有别于“双一流”和技术技能型高校的应用型高校特色发展路径。

以康尼机电产业技术研究院为例，该产研院是 2019 年南京工程学院与校资企业上海主板上市公司南京康尼机电股份有限公司合作建设的，自成立以来攻克“轨道列车门”多项关键核心技术，实现轨道车辆门系统的完全国产化和知识产权自主化，承担包括国家自然科学基金和江苏省重点研发计划在内的省部级以上项目 10 余项，产学研合作经费 4300 余万元，授权发明专利 57 项，获得省部级科学技术奖 5 项。产研院秉持“强自身、提能力、长本领、促成果、出效益”的工作理念，先后出台《康尼机电产业技术研究院工作条例（试行）》《康尼机电产业技术研究院理事会章程》《康尼机电产业技术研究院专家委员会工作条例》《康尼机电产业技术研究院院务会议事规则》《康尼机电产业技术研究院开放基金管理办法》《康尼机电产业技术研究院科研经费管理办法（试行）》《康尼机电产业技术研究院科研人员绩效管理办法（试行）》等一系列制度文件，实现体制机制创新。同时，产研院高度重视人才队伍建设，通过引进、培养和有效整合，逐步建成一支结构优化、素质优良、富有创新活力的高水平人才队伍。此外，在学校相关政策的支持下，产研院能够充分发挥科技创新平台和团队优势，一方面接收相关学院的新进博士开展为期一年工程实践，通过实际项目培养和锻炼新进博士的工程实践和项目管理能力；另一方面，积极为企业新老员工创新能力持续提升免费培训30余场次，涉及机械、控制、车辆等多个学科，获得合作方的高度评价。产研院还以工程项目为载体，强化对研究生和本科生专业理论知识和实践能力的培养。

上海应用技术大学科技园以应用特色为科创策源注入新动能

学校秉承“依产业而兴、托科技而强”的办学理念，搭建政产学研用“五位一体”的产学研深度融合新模式，与行业头部企业、各类学（协）会等加强对接，获取企业真实需求，为企业解决了几千项技术难题。与地方政府、头部企业、科研院所等共建产业研究院、上海市级大学科技园、上海创业学院、中欧知识产权学院和各类协同创新研究院、产学研工作站、技术转移中心等高水平技术创新和成果孵化平台。

作为一所应用创新型高校，上海应用技术大学始终高度重视科技创新成果的转化、高新技术企业孵化和创新创业人才的培养。以上海应用技术大学科技园为例，该科技园是首批上海市级大学科技园和市级科技创新创业培育载体，依托上海应用技术大学的优势学科，秉承“协同创新、共创价值”的发展理念，重点围绕智能制造、人工智能、生物医药、文化创意等领域，将高校科教智力资源与市场资源紧密结合，加速创新创业资源集聚，打通“技-苗-孵-加-产”全产业链条，形成大学校区、科技园区、城市社区相融共生的创新创业生态，积极打造高校科技成果产业化重要承接地和凸显应用特色的科创中心重要策源地。上海应用技术大学科技园联合学校产学研协同创新平台，以技术应用为特色，以产业发展和市场需求为目标，对科研成果进行全面梳理和完善；通过跟踪对接、深度对接，使科技资源直接与入园企业需求无缝链接；与产业链中上游企业建立联合研发机制，对有一定基础的共性关键技术开展攻关，并通过对研发团队股权激励等举措，有效缩短成果转化路径和转化效率，保障和支撑科研成果从实验室到产业化的“最后一公里”。

二、民办应用型本科高校、独立学院、本科职业技术大学发明专利授权情况

（一）民办应用型本科高校发明专利授权情况

2021年全国共有108所民办应用型本科高校获得发明专利授权，共计1113项，校均10.31项。有114所民办应用型本科高校未获得发明专利授权，约占我国民办应用型本科高校总数的51.35%。可见民办应用型本科高校的科研水平和创新能力有待提升。

表4.2列出了2021年发明专利授权量排名前10的民办应用型本科高校（部分高校并列），其中有5所高校来自东部地区，4所来自中部地区，2所来自西部地区。西京学院、浙江树人学院、安徽信息工程学院、黄河科技学院、南宁学院位居前5强。

西京学院2021年的发明专利授权量为90项，在民办应用型本科高校中位列第一。西京学院从战略高度出发，聚焦科研力量，建设了9个省部级科研平台，实现科研成果与教学资源之间的紧密对接，借助科研力量推进交叉专业、边缘专业建设，形成了特色鲜明的专业梯队和学科体系，近年来在发明专利方面一直处于领先地位。浙江树人学院2021年在发明专利上也表现优异，发明专利授权量为79项，在民办应用型本科高校中位列第二。该校致力于培养高级应用型人才，形成了基础扎实、多学科协调发展的学科专业体系，创新能力不断增强。

表4.2 2021年我国民办应用型本科高校发明专利授权量前10强

排名	学校	省（区、市）	发明专利授权量（项）
1	西京学院	陕西	90
2	浙江树人学院	浙江	79
3	安徽信息工程学院	安徽	70
4	黄河科技学院	河南	63
4	南宁学院	广西	63
6	潍坊科技学院	山东	52
7	南通理工学院	江苏	51
8	郑州科技学院	河南	43
9	郑州工业应用技术学院	河南	42
10	宁波财经学院	浙江	29
10	山东协和学院	山东	29

西京学院

西京学院从战略高度出发，聚焦科研力量，建设了9个省部级科研平台，实现了科研成果与教学资源之间的紧密对接，借助科研力量推进交叉专业、边缘专业建设，形成了特色鲜明的专业梯队和学科体系，近年来在发明专利方面一直处于领先地位。西京学院作为一所民办应用型本科高校，在面对高学历教师队伍不足这一现实问题时，持续加大高层次师资队伍引进。2020年，该校引进博士42人，2021年继续引进博士和高层次人才51人。目前该校975名教师中，高级职称406人，博士285人。高水平的师资队伍为该校教学和科研的全面进步奠定了良好基础，2021年西京学院获批成为硕士学位授予单位。

在朝着“高水平西京大学”目标挺进的过程中，西京学院依托工科优势，在鼓励创新、加强学科建设和人才培养等方面科学规划、长远布局，根据学校的实际情况和发展特点，通过建立科研平台和有效的激励保障机制，鼓励教师积极投身科研建设。同时，西京学院设立了严格的评价标准，先后出台了《西京学院科研项目经费开支范围规定》《西京学院科学技术奖励办法》《西京学院学术论文奖励办法》等20项规章制度，鼓励教师参与科研工作，加强教育引导和制度约束，规范学术管理。从2008年开始，该校设立校级科研基金，为培养教师科研能力打基础。科研管理系列文件的制订和修改以及相关有效政策的出台使科研管理走向规范化、制度化，为学校的科研事业发展提供了有力的政策支持和保障。当前，西京学院进一步聚合资源，加强科研平台建设，尤其是重点实验室建设，服务地方经济。

浙江树人学院

浙江树人学院是一所由浙江省政协举办、省教育厅主管的民办应用型本科高校。学校坚持以学科建设为引领，学科涵盖医学、文学、经济学、管理学、理学、法学、工学、艺术学等8大学科门类，形成了基础扎实、多学科协调发展的学科专业体系。“浙江省污染暴露与健康干预重点实验室”为浙江省重点实验室（培育），计算机教学、化学实验教学、城建工程、信息与电子工程等

4 个实验中心为省级实验教学示范中心。基于学科交叉融合发展的战略需要，学校正加快建设交叉科学研究院、“医工信”研究院及现代服务业研究基地等平台。该校坚持人才强校战略，注重引进和培养科研人才。近年来，学校引进与培养了全国优秀教师、省教学名师、省“万人计划”青年拔尖人才、省中青年学科带头人等高层次人才共 70 余人。目前，学校聘用了中国工程院院士、外籍院士、国家级教学名师、国家杰青、享受国务院政府特殊津贴专家等高层次人才 10 余人。该校注重营造学术研究氛围。为提高学校高层次科研项目的申报成功率，科研处多次邀请校外相关专家线上或来校举办国家级、省部级项目申报专题培训会，充分调动了全校教师的申报积极性。同时，该校高度重视科研平台建设。学校拥有学校建有 5 个省部级科研机构，1 个校培育性平台“智慧养老与家政服务协同创新中心”，2 个境外合作研究机构“浙江树人学院白俄罗斯研究中心”和“浙江树人学院海峡两岸科技合作中心”，15 个校级研究机构。此外，该校不断拓展科研合作渠道。与浙数传媒、省创新学会、阿里巴巴、七彩集团、帝龙集团、春源贸易等 10 余家企业签订战略合作协议，并取得实质性进展，为学校更广泛地寻求科技合作与科研经费。

（二）独立学院发明专利授权情况

2021 年全国共有 38 所独立学院获得发明专利授权，共计 340 项，校均 8.95 项，低于我国应用型本科高校发明专利授权平均水平。有 117 所独立学院未获得发明专利授权，约占我国独立学院总数的 75.48%，说明大部分独立学院的知识产权工作较为薄弱。整体来看，独立学院曾有的体制机制优势正在消失，这也是国家推动独立学院转设的依据之一。

表 4.3 列出了 2021 年发明专利授权量较多的前 10 名独立学院（部分高校并列），除了新乡医学院三全学院来自中部地区外，其余独立学院均来自东部地区。电子科技大学中山学院、浙江农林大学暨阳学院、浙江工业大学之江学院、厦门大学嘉庚学院、绍兴文理学院元培学院位居前 5 强。2021 年发明专利授权量最多的独立学院是电子科技大学中山学院（74 项），该校创办于 1986 年，由中山市人民政府与电子科技大学合作举办，该校积极融入区域创新驱动发展战略，逐步形成以电子类专业为核心，工、管、经、理、文、法、艺协调发展的专业布局，先后被遴选为“广东省首批普通本科转型试点高校”、“省市共建”高校、广东省高等教育“冲一流、补短板、强特色”提升计划建设高校。

表 4.3　2021 年我国独立学院发明专利授权量前 10 强

排名	学校	省（区、市）	发明专利授权量（项）
1	电子科技大学中山学院	广东	74
2	浙江农林大学暨阳学院	浙江	48
3	浙江工业大学之江学院	浙江	31
4	厦门大学嘉庚学院	福建	26
4	绍兴文理学院元培学院	浙江	26
6	杭州师范大学钱江学院	浙江	18
7	宁波大学科学技术学院	浙江	15
8	浙江理工大学科技与艺术学院	浙江	11
9	新乡医学院三全学院	河南	8
10	常州大学怀德学院	江苏	7
10	南京理工大学紫金学院	江苏	7

电子科技大学中山学院

2021 年发明专利授权量最多的独立学院是电子科技大学中山学院（74 项），该校创办于 1986 年，由中山市人民政府与电子科技大学合作举办，该校积极融入区域创新驱动发展战略，逐步形成以电子类专业为核心，工、管、经、理、文、法、艺协调发展的专业布局。在理论层面，电子科技大学中山学院为进一步规范专利申请行为，提高专利申请质量，邀请专家召开“规范专利申请行为”政策宣讲会；向学校师生传达国家知识产权局关于深入开展“蓝天”专项整治行动及省市整治“非正常专利申请行为”相关要求；详细解读进一步规范专利申请行为的相关通知，介绍省市知识产权相关科研项目申报。除此之外，该校还召开专家座谈会，专家对政策、项目申报和中心建设展开讨论和交流，针对《广东省落实专利转化专项助力中小企业创新发展的实施方案(2021—2023)》提出了学校对接小微企业专利转化的建议；针对评议项目中《智慧照明产业技术分解表》提出了完善建议；同时为广东（中山）知识产权分析评议中心的建设和发展献计献策。多方面整合学校资源，充分发挥知识产权分析评议的推动作用，促进高校专利转化实施，从而为区域高质量发展提供有力支撑和服务。

在实践层面，学校相关领导赴各地洽谈产学研合作。例如，其在深圳市火王燃器具有限公司中山分公司进行洽谈时，参观了公司生产车间、研发区域、测试区域、产品展厅等。双方有意在技术合作和人才联合培养上深入合作，探讨各自的最新研究成果，与企业相关技术人员就产品研发的具体问题进行探讨，促进高校专利转化实施。

（三）独立学院转设高校发明专利授权情况

2021 年有 64 所转设高校获得发明专利授权，共计 616 项，校均 9.63 项，虽低于我国应用型本科高校发明专利授权量的平均水平，但比之前有所增加，可见我国独立学院脱离母体高校转设后，正在进一步深化校企合作，不断增强创新能力，努力服务区域经济发展。在我国 148 所转设高校中，有 55 所民办高校获得发明专利授权，共计 328 项，校均 5.96 项；有 9 所公办高校获得发明专利授权，共计 288 项，校均 32 项。由此可见，我国公办性质的转设高校在发明专利方面的竞争力比民办性质的转设高校更大。有 84 所转设高校 2021 年未获得发明专利授权，其中民办高校 76 所，公办高校 8 所，这说明独立院校转设高校在社会服务这一职能作用上的实际贡献有很大提升空间，尤其是民办性质的转设高校需进一步加强校企合作，加强知识产权工作，不断提升在发明专利方面的竞争力。

表 4.4 列出了 2021 年发明专利授权量前 10 名转设高校（部分高校并列），共有 4 所公办高校和 6 所民办高校。浙大宁波理工学院、浙大城市学院、安徽信息工程学院、温州理工学院位居前 4 强，广州城市理工学院和山东石油化工学院并列第五。前 5 强中，安徽信息工程学院和广州城市理工学院为民办高校。浙大宁波理工学院是浙江省宁波市的一所公办转设高校，成立于 2001 年 6 月，前身是浙江大学宁波理工学院（宁波市人民政府和浙江大学合作创办）。该校自 2020 年转设以来，不断加强专业学科建设，深化校企合作，在发明专利方面一直保持高水平，2021 年持续保持领先地位，以 100 项发明专利授权位列第一。

表 4.4 2021 年我国转设高校发明专利授权量前 10 强

排名	学校	学校性质	转设时间	省（区、市）	发明专利授权量（项）
1	浙大宁波理工学院	公办	2020 年	浙江	100
2	浙大城市学院	公办	2020 年	浙江	79
3	*安徽信息工程学院*	*民办*	2016 年	安徽	70
4	温州理工学院	公办	2021 年	浙江	53
5	*广州城市理工学院*	*民办*	2021 年	广东	28
5	山东石油化工学院	公办	2021 年	山东	28
7	*武昌理工学院*	*民办*	2011 年	湖北	24
8	*齐鲁理工学院*	*民办*	2014 年	山东	18
9	*长春光华学院*	*民办*	2013 年	吉林	15
9	*温州商学院*	*民办*	2016 年	浙江	15

温州理工学院

温州理工学院因温州经济社会发展应运而生，学校成立之初，就精准定位办学方向，立足温州，坚持“理工”特色，以错位型、差异化、互补式发展，赢得在区域发展中的贡献力、竞争力和影响力。学校主动对接区域经济社会发展的重大战略，瞄准关键核心领域，主动调整学科专业结构，加快培养温州紧缺产业人才，新增物联网工程、数据科学与大数据技术等 7 个符合温州经济发展的新专业。一年来，该校青年学子在各类学科竞赛中获得省级以上奖项 290 余项；省级大众创业万众创新示范基地落户学校；获教育部产学合作协同育人项目立项 59 项，名列全省本科高校前茅。

温州理工学院积极服务地方，助推区域经济社会发展，联系温州企业，成立跨境电商学院，帮助企业进行阿里巴巴国际站的运营和客户交流，为温州的 55 家企业打开了外贸之路。转设挂牌后，学校紧密对接温州市“5+5”产业集群布局，扎根浙南产业集聚区，聚焦数字经济、智能制造等温州重点产业，与华为技术有限公司、DXC 科技公司等龙头企业共建现代产业学院、产教融合示范基地，并致力于建设国际一流的人才培养、源头创新的产业孵化基地、双创孵化基地。为了推动泰顺经济社会绿色高质量跨越式发展，2021 年 9 月 1 日，温州理工学院与泰顺县政府合作筹建成立山海协作温州理工学院泰顺研究院，助力泰顺政府打造一个集科技创新、学术交流、成果转化等功能于一体的高能级创新平台，助推地方经济产业升级，在泰顺县引进各类高端研发人才、加强战略性新兴产业科学研究等方面发挥强大作用。

（四）本科职业技术大学发明专利授权情况

专利发明作为一种知识的有效载体形式，对区域经济发展有着强大的辐射带动作用，是促进社会经济发展的关键，是引领社会进步的动力。本科职业技术大学理应在发明专利方面有更大作为。2021 年，全国 32 所本科职业技术大学中共有 13 所职业技术大学获得发明专利授权，共计 90 项，校均 6.92 项。有 19 所职业技术大学在 2021 年未获得发明专利授权，约占我国本科职业技术大学总数的 59.38%。可见，我国职业技术大学发明专利整体竞争力较弱，深化产教融合与校企合作的工作任重而道远。

表 4.5 列出了 2021 年获得发明专利授权的 13 所本科职业技术大学，共有 3 所公办职业技术大学和 10 所民办职业技术大学。浙江广厦建设职业技术大学以 44 项发明专利授权取得第一。该校的前身为浙江广厦建设职业技术学院，2019 年 12 月升格为本科职业技术大学。该校紧密依托区域产业的优势，积极推进产教融合与校企合作，形成了以土木建筑大类专业为龙头，先进装备制造、电子信息类、财经商贸及文化艺术大类等专业协调发展的专业格局，不断在发明专利方面建树新业绩。

表 4.5 2021 年我国获得发明专利授权的本科职业技术大学

排名	学校	类型	发明专利授权量（项）
1	*浙江广厦建设职业技术大学*	*民办*	44
2	南京工业职业技术大学	公办	19
3	*广州科技职业技术大学*	*民办*	9
4	广西农业职业技术大学	公办	6
5	*海南科技职业大学*	*民办*	3
6	浙江药科职业大学	公办	2
7	*成都艺术职业大学*	*民办*	1
7	*重庆机电职业技术大学*	*民办*	1
7	*湖南软件职业技术大学*	*民办*	1
7	*泉州职业技术大学*	*民办*	1
7	*上海中侨职业技术大学*	*民办*	1
7	*西安汽车职业大学*	*民办*	1
7	*运城职业技术大学*	*民办*	1

三、各区域和各省区市应用型本科高校发明专利授权情况

表4.6列出了我国各省区市有效发明专利授权最多的应用型本科高校。

在东部地区，2021年获有效发明专利授权最多的应用型本科高校是位于江苏的南京工程学院（347项）。在北京的应用型本科高校中，2021年获有效发明专利授权最多的高校为华北科技学院，此外进入前5强的还有防灾科技学院、北京城市学院、燕京理工学院、北京邮电大学世纪学院等4所高校；在福建的应用型本科高校中，2021年获有效发明专利授权最多的高校为厦门理工学院，此外进入前5强的还有福建工程学院、闽江学院、泉州师范学院、龙岩学院等4所高校；在广东的应用型本科高校中，2021年获有效发明专利授权最多的高校为东莞理工学院，此外进入前5强的还有广东石油化工学院、电子科技大学中山学院、惠州学院、莆田学院、肇庆学院等5所高校（部分高校并列）；在河北的应用型本科高校中，2021年获有效发明专利授权最多的高校为北华航天工业学院，此外进入前5强的还有唐山学院、石家庄学院、唐山师范学院、邯郸学院等4所高校；在海南的应用型本科高校中，2021年获有效发明专利授权最多的高校为海南热带海洋学院，此外获有效发明专利授权的还有海口经济学院；在江苏的应用型本科高校中，2021年获有效发明专利授权最多的高校为南京工程学院，此外进入前5强的还有常熟理工学院、淮阴工学院、徐州工程学院、金陵科技学院等4所高校；在山东的应用型本科高校中，2021年获有效发明专利授权最多的高校为山东交通学院，此外进入前5强的还有临沂大学、潍坊学院、滨州学院、潍坊科技学院等4所高校；在上海的应用型本科高校中，2021年获有效发明专利授权最多的高校为上海应用技术大学，此外获有效发明专利授权的还有上海电机学院、上海第二工业大学、上海商学院等3所高校；在天津的应用型本科高校中，2021年获有效发明专利授权最多的高校为天津中德应用技术大学，此外获有效发明专利授权的还有北京科技大学天津学院、南开大学滨海学院等2所高校；在浙江的应用型本科高校中，2021年获有效发明专利授权最多的高校为嘉兴学院，此外进入前5强的还有浙江科技学院、台州学院、宁波工程学院、浙大宁波理工学院等4所高校。

在中部地区，2021年获有效发明专利授权最多的应用型本科高校是位于湖南的湖南文理学院（133项）。在安徽的应用型本科高校中，2021年获有效

发明专利授权最多的高校为合肥学院，此外进入前5强的还有衢州学院、安徽信息工程学院、滁州学院、皖西学院等4所高校；在湖北的应用型本科高校中，2021年获有效发明专利授权最多的高校为江汉大学，此外进入前5强的还有湖北理工学院、黄冈师范学院、荆楚理工学院、湖北工程学院、武昌理工学院等5所高校（部分高校并列）；在湖南的应用型本科高校中，2021年获有效发明专利授权最多的高校为湖南文理学院，此外进入前5强的还有湖南工程学院、怀化学院、长沙学院、湖南城市学院等4所高校；在河南的应用型本科高校中，2021年获有效发明专利授权最多的高校为许昌学院，此外进入前5强的还有河南城建学院、河南工程学院、洛阳理工学院、商丘师范学院等4所高校；在江西的应用型本科高校中，2021年获有效发明专利授权最多的高校为南昌工程学院，此外进入前5强的还有九江学院、江西科技学院、宜春学院、井冈山大学等4所高校；在山西的应用型本科高校中，2021年获有效发明专利授权最多的高校为吕梁学院，此外进入前5强的还有运城学院、太原师范学院、忻州师范学院、长治学院等4所高校。

在西部地区，2021年获有效发明专利授权最多的应用型本科高校是位于重庆的重庆科技学院（145项）。在重庆的应用型本科高校中，2021年获有效发明专利授权最多的高校为重庆科技学院，此外进入前5强的还有重庆文理学院、长江师范学院、重庆第二师范学院、重庆财经学院等4所高校；在甘肃的应用型本科高校中，2021年获有效发明专利授权最多的高校为陇东学院，此外进入前5强的还有天水师范学院、河西学院、兰州城市学院、兰州工业学院等4所高校；在广西的应用型本科高校中，2021年获有效发明专利授权最多的高校为北部湾大学，此外进入前5强的还有南宁学院、桂林航天工业学院、玉林师范学院、广西财经学院等4所高校；在贵州的应用型本科高校中，2021年获有效发明专利授权最多的高校为贵州工程应用技术学院，此外进入前5强的还有贵州理工学院、铜仁学院、遵义师范学院、贵州师范学院、六盘水师范学院等5所高校（部分高校并列）；在内蒙古的应用型本科高校中，2021年获有效发明专利授权最多的高校为赤峰学院，此外获发明专利授权的还有呼伦贝尔学院、河套学院、鄂尔多斯应用技术学院等3所高校；在宁夏的应用型本科高校中，2021年获有发明专利授权的有宁夏师范学院和宁夏理工学院两所高校；青海的应用型本科高校在2021年均未获有效发明专利授权；在四川的应用型本科高校中，2021年获有效发明专利授权最多的高校为成都大学，此外进入前 5 强的还有成都工业学院、攀枝花学院、内江师范学院、宜宾学院等 4 所高校；在陕西的应用型本科高校中，2021 年获有效发明专利授权最多的高校为西京学院，此外进入前 5 强的还有西安医学院、西安航空学院、西安文理学院、榆林学院等 4 所高校；在新疆的应用型本科高校中，2021 年获有效发明专利授权的有昌吉学院、新疆工程学院、新疆理工学院 3 所高校；在云南的应用型本科高校中，2021 年获有效发明专利授权最多的高校为昆明学院，此外进入前 5 强的还有曲靖师范学院、红河学院、楚雄师范学院、普洱学院、文山学院等 5 所高校（部分高校并列）。

在东北地区，2021 年获有效发明专利授权最多的应用型本科高校是位于黑龙江的哈尔滨学院（77 项）。在黑龙江的应用型本科高校中，2021 年获有效发明专利授权最多的高校为哈尔滨学院，此外进入前 5 强的还有黑龙江工业学院、黑龙江工程学院、绥化学院、黑龙江东方学院、黑河学院等 5 所高校（部分高校并列）；在吉林的应用型本科高校中，2021 年获有效发明专利授权最多的高校为长春工程学院，此外进入前 5 强的还有吉林农业科技学院、长春光华学院、白城师范学院、吉林建筑科技学院等 4 所高校；在辽宁的应用型本科高校中，2021 年获有效发明专利授权最多的高校为辽东学院，此外有发明专利授权的还有沈阳工程学院、辽宁科技学院、大连东软信息学院、辽宁何氏医学院、辽宁警察学院、辽宁中医药大学杏林学院等 6 所高校。

表 4.6　2021 年各省区市应用型本科高校发明专利授权量之首

区域	省（区、市）	学校	性质	发明专利授权量（项）
东部	北京	华北科技学院	公办	63
	福建	厦门理工学院	公办	166
东部	广东	东莞理工学院	公办	214
	河北	北华航天工业学院	公办	54
	海南	海南热带海洋学院	公办	9
	江苏	南京工程学院	公办	347
	山东	山东交通学院	公办	147
	上海	上海应用技术大学	公办	282
	天津	天津中德应用技术大学	公办	6
	浙江	嘉兴学院	公办	200
中部	安徽	合肥学院	公办	109
	湖北	江汉大学	公办	95
	湖南	湖南文理学院	公办	133

续表

区域	省（区、市）	学校	性质	发明专利授权量（项）
中部	河南	许昌学院	公办	131
	江西	南昌工程学院	公办	51
	山西	吕梁学院	公办	34
西部	重庆	重庆科技学院	公办	145
	甘肃	陇东学院	公办	23
	广西	北部湾大学	公办	79
	贵州	贵州工程应用技术学院	公办	39
	内蒙古	赤峰学院	公办	12
	宁夏	宁夏师范学院	公办	4
	四川	成都大学	公办	58
	陕西	***西京学院***	***民办***	90
	新疆	昌吉学院	公办	5
	云南	昆明学院	公办	34
东北	黑龙江	哈尔滨学院	公办	77
	吉林	长春工程学院	公办	24
	辽宁	辽东学院	公办	24

四、不同类型应用型本科高校发明专利授权情况

表 4.7 列出了 2021 年我国不同办学类型的应用型本科高校中有效发明专利授权量最多的应用型本科高校。

在我国综合类应用型本科高校中，有效发明专利授权数量最多的是嘉兴学院，此外进入前 5 强的还有台州学院、湖南文理学院、徐州工程学院、合肥学院等 4 所高校；在我国财经类应用型本科高校中，有效发明专利授权数量最多的是河南牧业经济学院，此外进入前 5 强的还有宁波财经学院、福建江夏学院、广西财经学院、温州商学院等 4 所高校；在我国理工类应用型本科高校中，有效发明专利授权数量最多的是南京工程学院，此外进入前 5 强的还有上海应用技术大学、常熟理工学院、淮阴工学院、东莞理工学院等 4 所高校；在我国民族类应用型本科高校中，有效发明专利授权数量最多的是河北民族师范学院，此外获有效发明专利授权的还有贵阳人文科技学院；在我国农林类应用型本科高校中，有效发明专利授权数量最多的是浙江农林大学暨阳学院，此外获有效发明专利授权的还有信阳农林学院、吉林农业科技学院、山东农业工

程学院等 3 所高校；在我国师范类应用型本科高校中，有效发明专利授权数量最多的是湖州师范学院，此外进入前 5 强的还有淮阴师范学院、长江师范学院、商丘师范学院、泉州师范学院等 4 所高校；在本报告所涉及的应用型本科高校中，体育类应用型本科高校仅有武汉体育学院体育科技学院一所，且 2021 年该校未获有效发明专利授权，故表格中相关数据空缺；在我国医药类应用型本科高校中，有效发明专利授权数量最多的是西安医学院，此外进入前 5 强的还有山东协和学院、河北中医学院、新乡医学院三全学院、湖南医药学院、齐鲁医药学院、辽宁何氏医学院等 6 所高校（部分高校并列）；在我国艺术类应用型本科高校中，有效发明专利授权数量最多的是浙江传媒学院，此外获有效发明专利授权的还有江西服装学院、吉林动画学院、四川文化艺术学院等 3 所高校；在我国语言类应用型本科高校中，有效发明专利授权数量最多的是浙江外国语学院，此外获发明专利授权的还有西安翻译学院和广西外国语学院 2 所高校；在我国政法类应用型本科高校中，有效发明专利授权数量最多的是南京森林警察学院，此外进入前 5 强的还有浙江警察学院、江苏警官学院、湖南警察学院、湖北警官学院等 4 所高校。

表 4.7　2021 年各类应用型本科高校发明专利授权量之首

办学类型	学校	性质	省域（区、市）	发文数量（篇）
综合类	嘉兴学院	公办	浙江	200
财经类	河南牧业经济学院	公办	河南	37
理工类	南京工程学院	公办	江苏	347
民族类	河北民族师范学院	公办	河北	8
农林类	浙江农林大学暨阳学院	独立学院	浙江	48
师范类	湖州师范学院	公办	浙江	84
体育类	—	—	—	—
医药类	西安医学院	公办	陕西	35
艺术类	浙江传媒学院	公办	浙江	20
语言类	浙江外国语学院	公办	浙江	4
政法类	南京森林警察学院	公办	江苏	7

第五章　国家一流专业分析报告

本报告中专业指标包含国家一流专业这个二级指标，由国家级一流本科专业获批数来衡量。考虑到专业对于应用型本科高校人才培养的重要性，课题组赋予专业指标的权重为 15%。研究发现，共有 5 所民办高校跻身应用型本科高校“专业”高质量发展水平前 50 强，这 5 所民办高校为大连东软信息学院、吉林外国语大学、吉林动画学院、四川传媒学院和无锡太湖学院。此外，还有 16 所民办本科高校跻身前 100 强。

表 5.1　2021 年我国应用型本科高校专业建设前 50 强

排名	学校名称	省（区、市）	办学性质	办学类型	区域
1	成都大学	四川	公办	综合类	西部
1	徐州工程学院	江苏	公办	综合类	东部
3	东莞理工学院	广东	公办	理工类	东部
3	福建工程学院	福建	公办	理工类	东部
5	浙江传媒学院	浙江	公办	艺术类	东部
6	湖南理工学院	湖南	公办	理工类	中部
7	常熟理工学院	江苏	公办	理工类	东部
7	长沙学院	湖南	公办	综合类	中部
7	临沂大学	山东	公办	综合类	东部
7	上海应用技术大学	上海	公办	理工类	东部
7	厦门理工学院	福建	公办	理工类	东部
7	浙江万里学院	浙江	公办	理工类	东部
13	重庆科技学院	重庆	公办	理工类	西部
13	合肥学院	安徽	公办	综合类	中部
13	洛阳师范学院	河南	公办	师范类	中部
13	盐城师范学院	江苏	公办	师范类	东部
17	长春工程学院	吉林	公办	理工类	东北

续表

排名	学校名称	省（区、市）	办学性质	办学类型	区域
17	重庆文理学院	重庆	公办	综合类	西部
17	常州工学院	江苏	公办	理工类	东部
17	黄冈师范学院	湖北	公办	师范类	中部
17	淮阴师范学院	江苏	公办	师范类	东部
17	南京晓庄学院	江苏	公办	师范类	东部
17	上海立信会计金融学院	上海	公办	财经类	东部
24	淮阴工学院	江苏	公办	理工类	东部
24	金陵科技学院	江苏	公办	理工类	东部
24	闽江学院	福建	公办	综合类	东部
24	南京工程学院	江苏	公办	理工类	东部
24	山西传媒学院	山西	公办	艺术类	中部
29	***大连东软信息学院***	辽宁	***民办***	理工类	东北
29	湖南第一师范学院	湖南	公办	师范类	中部
29	江汉大学	湖北	公办	综合类	中部
29	内蒙古艺术学院	内蒙古	公办	艺术类	西部
29	宁夏师范学院	宁夏	公办	师范类	西部
29	中国劳动关系学院	北京	公办	政法类	东部
29	浙江外国语学院	浙江	公办	语言类	东部
36	广西财经学院	广西	公办	财经类	西部
36	湖北经济学院	湖北	公办	财经类	中部
36	湖南财政经济学院	湖南	公办	财经类	中部
36	湖南工程学院	湖南	公办	理工类	中部
36	***吉林外国语大学***	吉林	***民办***	语言类	东北
36	嘉兴学院	浙江	公办	综合类	东部
36	泉州师范学院	福建	公办	师范类	东部
36	太原师范学院	山西	公办	师范类	中部
36	湘南学院	湖南	公办	综合类	中部
36	浙江科技学院	浙江	公办	理工类	东部
46	成都工业学院	四川	公办	理工类	西部
46	防灾科技学院	北京	公办	综合类	东部
46	湖北第二师范学院	湖北	公办	师范类	中部
46	河北中医学院	河北	公办	医药类	东部
46	怀化学院	湖南	公办	综合类	中部
46	湖南人文科技学院	湖南	公办	综合类	中部
46	湖南文理学院	湖南	公办	综合类	中部

续表

排名	学校名称	省（区、市）	办学性质	办学类型	区域
46	黄山学院	安徽	公办	综合类	中部
46	衡阳师范学院	湖南	公办	师范类	中部
46	贺州学院	广西	公办	综合类	西部
46	***吉林动画学院***	吉林	***民办***	艺术类	东北
46	江苏第二师范学院	江苏	公办	师范类	东部
46	昆明学院	云南	公办	综合类	西部
46	兰州文理学院	甘肃	公办	综合类	西部
46	宁波工程学院	浙江	公办	理工类	东部
46	南京森林警察学院	江苏	公办	政法类	东部
46	黔南民族师范学院	贵州	公办	师范类	西部
46	***四川传媒学院***	四川	***民办***	综合类	西部
46	四川警察学院	四川	公办	政法类	西部
46	上海商学院	上海	公办	财经类	东部
46	铁道警察学院	河南	公办	政法类	中部
46	天水师范学院	甘肃	公办	师范类	西部
46	***无锡太湖学院***	江苏	***民办***	综合类	东部
46	中华女子学院	北京	公办	语言类	东部
46	遵义师范学院	贵州	公办	师范类	西部

推进一流专业建设是应用型本科高校提升应用型人才培养质量，实现内涵式发展的重要保障。为推动新工科、新医科、新农科、新文科建设，做强一流本科、建设一流专业、培养一流人才，全面振兴本科教育，提高高校人才培养能力，实现高等教育内涵式发展，教育部办公厅于 2019 年 4 月 10 日正式发布《关于实施一流本科专业建设“双万计划”的通知》（以下简称《通知》），计划 2019—2021 年，面向全国各类高校、全部专业建设 10000 个左右国家级一流本科专业点和 10000 个左右省级一流本科专业点。我国应用型本科高校以培养地方经济社会发展需要的高素质应用型技术型人才为目标建设好国家一流本科专业，对于学校提升专业内涵水平、加快高质量发展、推进特色办学、提高应用型人才培养能力，具有十分重要的意义。

本报告采用应用型本科高校 2019—2021 年度国家一流本科专业的数据。相关数据来源于各高校的官方网站，由于一流本科专业是衡量一所高校办学水平的重要指标之一，各高校在官网的院校简介中均陈述了国家一流本科专业数。

一、我国应用型本科高校国家一流本科专业建设点建设整体情况

2021 年国家一流本科专业建设数较多的前 50 名应用型本科高校如表 5.2 所示（部分高校并列）。成都大学、徐州工程学院、东莞理工学院、福建工程学院、浙江传媒学院位居前 5 强。其中，成都大学和徐州工程学院均有 15 个国家一流本科专业建设点，在我国应用型本科高校中排名并列第一。成都大学是国家首批“中西部高校基础能力建设工程”重点建设高校，2019 年其旅游管理专业成为国家级一流本科专业建设点，2020 年和 2021 年均获批 7 个国家一流本科专业建设点。该校高度重视本科教育，以专业建设为主要抓手，不断推动构建高质量本科人才培养体系，培养高素质应用型人才。徐州工程学院现有 70 个本科专业，其中工程管理、食品科学与工程、电气工程及其自动化等 15 个专业获批国家级一流专业建设点。该校以国家级一流本科专业建设点建设为契机，不断完善专业建设规划，优化专业布局，带动人才培养能力和质量全面提升。

前 50 强应用型本科高校中共有 65 所公办高校和 5 所民办高校，进入前 50 强的 5 所民办应用型本科高校是大连东软信息学院、吉林外国语大学、无锡太湖学院、吉林动画学院和四川传媒学院，其中大连东软信息学院和吉林外国语大学分别位列第 29 名和第 36 名，无锡太湖学院、吉林动画学院和四川传媒学院获批的国家一流本科专业建设点均为 5 个，并列第 46 名。

研究还发现，2021 年全国 663 所应用型本科高校共有 949 个专业获批国家一流本科专业建设点，校均 1.43 个，前 50 强高校国家一流本科专业建设点共计 526 个，约占应用型高校国家一流本科专业建设点总量的 55.43%。2021 年有 376 所应用型本科高校未获批国家一流本科专业建设点，占应用型本科高校总数的 56.71%，这说明我国应用型本科高校整体科研竞争力还较弱。未获得国家一流本科专业建设点的应用型本科高校主要是民办高校和独立学院（共计 304 所），占应用型本科高校总数的 45.85%；也有 72 所公办应用型本科高校未获得国家一流本科专业建设点，占应用型本科高校总数的 10.86%。

表 5.2　2021 年我国应用型本科高校国家一流专业建设点前 50 强

排名	学校	性质	国家一流本科专业数量（个）
1	成都大学	公办	15
1	徐州工程学院	公办	15
3	东莞理工学院	公办	14
3	福建工程学院	公办	14
5	浙江传媒学院	公办	13
6	湖南理工学院	公办	12
7	临沂大学	公办	11
7	上海应用技术大学	公办	11
7	厦门理工学院	公办	11
7	常熟理工学院	公办	11
7	长沙学院	公办	11
7	浙江万里学院	公办	11
13	重庆科技学院	公办	10
13	盐城师范学院	公办	10
13	洛阳师范学院	公办	10
13	合肥学院	公办	10
17	常州工学院	公办	9
17	重庆文理学院	公办	9
17	南京晓庄学院	公办	9
17	黄冈师范学院	公办	9
17	长春工程学院	公办	9
17	上海立信会计金融学院	公办	9
17	淮阴师范学院	公办	9
24	南京工程学院	公办	8
24	淮阴工学院	公办	8
24	金融科技学院	公办	8
24	闽江学院	公办	8
24	山西传媒学院	公办	8
29	江汉大学	公办	7
29	浙江外国语学院	公办	7
29	中国劳动关系学院	公办	7
29	湖南第一师范学院	公办	7
29	宁夏师范学院	公办	7

续表

排名	学校	性质	国家一流本科专业数量（个）
29	内蒙古艺术学院	公办	7
29	***大连东软信息学院***	***民办***	7
36	嘉兴学院	公办	6
36	浙江科技学院	公办	6
36	泉州师范学院	公办	6
36	太原师范学院	公办	6
36	湖北经济学院	公办	6
36	广西财经学院	公办	6
36	湖南工程学院	公办	6
36	湖南财政经济学院	公办	6
36	湘南学院	公办	6
36	***吉林外国语大学***	***民办***	6
46	衡阳师范学院	公办	5
46	湖南文理学院	公办	5
46	宁波工程学院	公办	5
46	河北中医学院	公办	5
46	黄山学院	公办	5
46	湖北第二师范学院	公办	5
46	江苏第二技师学院	公办	5
46	昆明学院	公办	5
46	防灾科技学院	公办	5
46	遵义师范学院	公办	5
46	天水师范学院	公办	5
46	贺州学院	公办	5
46	怀化学院	公办	5
46	湖南人文科技学院	公办	5
46	黔南民族师范学院	公办	5
46	成都工业学院	公办	5
46	上海商学院	公办	5
46	中华女子学院	公办	5
46	南京森林警察学院	公办	5
46	***无锡太湖学院***	***民办***	5
46	铁道警察学院	公办	5
46	兰州文理学院	公办	5
46	四川警察学院	公办	5
46	***吉林动画学院***	***民办***	5
46	***四川传媒学院***	***民办***	5

成都大学

成都大学设有艺术学、文学、管理学、教育学、经济学、法学、工学、医学、理学、农学 10 个学科门类，69 个本科专业；有硕士学位授权一级学科 9 个，硕士专业学位授权类别 16 个；建有博士后创新实践基地。工程学、农业科学、化学 3 个学科进入 ESI 全球前 1%；药学学科 2019 年入选校友会评选的中国高水平学科。27 个专业进入教育部“双万计划”一流本科专业建设点立项，其中国家级一流专业建设点 15 个，省级一流专业建设点 12 个。有国家级特色专业 2 个，国家级卓越人才教育培养计划专业 4 个，省级卓越人才教育培养计划专业 7 个，省级应用型示范专业 4 个，省级“课程思政”示范专业 2 个；自动化等 5 个专业通过教育部专业认证。

学校高度重视一流本科专业建设，紧抓最后一轮国家级省级一流专业申报机遇。各学院以高目标推动高质量的申报和建设工作，拓展思路，强化举措，广泛学习，认真打磨。各学院认真学习借鉴已成功立项国家级一流本科专业的申报材料，反复修改打磨，提炼出专业的特色和优势；主动走出去请进来，广泛学习和沟通，借鉴成功经验；不断加大对国家一流本科专业建设的投入力度，确保工作有效推动。除此之外，学校硕士点的突破，特色专业的建设以及专业认证工作的顺利推进都为一流专业申报和建设提供了有力支撑。

徐州工程学院

教育部于 2019 年 4 月启动一流本科专业建设“双万计划”，旨在推动新工科、新医科、新农科、新文科建设，做强一流本科、建设一流专业、培养一流人才，全面振兴本科教育，提高高校人才培养能力，实现高等教育内涵式发展。自“双万计划”实施以来，徐州工程学院高度重视本科教育，围绕一流本科专业建设，加强顶层设计，多措并举，统筹布局，全面推进。教务处充分调研、系统论证、精心组织；二级学院踊跃申报、积极筹备、扎实开展内涵建设。经过全校上下的共同努力，学校一流本科专业建设取得了突出成果。学校现有本科专业 70 个，其中国家级一流专业建设点 15 个、国家级特色专业 2 个、教育部“卓越计划”试点专业3个、教育部专业综合改革试点项目1个、中国工程教育认证专业4个、住建部认证专业2个、师范类专业二级认证1个。

为进一步推动学校专业建设，提高一流本科专业人才培养质量，各学院不定期举行专业建设和发展研讨会，传达建设国家一流本科专业的整体方案，并就建设一流本科专业的任务指标，包括强化立德树人根本宗旨、教师发展与教学团队建设、课程教材资源开发、实验实训条件建设、学生创新创业训练、国内外教学交流合作、教育教学研究与改革等方面进行交流，明确一流专业建设的各项任务，具体包括课程思政、教材建设、教学成果奖申报等方面的内容。

二、民办应用型本科高校国家一流本科专业建设点建设情况

民办高校是我国应用型高等教育的重要组成部分，其专业建设水平和人才培养能力受到各界广泛关注。2021年全国共有64所民办应用型本科高校获批国家一流本科专业建设点，共计137个，校均2.14个，有158所民办应用型本科高校未获批国家一流本科专业。表5.3列出了2021年国家一流本科专业建设点较多的民办高校（部分高校并列），其中，大连东软信息学院、吉林外国语大学和吉林动画学院来自东北地区，无锡太湖学院来自东部地区，四川传媒学院来自中部地区。大连东软信息学院位居第一。

大连东软信息学院有7个专业获批国家一流本科专业建设点，在民办应用型本科高校中位列第一，该校秉承服务信息技术行业和区域经济发展的应用型办学定位，以国家一流专业建设为契机，推动规模化数字经济人才培养，为数字经济高质量发展提供优秀数字人才支撑，成为辽宁省数字技术应用型人才培养的引领者。

表5.3 2021年我国民办应用型本科高校国家一流本科专业建设点前5强

排名	学校	省域（区、市）	区域	国家一流本科专业（个）
1	大连东软信息学院	辽宁	东北	7
2	吉林外国语大学	吉林	东北	6
3	无锡太湖学院	江苏	东部	5
3	吉林动画学院	吉林	东北	5
3	四川传媒学院	四川	西部	5

大连东软信息学院

大连东软信息学院跟踪区域经济及产业发展，优化调整学科专业结构。围绕办学定位，学校持续跟踪国家战略、区域经济和信息技术产业发展，研究制定了《学科专业建设规划》《专业建设标准》等系列文件，并成立了专业与课程建设委员会，指导专业从规划设置到具体建设的贯彻实施，形成了动态调整和持续改进机制。学校以学科建设为支撑，专业建设为龙头，调整和优化学科专业结构，聚焦信息技术产业链的关键领域，构建"计算机类""电子信息类""信息管理与服务类和数字艺术类"四大专业集群；2009 年以来，学校根据国家发展战略和产业升级对应用型人才的需求，将专业设置和调整与新兴产业对接，增设了物联网工程、智能科学与技术等 13 个专业；现设 25 个本科专业中工学专业 11 个，初步形成了工学为主，工、管、艺、文相互支撑、协调发展的学科专业结构。

学校加强优势特色专业建设，主动服务国家及区域经济。充分发挥举办者产业优势，聚焦信息技术产业链，实现专业与行业产业对接，明确各专业定位和发展方向，培育专业信息技术特色；以产教融合为途径，通过校企共建专业、共建实践环境和资源、共建双师双能师资队伍、共育人才等措施，强化专业内涵建设，突显应用型人才培养特色；发挥专业集群对教育资源的汇聚效应，促进专业间交叉融合。同时，学校通过加强新设专业师资队伍、实验室、实践基地等资源和内涵建设，开展新设专业建设情况跟踪、新设专业评估、学位授予评估等工作，加强新设本科专业建设。学校还实施重点专业建设工程，开展校、省、国家三级重点专业立项建设，遴选软件工程、集成电路设计与集成系统等专业进行重点建设，培育优势特色专业，带动各专业全面发展。

无锡太湖学院

无锡太湖学院物联网工程、机械工程、会计学、国际经济与贸易、视觉传达设计 5 个专业入选国家级一流本科专业，商务英语、视觉传达设计、工程管理、物联网工程、自动化、机械工程等 18 个专业入选江苏高校一流本科专业，工程管理等 2 个专业被评为江苏省高校国际化人才培养品牌专业。学校坚持

“应用型、地方性、特色化”办学定位，走以办学质量提升为核心的内涵式发展道路，将学科专业建设与地方经济发展紧密结合，不断优化专业结构，紧密契合无锡产业发展。工学类专业采用“嵌入式”培养，艺术类专业开展“工作坊”式培养，物联网工程专业紧密对接无锡物联网行业特色，机械工程专业注重培养智能制造应用型高端人才，土木工程专业对接注册结构工程师、注册建造师职业资格需求，重组课程教学内容。

太湖学院坚持“地方性、应用型、国际化”办学定位，与行业企业开展深度产教融合，探索高质量发展新路径，成功入选“教育部—中兴通讯ICT产教融合创新基地”。学校与阿里巴巴、罗克韦尔、国家超算无锡中心、索尼（无锡）、卓胜微、华润微电子、华洋轴承、红豆等龙头企业共建300多个实习就业基地。近三年来，学校聘任行业企业的管理精英、科技骨干双师型教师258人，学校教师到企业一线挂职锻炼692人。2020年，经教育部批准，无锡太湖学院与英国西苏格兰大学联合成立无锡太湖学院苏格兰学院，填补了全国同类高校联合办学的空白。目前，苏格兰学院开设有计算机科学与技术、通信工程和工程管理3个专业，毕业生将获得中英两国的“双学位”。苏格兰学院以英国团队为主强化学生专业教育，由中外团队共同实施英语教学。以数学基础课教学为例，该学院选用国际著名英文教材，全英文讲授、全英文测试。多年来，无锡太湖学院抢抓国际化办学先机，先后同30多所国外著名高校签订合作协议，开展学分互换、本升硕、国际夏令营、本硕博直通车等国际项目。

学校按照教育部要求，加强国家级和省级一流本科专业建设点建设，切实发挥示范引领作用，深化教育教学改革，持续提升专业内涵和质量水平，不断提升本科教学质量，加快建成特色鲜明、国内一流的应用型本科高校。

三、独立学院国家一流本科专业建设点建设情况

2021年全国共有9所独立学院获批国家一流本科专业建设点，共计11个，校均1.22个，有146所独立学院未获批国家一流本科专业。表5.4列出了2021年国家一流本科专业的独立学院（部分高校并列），其中6所来自东部地区，1所来自东北地区，2所来自西部地区。同济大学浙江学院和广东外语外贸大学南国商学院均获批2个国家一流本科专业建设点，在独立学院中并列第一。其余7所独立学院均获批1个国家一流本科专业建设点。

表 5.4　2021 年我国独立院校国家一流本科专业建设点前 5 强

排名	学校	省（区、市）	区域	国家一流本科专业建设点（个）
1	同济大学浙江学院	浙江	东部	2
2	广东外语外贸大学南国商学院	广东	东部	2
3	电子科技大学中山学院	广东	东部	1
3	西安交通大学城市学院	陕西	西部	1
3	北京理工大学珠海学院	浙江	东部	1
3	南京航空航天大学金城学院	江苏	东部	1
3	长春大学旅游学院	吉林	东北	1
3	四川外国语大学成都学院	四川	西部	1
3	北京第二外国语学院中瑞酒店管理学院	北京	东部	1

广东外语外贸大学南国商学院

广东外语外贸大学南国商学院现有 45 个本科专业。学校高度重视学科专业建设，英语语言文学、国际贸易学等 2 个学科为省级特色重点学科；会计学、日语等 2 个专业为国家级一流本科专业建设点；翻译、国际经济与贸易、英语、朝鲜语等 4 个专业为省级一流本科专业建设点。此外，会计学、国际经济与贸易、日语、金融学、国际商务等 5 个专业为省级专业综合改革试点专业；计算机科学与技术专业为省级应用型人才培养示范专业；会展经济与管理、朝鲜语、数字媒体技术等 3 个专业为省级特色专业。

学校从两方面采取措施推进专业建设，一是人才培养方案及模式，比如经济学院借助于专业建设中的“2＋2”培养模式、“双语教学”培养模式与“专业＋小语种”培养模式，强化了专业建设的外语特色与实践能力提升。二是师资队伍建设，多渠道引进和培养高素质人才，组建校内外专家指导委员会，聘请顶级专家领军专业发展和学科规划，聘请知名教授、行业协会领导、企业高管担任学院客座教授，参与学科建设和专业建设，构建了一支优秀师资团队。

四、独立学院转设高校国家一流本科专业建设点建设情况

2021 年有 37 所转设高校获批国家一流本科专业建设点，共计 81 个，校均 2.19 个。有 111 所转设高校未获批国家一流本科专业建设点。表 5.5 列出了 2021 年获批国家一流本科专业数量较多的转设高校（部分高校并列），均为由独立学院转设的民办高校。大连东软信息学院以 7 个国家一流本科专业建设点在我国转设高校中位列第一。无锡太湖学院、吉林动画学院与四川传媒学院均获批 5 个国家一流本科专业建设点，在我国转设高校中并列第二。

无锡太湖学院是江苏省第一所转设、厅市共建的民办本科高校和无锡市第一所应用型本科高校，其前身是 2002 年成立的江南大学太湖学院。自 2011 年转设以来，该校坚持“应用型、地方性、国际化”办学定位，聚焦物联网、集成电路、软件工程、人工智能、大数据等无锡战略性新兴产业，全面融入太湖湾科创带建设，构建了工、经、管、文、法、艺、医相互支撑、协调发展的学科专业结构，物联网工程、机械工程、会计学、视觉传达设计、国际经济与贸易等 5 个专业成为国家一流本科专业建设点。

表 5.5　2021 年我国独立学院转设高校国家一流本科专业建设点前 5 强

排名	学校	学校性质	转设时间	省（区、市）	国家一流本科专业建设点（个）
1	*大连东软信息学院*	*民办*	2008 年	辽宁	7
2	*无锡太湖学院*	*民办*	2011 年	江苏	5
2	*吉林动画学院*	*民办*	2008 年	吉林	5
2	*四川传媒学院*	*民办*	2013 年	四川	5
3	*广州南方学院*	*民办*	2020 年	广东	4
3	*武汉工商学院*	*民办*	2011 年	湖北	4
3	*南京传媒学院*	*民办*	2020 年	江苏	4

五、各区域和各省区市应用型本科高校国家一流本科专业建设点建设情况

表 5.6 列出了我国各省区市获批国家一流本科专业建设点最多的应用型本科高校。

在东部地区，2021 年国家一流本科专业建设点最多的应用型本科高校是位于江苏的徐州工程学院（15 个）。在北京的应用型本科高校中，2021 年获批国家本科一流专业建设点最多的高校为中国劳动关系学院，此外进入前 5 强的还有防灾科技学院、中华女子学院、华北科技学院、北京第二外国语学院中瑞酒店管理学院、北京吉利学院、北京警察学院等 6 所高校（部分高校并列）；在福建的应用型本科高校中，2021 年获批国家一流本科专业建设点最多的高校为福建工程学院，此外进入前 5 强的还有厦门理工学院、闽江学院、泉州师范学院、福建外语外贸学院等 4 所高校；在广东的应用型本科高校中，2021 年获批国家一流本科专业建设点最多的高校为东莞理工学院，此外进入前 5 强的还有广州南方学院、广东警察学院、广东金融学院、广东石油化工学院、珠海科技学院等 5 所高校（部分高校并列）；在海南的应用型本科高校中，2021 年仅有海南热带海洋学院有国家一流本科专业建设点；在河北的应用型本科高校中，2021 年获批国家一流本科专业建设点最多的高校为河北中医学院，此外进入前 5 强的还有北华航天工业学院、河北传媒学院、河北金融学院、廊坊师范学院、石家庄学院、邢台学院等 6 所高校（部分高校并列）；在江苏的应用型本科高校中，2021 年获批国家一流本科专业建设点最多的高校为徐州工程学院，此外进入前 5 强的还有常熟理工学院、盐城师范学院、淮阴师范学院、南京晓庄学院、常州工学院等 5 所高校（部分高校并列）；在山东的应用型本科高校中，2021 年获批国家一流本科专业建设点最多的高校为临沂大学，此外进入前 5 强的还有山东交通学院、山东青年政治学院、泰山学院、齐鲁理工学院等 4 所高校；在上海的应用型本科高校中，2021 年获批国家一流本科专业建设点最多的高校为上海应用技术大学，此外进入前 5 强的还有上海立信会计金融学院、上海商学院、上海第二工业大学、上海视觉艺术学院、上海政法学院等 5 所高校（部分高校并列）；在天津的应用型本科高校中，2021 年没有国家一流本科专业建设点；在浙江的应用型本科高校中，2021 年获批国家一流本科专业建设点最多的高校为浙江传媒学院，此外进入前 5 强的还有浙江万里学院、浙江外国语学院、嘉兴学院、浙江科技学院等 4 所高校。

在中部地区，2021 年获批国家一流本科专业建设点最多的应用型本科高校是位于湖南的湖南理工学院（12 个）。在安徽的应用型本科高校中，2021 年获批国家一流本科专业建设点最多的高校为合肥学院，此外进入前 5 强的还有黄山学院、安徽新华学院、铜陵学院、蚌埠学院、巢湖学院、滁州学院、合肥师范学院等7所高校（部分高校并列）；在河南的应用型本科高校中，2021年获批国家一流本科专业建设点最多的高校为洛阳师范学院，此外进入前5强的还有铁道警察学院、洛阳理工学院、黄淮学院、河南城建学院、南阳师范学院、周口师范学院等6所高校（部分高校并列）；在湖北的应用型本科高校中，2021年获批国家一流本科专业建设点最多的高校为黄冈师范学院，此外进入前5强的还有江汉大学、湖北经济学院、湖北第二师范学院、湖北理工学院、武汉工商学院等5所高校（部分高校并列）；在湖南的应用型本科高校中，2021年获批国家一流本科专业建设点最多的高校为湖南理工学院，此外进入前5强的还有长沙学院、湖南第一师范学院、湖南财政经济学院、湖南工程学院、湘南学院等5所高校（部分高校并列）；在江西的应用型本科高校中，2021年获批国家一流本科专业建设点最多的高校为九江学院和井冈山大学，此外还有江西服装学院、南昌工程学院、景德镇学院、江西警察学院、南昌工学院、南昌师范学院等6所高校获批；在山西的应用型本科高校中，2021年获批国家一流本科专业建设点最多的高校为山西传媒学院，此外还有太原师范学院、运城学院、忻州师范学院、吕梁学院、山西工程学院等5所高校获批。

在西部地区，2021年获批国家一流本科专业建设点最多的应用型本科高校是位于四川的成都大学（15个）。在重庆的应用型本科高校中，2021年获批国家一流本科专业建设点最多的高校为重庆科技学院，此外还有重庆文理学院、长江师范学院、重庆第二师范学院、重庆财经学院、重庆人文科技学院等5所高校获批；在甘肃的应用型本科高校中，2021年获批国家一流本科专业建设点最多的高校为兰州文理学院和天水师范学院，此外还有河西学院、陇东学院、兰州城市学院、兰州工业学院等5所高校获批；在广西的应用型本科高校中，2021年获批国家一流本科专业建设点最多的高校为广西财经学院，此外进入前5强的还有贺州学院、桂林旅游学院、玉林师范学院、桂林航天工业大学、广西民族师范学院、钦州大学等6所高校（部分高校并列）；在贵州的应用型本科高校中，2021年获批国家一流本科专业建设点最多的高校为黔南民族师范学院和遵义师范学院，此外还有贵州师范学院、贵州理工学院、贵阳学院等3所高校获批；在内蒙古的应用型本科高校中，2021年获批国家一流本科专业建设点最多的高校为内蒙古艺术学院，此外还有呼和浩特民族学院、呼伦贝尔学院、赤峰学院、集宁师范学院等4所高校获批；在宁夏的应用型本科高校中，2021年获批国家一流本科专业建设点最多的高校为宁夏师范学院，此外还有宁夏理工学院获批；青海的应用型本科高校在2021年均未获批国家一流本科专业建设点；在四川的应用型本科高校中，2021年获批国家一流本科专业建设点最多的高校为成都大学，此外进入前5强的还有成都工业学院、四川传媒学院、四川警察学院、西昌学院等4所高校获批；在陕西的应用型本科高校中，2021年获批国家一流本科专业建设点最多的高校为西安翻译学院，此外进入前5强的还有安康学院、陕西学前师范学院、渭南师范学院、西安医学院、西京学院等5所高校（部分高校并列）；在新疆的应用型本科高校中，2021年获批国家一流本科专业建设点最多的高校为新疆科技学院，此外还有昌吉学院、新疆理工学院、新疆工程学院等3所获批；在云南的应用型本科高校中，2021年获批国家一流本科专业最多的高校为昆明学院，此外还有楚雄师范学院、曲靖师范学院、云南警察学院、保山学院、红河学院、丽山文化旅游学院等6所高校获批。

在东北地区，2021年获批国家一流本科专业建设点最多的应用型本科高校是位于吉林的长春工程学院（9个）。在黑龙江的应用型本科高校中，2021年获批国家一流本科专业建设点最多的高校为黑龙江工程学院和黑龙江工业学院，此外还有大庆师范学院、哈尔滨金融学院、哈尔滨学院、黑龙江外国语学院、绥化学院等5所高校获批；在吉林的应用型本科高校中，2021年获批国家一流本科专业建设点最多的高校为长春工程学院，此外进入前5强的还有吉林外国语大学、吉林动画学院、长春光华学院、吉林警察学院等4所高校（部分高校并列）；在辽宁的应用型本科高校中，2021年获批国家一流本科专业建设点最多的高校为大连东软信息学院，此外进入前5强的还有沈阳工学院、辽宁科技学院、沈阳城市学院、辽宁警察学院等4所高校（部分高校并列）。

表5.6 2021年各省区市国家一流本科专业建设点建设之首

区域	省（区、市）	学校	性质	国家一流本科专业数量（个）
东部	北京	中国劳动关系学院	公办	7
	福建	福建工程学院	公办	14
	广东	东莞理工学院	公办	14
	海南	海南热带海洋学院	公办	1
	河北	河北中医学院	公办	5
	江苏	徐州工程学院	公办	15
	山东	临沂大学	公办	11

续表

区域	省（区、市）	学校	性质	国家一流本科专业数量（个）
东部	上海	上海应用技术大学	公办	11
	天津	—	—	—
	浙江	浙江传媒学院	公办	13
中部	安徽	合肥学院	公办	10
	河南	洛阳师范学院	公办	10
	湖北	黄冈师范学院	公办	9
	湖南	湖南理工学院	公办	12
	江西	九江学院	公办	4
		井冈山大学	公办	
	山西	山西传媒学院	公办	8
西部	重庆	重庆科技学院	公办	10
	甘肃	兰州文理学院	公办	5
		天水师范学院		
	广西	广西财经学院	公办	6
	贵州	黔南民族师范学院	公办	5
		遵义师范学院		
	内蒙古	内蒙古艺术学院	公办	7
	宁夏	宁夏师范学院	公办	7
	四川	成都大学	公办	15
	陕西	西安翻译学院	公办	3
	新疆	新疆科技学院	公办	2
	云南	昆明学院	公办	5
东北	黑龙江	黑龙江工程学院	公办	4
		黑龙江工业学院		
	吉林	长春工程学院	公办	9
	辽宁	大连东软信息学院	民办	7

六、不同类型应用型本科高校国家一流本科专业建设点建设情况

表 5.7 列出了 2021 年我国不同办学类型的应用型本科高校中获批国家一流专业建设点最多的应用型本科高校。

在我国综合类应用型本科高校中，获批国家一流本科专业建设点最多的是成都大学和徐州工程学院，此外进入前 5 强的还有长沙学院、临沂大学、合肥学院等 3 所高校（部分高校并列）；在我国财经类应用型本科高校中，获批国家一流本科专业建设点最多的是上海立信会计金融学院，此外进入前 5 强的还有广西财经学院、湖北经济学院、湖南财政经济学院、上海商学院等 4 所高校（部分高校并列）；在我国理工类应用型本科高校中，获批国家一流本科专业建设点最多的是东莞理工学院和福建工程学院，此外进入前 5 强的还有湖南理工学院、常熟理工学院、上海应用技术大学、厦门理工学院、浙江万里学院等 5 所高校（部分高校并列）；在我国民族类应用型本科高校中，获批国家一流本科专业建设点最多的是呼和浩特民族学院，此外还有河北民族师范学院等 1 所高校获批；在我国农林类应用型本科高校中，获批国家一流本科专业建设点最多的是吉林农业科技学院，其余高校并未获批国家一流本科专业建设点；在我国师范类应用型本科高校中，获批国家一流本科专业建设点最多的是盐城师范学院和洛阳师范学院，此外进入前 5 强的还有黄冈师范学院、淮阴师范学院、南京晓庄学院等 3 所高校（部分高校并列）；在本报告所涉及的应用型本科高校中，体育类应用型本科高校仅有武汉体育学院体育科技学院一所，且该校未获批国家一流本科专业建设点，故表格中相关数据空缺；在我国医药类应用型本科高校中，获批国家一流本科专业建设点最多的是河北中医学院，此外还有西安医学院、山东协和学院、湖南医药学院、辽宁何氏医学院等 4 所高校获批（部分高校并列）；在我国艺术类应用型本科高校中，获批国家一流本科专业建设点最多的是浙江传媒学院，此外进入前 5 强的还有山西传媒学院、内蒙古艺术学院、吉林动画学院、南京传媒学院等 4 所高校；在我国语言类应用型本科高校中，获批国家一流本科专业建设点最多的是浙江外国语学院，此外进入前 5 强的还有吉林外国语大学、中华女子学院、浙江越秀外国语学院、西安翻译学院等 4 所高校；在我国政法类应用型本科高校中，获批国家一流本科专业建设点最多的是中国劳动关系学院，此外进入前 5 强的还有南京森林警察学院、铁道警察学院、四川警察学院、浙江警察学院等 4 所高校。

表 5.7 2021 年各类应用型本科高校国家一流本科专业建设点之首

办学类型	学校	性质	省域（区、市）	国家一流本科专业建设点数量（个）
综合类	成都大学 徐州工程学院	公办	四川 江苏	15
财经类	上海立信会计金融学院	公办	上海	9
理工类	东莞理工学院 福建工程学院	公办	广东 福建	14
民族类	呼和浩特民族学院	公办	内蒙古	2
农林类	吉林农业科技学院	公办	吉林	1
师范类	盐城师范学院 洛阳师范学院	公办	江苏 河南	10
体育类	—	—	—	—
医药类	河北中医学院	公办	河北	5
艺术类	浙江传媒学院	公办	浙江	13
语言类	浙江外国语学院	民办	浙江	7
政法类	中国劳动关系学院	公办	北京	7

第六章　学科建设分析报告

本报告中，学科指标包含硕士学位授权点和博士学位授权点 2 个二级指标，分别由硕士学位授权点获批数和博士学位授权点获批数来衡量。院校是否拥有硕博学位授权点反映了该院校学科发展水平，考虑到学科对于应用型本科高校人才培养的重要性，课题组赋予学科指标的权重为 20%。

研究显示，共有 5 所民办高校进入我国应用型本科高校“学科”高质量发展水平前 100 强，这 5 所民办高校分别是吉林外国语大学、西京学院、北京城市学院、河北传媒学院和黑龙江东方学院。2021 年我国共有 5 所民办高校拥有硕士学位授权点，这 5 所高校分别是吉林外国语大学、西京学院、北京城市学院、河北传媒学院和黑龙江东方学院，其中，吉林外国语大学的硕士授权点数量为 9，位居民办高校硕士授权点数量排行第一名。共有 3 所高校拥有博士学位授权点，这三所高校为河北中医学院、上海应用技术大学和江汉大学，其中河北中医学院的博士授权点数量为 3，位居博士授权点数量排行第一名。

表 6.1　2021 年我国应用型本科高校学科建设前 50 强

排名	学校名称	省（区、市）	办学性质	办学类型	区域
1	成都大学	四川	公办	综合类	西部
1	江汉大学	湖北	公办	综合类	中部
3	湖南理工学院	湖南	公办	理工类	中部
4	上海应用技术大学	上海	公办	理工类	东部
5	湖州师范学院	浙江	公办	师范类	东部
5	临沂大学	山东	公办	综合类	东部
7	福建工程学院	福建	公办	理工类	东部
7	太原师范学院	山西	公办	师范类	中部
9	衡阳师范学院	湖南	公办	师范类	中部

续表

排名	学校名称	省（区、市）	办学性质	办学类型	区域
9	浙江科技学院	浙江	公办	理工类	东部
11	合肥学院	安徽	公办	综合类	中部
11	南昌工程学院	江西	公办	理工类	中部
13	河北中医学院	河北	公办	医药类	东部
13	厦门理工学院	福建	公办	理工类	东部
15	东莞理工学院	广东	公办	理工类	东部
15	昆明学院	云南	公办	综合类	西部
17	北部湾大学	广西	公办	综合类	西部
17	海南热带海洋学院	海南	公办	综合类	东部
17	上海政法学院	上海	公办	政法类	东部
20	重庆科技学院	重庆	公办	理工类	西部
20	***吉林外国语大学***	吉林	***民办***	语言类	东北
20	天水师范学院	甘肃	公办	师范类	西部
20	榆林学院	陕西	公办	综合类	西部
24	赤峰学院	内蒙古	公办	综合类	西部
24	宁夏师范学院	宁夏	公办	师范类	西部
24	上海第二工业大学	上海	公办	理工类	东部
27	北华航天工业学院	河北	公办	理工类	东部
27	贵阳学院	贵州	公办	综合类	西部
29	上海电机学院	上海	公办	理工类	东部
29	***西京学院***	陕西	***民办***	理工类	西部
31	***北京城市学院***	北京	***民办***	综合类	东部
31	内蒙古艺术学院	内蒙古	公办	艺术类	西部
31	上海海关学院	上海	公办	财经类	东部
31	铜仁学院	贵州	公办	综合类	西部
35	安阳师范学院	河南	公办	师范类	中部
35	重庆文理学院	重庆	公办	综合类	西部
35	广东金融学院	广东	公办	财经类	东部
35	广东石油化工学院	广东	公办	理工类	东部
35	广西财经学院	广西	公办	财经类	西部
35	湖北经济学院	湖北	公办	财经类	中部
35	黑龙江工程学院	黑龙江	公办	理工类	东北
35	河西学院	甘肃	公办	综合类	西部
35	淮阴工学院	江苏	公办	理工类	东部
35	井冈山大学	江西	公办	综合类	中部

续表

排名	学校名称	省（区、市）	办学性质	办学类型	区域
35	金陵科技学院	江苏	公办	理工类	东部
35	嘉兴学院	浙江	公办	综合类	东部
35	丽水学院	浙江	公办	综合类	东部
35	南京工程学院	江苏	公办	理工类	东部
35	莆田学院	广东	公办	综合类	东部
35	台州学院	浙江	公办	综合类	东部
35	浙大城市学院	浙江	公办	综合类	东部
35	中国劳动关系学院	北京	公办	政法类	东部
35	中华女子学院	北京	公办	语言类	东部
35	浙江传媒学院	浙江	公办	艺术类	东部
35	浙江万里学院	浙江	公办	理工类	东部
35	肇庆学院	广东	公办	师范类	东部

表 6.2　2021 年我国应用型本科高校硕博学位授权点数量前 5 强

类别	学校名称	学位点数量
硕士学位授权点高校	成都大学	25
	江汉大学	23
	湖南理工学院	22
	上海应用技术大学	19
	湖州师范学院	16
	临沂大学	16
博士学位授权点高校	河北中医学院	3
	上海应用技术大学	1
	江汉大学	1

为深化研究生教育改革，推动研究生教育布局结构调整，不断提高研究生教育质量，更好地满足经济社会发展对高层次应用型人才的迫切需求，国务院学位委员会通过有关决议，决定开展增列硕士、博士专业学位授权点审核工作，这是应用型本科高校提升应用型人才培养质量、实现内涵式发展的重要契机。

本报告采用应用型本科高校 2019—2021 年度硕士、博士学位授权点的数据。相关数据来源于各高校的官方网站，由于硕士、博士学位授权点是衡量一所高校办学水平的重要指标之一，各高校在官网的院校简介中都陈述了硕士、博士学位授权点数。

一、我国应用型本科高校硕士、博士学位授权点整体情况

本报告所采用的应用型本科高校 2019—2021 年度硕士、博士学位授权点的数据，其中只有江汉大学、上海应用技术大学、河北中医学院获批博士学位授权点，所以以下不再列举博士学位授权点情况。江汉大学拥有 1 个一级学科博士点：2021 年 11 月，该校的化学工程与技术学科获批成为一级学科博士学位授权点，该校亦是武汉市市属高校中首次获批成为博士学位授予单位的院校。学科一直注重科研成果转化，为产业经济发展服务，拥有“光电化学材料与器件教育部重点实验室”“柔性显示材料与技术湖北省协同创新中心”等省部级科研平台，在光电材料绿色化学工艺方向形成了显著的特色。上海应用技术大学拥有 1 个一级学科博士点：2021 年 11 月，该校的化学工程与技术学科获批博士学位授权点，该学科以香料香精为特色，以“满足人民美好生活需要”为目标，对接美丽健康产业，综合实力位居全国前列，是人才培养、科学研究与技术成果产业化的高地，是行业发展的创新策源地。河北中医学院拥有中医学、中西医结合 2 个一级学科博士学位授权点与中医博士专业学位授权类别：2015 年 5 月，该校获批中医学、中西医结合学科博士点，以及中医博士专业学位授权类别，学校遵循中医药教育和人才成长规律，深入推进院校教育与师承教育相结合培养模式改革，深化医教协同，注重学生综合素质和个性发展，不断地提升办学水平。

2021 年硕士学位授权点数较多的前 50 名应用型本科高校如表 6.3 所示（部分高校并列）。成都大学、江汉大学、湖南理工学院、上海应用技术大学、临沂大学、湖州师范学院位居前 5 强。其中，成都大学有 25 个硕士学位授权点，在我国应用型本科高校中排名第一。成都大学有博士后创新实践基地 1 个、硕士学位授权一级学科 9 个、硕士专业学位授权类别 16 个，3 个学科进入基本指标科学数据库（Essential Science Indicators，ESI）全球排名前 1%，药学学科 2019 年入选校友会评选的中国高水平学科。江汉大学有一级学科博士学位授权点 1 个、一级学科硕士学位授权点 9 个、硕士专业学位授权类别 11 个，有省级国内一流学科建设学科 1 个、省级优势特色学科群 5 个、省重点学科（含培育）5 个，环境科学与工程学科进入基本科学指标数据库（Essential Science Indicators，ESI）全球排名前 1%。

前 50 强应用型本科高校中共有 53 所公办高校和 3 所民办高校，进入前 50 强的 3 所民办应用型本科高校是吉林外国语大学、西京学院和北京城市学院，其中吉林外国语大学硕士学位授权点为 9 个，位列第 19 名；西京学院硕士学位授权点为 6 个，位列第 28 名；北京城市学院硕士学位授权点为 4 个，位列第 31 名。

研究还发现，2021 年全国 663 所应用型本科高校中共有 93 所学校获批硕士学位授权点，共计 494 个，校均 0.75 个。前 50 强高校硕士学位授权点共计 443 个，约占应用型本科高校总量的 89.68%。2021 年有 570 所应用型本科高校未获批硕士学位授权点，约占应用型本科高校总数的 85.97%，这说明我国应用型本科高校整体学科竞争力还较弱。未获得硕士学位授权点的应用型本科高校主要是民办高校和独立学院（共计 372 所），约占应用型本科高校总数的 56.11%；也有 198 所公办应用型本科高校未获得硕士学位授权点，约占应用型本科高校总数的 29.86%。

表 6.3　2021 年我国应用型本科高校硕士学位授权点前 50 强

排名	学校	性质	硕士学位授权点（个）
1	成都大学	公办	25
2	江汉大学	公办	23
3	湖南理工学院	公办	22
4	上海应用技术大学	公办	19
5	临沂大学	公办	16
5	湖南师范学院	公办	16
7	福建工程学院	公办	15
7	太原师范学院	公办	15
9	浙江科技学院	公办	14
9	衡阳师范学院	公办	14
11	南昌工程学院	公办	13
11	合肥学院	公办	13
13	厦门理工学院	公办	12
14	东莞理工学院	公办	11
14	昆明学院	公办	11
16	上海政法学院	公办	10
16	北部湾大学	公办	10
16	海南热带海洋学院	公办	10

续表

排名	学校	性质	硕士学位授权点（个）
19	重庆科技学院	公办	9
19	榆林学院	公办	9
19	天水师范学院	公办	9
19	***吉林外国语大学***	***民办***	9
23	赤峰学院	公办	8
23	上海第二工业大学	公办	8
23	宁夏师范学院	公办	8
26	贵阳学院	公办	7
26	北华航天工业学院	公办	7
28	河北中医学院	公办	6
28	***西京学院***	***民办***	6
28	上海电机学院	公办	6
31	铜仁学院	公办	4
31	内蒙古艺术学院	公办	4
31	***北京城市学院***	***民办***	4
31	上海海关学院	公办	4
35	南京工程学院	公办	3
35	嘉兴学院	公办	3
35	淮阴工学院	公办	3
35	浙大城市学院	公办	3
35	重庆文理学院	公办	3
35	井冈山学院	公办	3
35	金陵科技学院	公办	3
35	浙江传媒学院	公办	3
35	台州学院	公办	3
35	广东金融学院	公办	3
35	安阳师范学院	公办	3
35	湖北经济学院	公办	3
35	广西财经学院	公办	3
35	河西学院	公办	3
35	浙江万里学院	公办	3
35	莆田学院	公办	3
35	肇庆学院	公办	3
35	广东石油化工学院	公办	3
35	丽水学院	公办	3

续表

排名	学校	性质	硕士学位授权点（个）
35	中国劳动关系学院	公办	3
35	黑龙江工程学院	公办	3
35	中华女子学院	公办	3

江汉大学

江汉大学以“化学工程与技术”和“管理科学与工程”两个学科为重点，建设多学科协同发展的学科体系，在精细爆破领域取得了优秀成绩。光电化学材料、环境健康、生物信息、城市文化与城市治理等相关专业也形成了明显的优势和特色。

学校做大做强国内一流学科化学工程与材料，依托光电化学材料与器件重点实验室、工业烟尘污染控制湖北省重点建设实验室、柔性显示材料与技术湖北省协同创新中心等平台，为地方产业转型升级提供科技支撑。化学工程与技术学科以国家及区域经济重大需求为导向，面向科技前沿，以光电子产品柔性化、轻量化、环境友好化发展过程中所急需的化工新材料为目标，聚焦前瞻性应用基础研究，引领原始创新成果突破，攻克关键核心技术，提升技术供给能力。

江汉大学申报的智能爆破与城市环保、老年医学与现代康养、城市治理与文化传承等 3 个学科群全部获批“十四五”湖北省高等学校优势特色学科群。化学工程与工艺专业通过工程教育专业认证，临床医学专业通过教育部临床医学专业认证。学校拥有省级国内一流学科建设学科 1 个、省级优势特色学科群 5 个、省重点学科（含培育）5 个，环境科学与工程学科进入 ESI 全球排名前 1%。

二、民办应用型本科高校硕士学位授权点建设情况

民办高校是我国应用型高等教育的重要组成部分，其专业建设水平和人才培养能力受到各界广泛关注。2021 年全国共有 3 所民办本科高校获批硕士学位授权点，共计 19 个，校均 6.33 个，有 372 所民办本科高校未获批国家一

流本科专业。表 6.4 列出了 2021 年获批硕士学位授权点的民办高校，其中，吉林外国语大学来自东北地区，西京学院来自西部地区，北京城市学院来自东部地区；吉林外国语大学位居第一。

吉林外国语大学获批 9 个硕士学位授权点，在民办应用型本科高校中位列第一，该校位于吉林省长春市，入选国家“中西部高校基础能力建设工程”、吉林省特色高水平应用型大学建设项目，是吉林省重点高校、国家教育体制改革试点单位、中国政府奖学金来华留学生接收院校、“孔子学院奖学金”招生资格院校、博士学位授予单位立项建设高校，是全国民办高等教育体制改革示范基地，吉林省应用型高素质外语外事人才培养基地。

表 6.4　2021 年我国民办应用型本科高校硕士学位授权点

排名	学校	省（区、市）	区域	硕士学位授权点（个）
1	吉林外国语大学	吉林	东北	9
2	西京学院	陕西	西部	6
3	北京城市学院	北京	东部	4

吉林外国语大学（吉林华桥外国语学院）

吉林外国语大学是吉林省重点高校，学校研究生教育始终面向“一带一路”建设和区域经济社会发展需要，建立了一支专、兼、外结合的研究生教师团队，实施“双导师制”，建立了以需求为导向的产教融合育人机制，依托学科建设和国际资源优势，创建了“校内学习＋国外实践＋行业实训”的特色培养体系，构建了应用型、国际化研究生人才培养模式。以“重点突破、全面推进”为原则，以“高地建设”为抓手，充分发挥“多语种＋”的学科专业优势，大力推进“双特色”建设。学校建有非外语专业实验实训中心，涵盖经济、管理、计算机、心理健康等省级实验教学示范中心；建有国际化创新创业教育基地——世桥大厦，为学生提供“多位矩阵一体化”的创新创业多元发展空间。

学校翻译专业是国家级一流本科专业建设点、吉林省“十三五”特色高水平专业及吉林省品牌专业；建有“吉林省应用型翻译人才培养模式创新实验区”，省级翻译实验教学示范中心（多语种同传实验室、机辅翻译实验室等）；构建了翻译类课程与英汉语言类课程融合、与区域经济特色融合、与人文素养课程融合的“三融合”课程体系；专业以职业能力为导向，以校内国家级实验教学示范中心“地球村”为平台，建立了“课内实训+校内课外实践活动（第二课堂）+校外实践”相结合的“三位一体”的翻译实践教学体系、校政行企“四方共建”的合作教育模式；组建了“专业教师+职业人+外籍教师”相结合的教师团队，建设职业人主讲及中外教合作课程；“翻译教学团队”和“翻译实践教学团队”为省级优秀教学团队，英语笔译和英语口译为省级精品课。

三、独立学院硕士学位授权点建设情况

2021 年全国没有独立学院获批硕士学位授权点。

四、独立学院转设高校硕士学位授权点建设情况

2021 年全国没有转设高校获批硕士学位授权点。

五、各区域和各省区市应用型本科高校硕士学位授权点建设情况

表 6.5 列出了我国各省区市获批硕士学位授权点较多的应用型本科高校。在东部地区，2021 年获批硕士学位授权点最多的应用型本科高校是位于上海的上海应用技术大学（19 个）。在北京的应用型本科高校中，2021 年获批硕士学位授权点最多的高校为北京城市学院，此外还有中国劳动关系学院、中华女子学院、华北科技学院、防灾科技学院、中央司法警察学院等 5 所高校获批；在福建的应用型本科高校中，2021 年获批硕士学位授权点最多的高校为福建工程学院，此外还有厦门理工学院、泉州师范学院、闽江学院等 3 所高校获批；在广东的应用型本科高校中，2021 年获批硕士学位授权点最多的高校为东莞理工学院，此外还有广东金融学院、莆田学院、肇庆学院、广东石油化工学院等 4 所高校获批；在海南的应用型本科高校中，2021 年只有海南热带海洋学院获批硕士学位授权点；在河北的应用型本科高校中，2021 年获批硕士学位授权点最多的高校为北华航天工业学院，此外还有河北中医学院、河北传媒学院、河北金融学院等 6 所高校获批；在江苏的应用型本科高校中，2021 年获批硕士学位授权点最多的高校为南京工程学院、淮阴工学院和金陵科技学院，此外还有淮阴师范学院、江苏警官学院等 2 所高校获批；在山东的应用型

本科高校中，2021 年获批硕士学位授权点最多的高校为临沂大学，此外还有滨州学院、山东交通学院、山东政法学院等 3 所高校获批；在上海的应用型本科高校中，2021 年获批硕士学位授权点最多的高校为上海应用技术大学，此外还有上海政法学院、上海第二工业大学、上海电机学院、上海海关学院、上海商学院、上海立信会计金融学院等 6 所高校获批；在天津的应用型本科高校中，2021 年只有天津中德应用技术大学 1 所高校获批硕士学位授权点；在浙江的应用型本科高校中，2021 年获批硕士学位授权点最多的高校为湖州师范学院，此外进入前 5 强的还有浙江科技学院、嘉兴学院、浙大城市学院、浙江传媒学院、台州学院、浙江万里学院、丽水学院等 7 所高校（部分高校并列）。

在中部地区，2021 年硕士学位授权点最多的应用型本科高校是位于湖北的江汉大学（23 个）。在安徽的应用型本科高校中，2021 年硕士学位授权点最多的高校为合肥学院，此外还有合肥师范学院获批；在河南的应用型本科高校中，2021 年获批硕士学位授权点最多的高校为安阳师范学院，此外还有南阳师范学院、洛阳师范学院等 2 所高校获批；在湖北的应用型本科高校中，2021 年获批硕士学位授权点最多的高校为江汉大学，此外还有湖北经济学院、黄冈师范学院等 2 所高校获批；在湖南的应用型本科高校中，2021 年获批硕士学位授权点最多的高校为湖南理工学院，此外还有衡阳师范学院、湖南工程学院、邵阳学院、湖南城市学院、湖南人文科技学院等 5 所高校获批；在江西的应用型本科高校中，2021 年获批硕士学位授权点最多的高校为南昌工程学院，此外还有井冈山大学、宜春学院等 2 所高校获批；在山西的应用型本科高校中，2021 年只有太原师范学院 1 所高校获批硕士学位授权点。

在西部地区，2021 年获批硕士学位授权点最多的应用型本科高校是位于四川的成都大学（25 个）。在重庆的应用型本科高校中，2021 年获批硕士学位授权点最多的高校为重庆科技学院，此外还有重庆文理学院获批；在甘肃的应用型本科高校中，2021 年获批获批硕士学位授权点最多的高校为天水师范学院，此外还有河西学院 1 所高校获批；在广西的应用型本科高校中，2021 年只有北部湾大学 1 所高校获批硕士学位授权点；在贵州的应用型本科高校中，2021 年获批硕士学位授权点最多的高校为贵阳学院，此外还有铜仁学院、黔民族师范等 2 所高校获批；在内蒙古的应用型本科高校中，2021 年获批硕士学位授权点最多的高校为赤峰学院，此外还有内蒙古艺术学院、呼伦贝尔学院等 2 所高校获批；在宁夏的应用型本科高校中，2021 年只有宁夏师范学院 1

所高校获批硕士学位授权点；在四川的应用型本科高校中，2021 年获批硕士学位授权点最多的高校为成都大学，此外还有攀枝花学院、绵阳师范学院、四川警察学院等 3 所高校获批；在陕西的应用型本科高校中，2021 年获批硕士学位授权点最多的高校为翰林学院，此外还有西京学院、西安医学院等 2 所高校获批；在新疆的应用型本科高校中，2021 年只有昌吉学院 1 所高校获批硕士学位授权点；在云南的应用型本科高校中，2021 年获批硕士学位授权点最多的高校为昆明学院，此外还有云南警官学院 1 所高校获批。

在东北地区，2021 年获批硕士学位授权点最多的应用型本科高校是位于吉林的吉林外国语大学（9 个）。在黑龙江的应用型本科高校中，2021 年获批硕士学位授权点最多的高校为黑龙江工程学院，此外还有黑龙江东方学院 1 所高校获批；在吉林的应用型本科高校中，2021 年硕士学位授权点最多的高校为吉林外国语大学，此外还有长春工程学院 1 所高校获批；在辽宁的应用型本科高校中，2021 年只有沈阳工程学院获批硕士学位授权点。

表 6.5　2021 年各省区市硕士学位授权点建设之首

区域	省（区、市）	学校	性质	硕士学位授权点数量（个）
东部	北京	北京城市学院	公办	4
	福建	福建工程学院	公办	15
	广东	东莞理工学院	公办	11
	海南	海南热带海洋学院	公办	10
	河北	北华航天工业学院	公办	7
	江苏	南京工程学院 淮阴工学院 金陵科技学院	公办	3
	山东	临沂大学	公办	16
	上海	上海应用技术大学	公办	19
	天津	天津中德应用技术大学	公办	1
	浙江	湖州师范学院	公办	16
中部	安徽	合肥学院	公办	13
	河南	安阳师范学院	公办	3
	湖北	江汉大学	公办	23
	湖南	湖南理工学院	公办	22
	江西	南昌工程学院	公办	13
	山西	太原师范学院	公办	15

续表

区域	省（区、市）	学校	性质	硕士学位授权点数量（个）
西部	重庆	重庆科技学院	公办	9
	甘肃	天水师范学院	公办	9
	广西	北部湾大学	公办	10
	贵州	贵阳学院	公办	7
	内蒙古	赤峰学院	公办	8
	宁夏	宁夏师范学院	公办	8
	四川	成都大学	公办	25
	陕西	翰林学院	公办	9
	新疆	昌吉学院	公办	2
	云南	昆明学院	公办	11
东北	黑龙江	黑龙江工程学院	公办	3
	吉林	吉林外国语大学	公办	9
	辽宁	沈阳工程学院	公办	1

上海应用技术大学

上海应用技术大学建有以“香料香精化妆品与绿色化工”为引领，以“功能新材料和智能技术与先进制造”“设计文创与创新管理”为协同的特色学科群；化学、材料科学、农业科学和工程科学进入ESI全球排名前1%；拥有“上海市Ⅲ类高峰学科”等省部级重点学科6个；博士学位授权一级学科1个、硕士学位授权一级学科8个、硕士专业学位授权类别11个。

该校学科建设积极对接长三角一体化国家战略及上海市“三大任务”“四大功能”和“五个中心”建设，面向上海“3+6”重点产业体系等经济社会发展主战场，围绕以“香料香精化妆品与绿色化工”为引领，以“功能新材料与智能制造”“设计文创与创新管理”为协同的“一引领二协同”三大特色学科群，积极探索“学科+产业”创新模式，实施学科分类建设与发展，打造优势学科，冲击高峰学科，建设高原学科，做强重点学科，提升学科整体实力，培育新兴交叉学科，全面优化学科结构布局。

浙大城市学院

浙大城市学院工程学院遵循构思—设计—实现—运行（Conceive-Design-Implement-Operate，CDIO）国际工程教育理念，致力于“应用型、复合型、创新型”解决复杂工程能力的人才培养；注重实训，建有创客中心等校内综合性实践创新基地和工程设计中心等20多个专业教学实验室；注重实践，与30余家头部企业建立了合作关系，聘请业界导师、“读行导师”共同指导学生；注重全过程培养，实施“全员导师制”，学生有效参与科研训练、学科竞赛；注重创新开拓，开设“智慧能源班”。

学校药学专业是浙江省一流专业建设点、省特色专业，拥有浙江省一流学科（B类）、浙江省重点学科、杭州市重点学科和杭州市重中之重实验室等优质平台。该专业实施大药学培养模式，并在此基础上突出临床药学方向特色，培养具有专业基础、实践动手能力扎实、综合应用能力强的复合创新型药学人才。本专业实践教育体系完善，有省级实验教学示范中心、药学综合实验室、“中药研究与开发”杭州市重中之重实验室等实践创新平台。校外有包括浙大附属医院在内20多个产学研合作基地和教学实习基地。

六、不同类型应用型本科高校硕士学位授权点建设情况

表6.6列出了2021年我国不同办学类型的应用型本科高校中获批硕士学位授权点最多的应用型本科高校。

在我国综合类应用型本科高校中，获批硕士学位授权点最多的是成都大学，此外进入前5强的还有江汉大学、临沂大学、合肥学院、昆明学院等4所高校；在我国财经类应用型本科高校中，获批硕士学位授权点最多的是上海海关学院，此外进入前 5 强的还有广东金融学院、湖北经济学院、广西财经学院、上海商学院等4所高校（部分高校并列）；在我国理工类应用型本科高校中，硕士学位授权点最多的是湖南理工学院，此外进入前5强的还有上海应用技术大学、福建工程学院、浙江科技学院、南昌工程学院等4所高校；我国民族类、农林类、体育类应用型本科高校中，没有高校获批硕士学位授权点，故表格中相关数据空缺；在我国师范类应用型本科高校中，获批硕士学位授权点

最多的是湖州师范学院，此外进入前 5 强的还有太原师范学院、衡阳师范学院、天水师范学院、宁夏师范学院等 4 所高校；在我国医药类应用型本科高校中，获批硕士学位授权点最多的是河北中医学院，此外还有西安医学院等 1 所高校获批；在我国艺术类应用型本科高校中，获批硕士学位授权点最多的是内蒙古艺术学院，此外还有浙江传媒学院、河北传媒学院等 2 所高校获批；在我国语言类应用型本科高校中，获批硕士学位授权点最多的是吉林外国语大学，此外还有中华女子学院 1 所高校获批；在我国政法类应用型本科高校中，获批硕士学位授权点最多的是上海政法学院，此外还有中国劳动关系学院、山东政法学院、浙江警察学院、江苏警官学院、云南警官学院、中央司法警官学院、四川警察学院等 7 所高校获批。

表 6.6　2021 年各类应用型本科高校硕士学位授权点之首

办学类型	学校	性质	省（区、市）	硕士学位授权点数量（个）
综合类	成都大学	公办	四川	25
财经类	上海海关学院	公办	上海	4
理工类	湖南理工学院	公办	湖南	22
民族类	—	—	—	—
农林类	—	—	—	—
师范类	湖州师范学院	公办	浙江	16
体育类	—	—	—	—
医药类	河北中医学院	公办	河北	6
艺术类	内蒙古艺术学院	公办	内蒙古	4
语言类	吉林外国语大学	民办	吉林	9
政法类	上海政法学院	公办	上海	10

湖南理工学院

湖南理工学院坚持以学科建设为龙头，注重凝练学科方向，培育学科特色，严格按照“全面推进、突出重点、强化特色品牌意识”的专业建设总体原则，努力构建符合地方区域经济社会发展实际需求和学校总体发展规划的专业结构体系。

“化学工程与技术”一级学科硕士学位授权点 2008 年立项建设。该学科联合中石化巴陵分公司、中石化长岭分公司、湖南大学等 7 家单位组建了“石油化工催化与分离关键技术”2011 协同创新中心，同时建设有精细石油化工催化与分离湖南省重点实验室、先进碳基功能材料湖南省重点实验室等10个省部级教学科研平台。2020 年，该校研究生指导教师主持在研国家自然科学基金项目9项，省部级项目6项，横向合作项目10项，2020年度进校科研经费达1268.69万元，发表SCI论文28篇。

“信息与通信工程”2013年获一级学科硕士学位授予权。该学科立足科技前沿，面向湖南创新型省份和“三高四新”建设需求，以提升科技创新能力和人才培养质量为目标，形成智能信息处理、图像处理与计算机视觉、物联网技术、光通信与光信息处理4个主干学科方向，在炼焦炼钢生产过程智能化、高光谱遥感图像处理、物联网无线通信、高速大容量空间光传输和超分辨高灵敏光信息获取等研究方面形成了一定特色和优势。

第七章　国家一流课程分析报告

2020 年 10 月，中共中央、国务院印发的《深化新时代教育评价改革总体方案》，将中国学术界已高喊了多年的“破五唯”真正推向了改革的拐点。该方案旨在扭转不科学的教育评价导向，克服“唯论文、唯帽子、唯职称、唯学历、唯奖项”的顽瘴痼疾，提高教育治理能力和水平，加快推进教育现代化、建设教育强国。本团队排行顺应评价改革发展趋势，更加突出除科研层面外的其他指标。本报告中的非科研层面（“课程”“教材”“专业”“学科”）指标权重共 55%，整体层面高于科研层面的 45%权重。本报告中课程指标包含国家一流课程建设 1 个二级指标，由国家级一流本科课程获批数来衡量，课题组赋予课程指标权重为 10%。

我国民办高校在课程这一指标上表现同样耀眼，说明我国民办高校更加注重课程建设，形成了应用型人才培养的比较优势。我国有 8 所民办本科高校进入“课程”高质量发展水平前 50 强。这 8 所民办本科高校分别是长春财经学院、福州外语外贸学院、江西服装学院、宁波财经学院、山东协和学院、武汉工商学院、无锡太湖学院和西京学院。

表 7.1　2021 年我国应用型本科高校课程建设前 50 强

排名	学校名称	省（区、市）	办学性质	办学类型
1	福建工程学院	福建	公办	理工类
1	江汉大学	湖北	公办	综合类
1	四川警察学院	四川	公办	政法类
1	山东交通学院	山东	公办	理工类
1	盐城师范学院	江苏	公办	师范类
1	浙江传媒学院	浙江	公办	艺术类
7	临沂大学	山东	公办	综合类

续表

排名	学校名称	省（区、市）	办学性质	办学类型
7	泉州师范学院	福建	公办	师范类
7	山东青年政治学院	山东	公办	综合类
7	徐州工程学院	江苏	公办	综合类
11	长沙师范学院	湖南	公办	师范类
11	常州工学院	江苏	公办	理工类
11	广东金融学院	广东	公办	财经类
11	合肥学院	安徽	公办	综合类
11	湖南科技学院	湖南	公办	理工类
11	金陵科技学院	江苏	公办	理工类
11	南京工程学院	江苏	公办	理工类
11	厦门理工学院	福建	公办	理工类
11	浙江警察学院	浙江	公办	政法类
20	蚌埠学院	安徽	公办	理工类
20	滨州学院	山东	公办	综合类
20	***长春财经学院***	吉林	***民办***	财经类
20	成都大学	四川	公办	综合类
20	重庆科技学院	重庆	公办	理工类
20	东莞理工学院	广东	公办	理工类
20	***福州外语外贸学院***	福建	***民办***	财经类
20	贵州理工学院	贵州	公办	理工类
20	湖北工程学院	湖北	公办	理工类
20	湖北经济学院	湖北	公办	财经类
20	河北中医学院	河北	公办	医药类
20	黑龙江工程学院	黑龙江	公办	理工类
20	湖南财政经济学院	湖南	公办	财经类
20	湖南警察学院	湖南	公办	政法类
20	淮阴师范学院	江苏	公办	师范类
20	九江学院	江西	公办	综合类
20	江苏警官学院	江苏	公办	政法类
20	***江西服装学院***	江西	***民办***	艺术类
20	***宁波财经学院***	浙江	***民办***	财经类
20	南京特殊教育师范学院	江苏	公办	师范类
20	莆田学院	广东	公办	综合类
20	***山东协和学院***	山东	***民办***	医药类
20	上海立信会计金融学院	上海	公办	财经类

续表

排名	学校名称	省（区、市）	办学性质	办学类型
20	铜陵学院	安徽	公办	财经类
20	潍坊学院	山东	公办	综合类
20	***武汉工商学院***	湖北	***民办***	综合类
20	武汉商学院	湖北	公办	财经类
20	***无锡太湖学院***	江苏	***民办***	综合类
20	西安医学院	陕西	公办	医药类
20	***西京学院***	陕西	***民办***	理工类
20	中国劳动关系学院	北京	公办	政法类
20	浙江万里学院	浙江	公办	理工类
20	衢州学院	安徽	公办	综合类

课程是人才培养的核心要素，课程质量直接决定人才培养质量。打造一流课程是应用型本科高校提高教育教学水平、提升应用型人才培养质量、实现内涵式发展的重要抓手。2018 年 6 月 21 日，教育部在四川成都召开“新时代全国高等学校本科教育工作会议”。会议强调，要全面贯彻落实习近平总书记在北京大学师生座谈会上重要讲话精神，坚持“以本为本”，推进“四个回归”，加快建设高水平本科教育、全面提高人才培养能力，造就堪当民族复兴大任的时代新人。同时，会议明确提出“淘汰水课”“打造金课”。为贯彻落实习近平总书记关于教育的重要论述和全国教育大会精神，加快建设适应新时代要求的一流本科课程，形成中国特色、世界水平的一流本科课程体系，构建更高水平人才培养体系，教育部于 2019 年 10 月 24 日正式发布《关于一流本科课程建设的实施意见》（教高〔2019〕8 号），计划面向全国各类高校、全部课程建设 10000 个左右国家级一流本科课程。2020 年 11 月 24 日，教育部印发《关于公布首批国家级一流本科课程认定结果的通知》，公布了国家级一流本科课程名单，共认定 5116 门国家级一流本科课程，涉及 639 所本科院校。此次推出的首批国家级一流本科课程不仅质量高、类型多样，还具备很强的示范效应，将引导更多高校和教师参与教育教学改革。继首批国家级一流本科课程之后，教育部办公厅于 2021 年 4 月 6 日发布《关于开展第二批国家级一流本科课程认定工作的通知》，还将认定 5000 门国家级一流本科课程。目前，第二批一流课程申报工作已经完成，课程名单暂未发布。未来，教育部还将对认定的

国家级一流课程实施动态管理，对课程实际应用、教学效果和共享等进行跟踪监测，要求相关课程须持续建设五年，其建设和改革成果在指定的网站上集中展示和分享，且定期更新资源和数据。我国应用型本科高校以培养地方经济社会发展需要的高素质应用型技术型人才为目标，建设好一流本科课程，争取建设更多国家级一流课程对于学校教师素养和课堂教学水平显著提高、应用型人才培养能力全面提升、社会影响力大幅增强十分重要。

本报告采用应用型本科高校2020年度首批国家级一流本科课程的数据。各高校国家级一流本科课程数据来自教育部于2020年11月24日发布的《首批国家级一流本科课程名单》。

一、我国应用型本科高校国家级一流本科课程建设整体情况

2021年国家级一流本科课程建设数量较多的前 50 名应用型本科高校如表 7.2 所示（部分高校并列）。福建工程学院、江汉大学、山东交通学院、四川警察学院、盐城师范学院并列第一。前50强中共有44所公办高校和8所民办高校，进入前50强的8所民办高校是长春财经学院、福州外语外贸学院、江西服装学院、宁波财经学院、山东协和学院、无锡太湖学院、武汉工商学院、西京学院。

研究还发现，2021年全国 663 所应用型本科高校获批国家级一流本科课程共计232门，校均0.35门。前50强高校获批国家级一流本科课程共计139门，占应用型高校获批总量的59.91%。2021年有518所应用型本科高校未获批国家级一流本科课程，占应用型本科高校总数的78.13%，其中公办高校171所，民办高校196所，独立学院151所。这说明我国应用型本科高校在国家级一流本科课程建设上的竞争力十分薄弱，课程建设水平进一步提升的空间还很大。

建设世界一流大学和一流学科（以下简称“双一流”建设）是党中央、国务院作出的重大战略部署。2017年9月20日，教育部、财政部、国家发展改革委印发《关于公布世界一流大学和一流学科建设高校及建设学科名单的通知》，公布了世界一流大学和一流学科建设高校名单，认定了42所一流大学建设高校和95所一流学科建设高校。为深入推进中国特色世界一流大学建设，引导各高校坚持特色发展和差异化发展，我国开启了第二轮“双一流”建设，教育部、财政部、国家发展改革委于2022年2月9日印发《关于公布第二轮

“双一流”建设高校及建设学科名单的通知》（教研函〔2022〕1 号），公布了 147 所“双一流”高校。“双一流”高校是我国研究型高校中的高水平高校。2020 年，全国 147 所“双一流”高校共有 141 所高校获批国家一流本科课程，累计 2136 门，约占全国高校国家一流本科课程总数的 41.8%，校均 15.15 门。其中，清华大学以 57 门国家一流本科课程位居我国“双一流”高校之首，仅有 6 所高校未获批国家一流本科课程。

由此可见，对比高水平研究型高校，我国应用型本科高校在国家级一流课程建设上处于劣势，课程建设水平和人才培养能力有待进一步提升。

表 7.2 2021 年我国应用型本科高校国家级一流本科课程建设前 50 强

排名	学校	性质	国家级一流课程数量（门）
1	福建工程学院	公办	5
1	江汉大学	公办	5
1	山东交通学院	公办	5
1	四川警察学院	公办	5
1	盐城师范学院	公办	5
1	浙江传媒学院	公办	5
7	临沂大学	公办	4
7	泉州师范学院	公办	4
7	山东青年政治学院	公办	4
7	徐州工程学院	公办	4
11	常州工学院	公办	3
11	广东金融学院	公办	3
11	合肥学院	公办	3
11	湖南科技学院	公办	3
11	金陵科技学院	公办	3
11	南京工程学院	公办	3
11	厦门理工学院	公办	3
11	长沙师范学院	公办	3
11	浙江警察学院	公办	3
20	蚌埠学院	公办	2
20	滨州学院	公办	2
20	*长春财经学院*	*民办*	2
20	重庆科技学院	公办	2
20	成都大学	公办	2

续表

排名	学校	性质	国家级一流课程数量（门）
20	东莞理工学院	公办	2
20	*福州外语外贸学院*	*民办*	2
20	贵州理工学院	公办	2
20	河北中医学院	公办	2
20	黑龙江工程学院	公办	2
20	湖北工程学院	公办	2
20	湖北经济学院	公办	2
20	湖南财政经济学院	公办	2
20	湖南警察学院	公办	2
20	淮阴师范学院	公办	2
20	江苏警官学院	公办	2
20	*江西服装学院*	*民办*	2
20	九江学院	公办	2
20	南京特殊教育师范学院	公办	2
20	*宁波财经学院*	*民办*	2
20	莆田学院	公办	2
20	衢州学院	公办	2
20	*山东协和学院*	*民办*	2
20	上海立信会计金融学院	公办	2
20	铜陵学院	公办	2
20	潍坊学院	公办	2
20	*无锡太湖学院*	*民办*	2
20	*武汉工商学院*	*民办*	2
20	武汉商学院	公办	2
20	西安医学院	公办	2
20	*西京学院*	*民办*	2
20	浙江万里学院	公办	2
20	中国劳动关系学院	公办	2

二、民办应用型本科高校国家级一流本科课程建设情况

党的二十大报告提出，要“全面贯彻党的教育方针，落实立德树人根本任务，培养德智体美劳全面发展的社会主义建设者和接班人。坚持以人民为中心

发展教育，加快建设高质量教育体系，发展素质教育，促进教育公平”[①]。民办高校是我国应用型高等教育的重要组成部分，其课程建设水平和人才培养能力受到各界广泛关注。2021 年全国共有 26 所民办高校获批国家级一流本科课程，占我国应用型本科高校总数的 3.92%，累计 34 门，校均 1.31 门。有 218 所民办应用型本科高校未获批国家级一流本科课程，占我国民办应用型本科高校总数的 89.34%，可见我国民办应用型本科高校的课程建设水平还比较薄弱，应用型人才培养能力有待进一步提升。

表 7.3 列出了 2021 年获批国家级一流本科课程的 26 所民办应用型本科高校，其中有 12 所高校来自东部地区，6 所来自中部地区，3 所来自西部地区，5 所来自东北地区。长春财经学院、福州外语外贸学院、江西服装学院、宁波财经学院、山东协和学院、无锡太湖学院、武汉工商学院、西京学院等 8 所高校均获批 2 门国家级一流本科课程，在我国民办应用型本科高校中并列第一。

例如，长春财经学院是位于吉林省长春市的一所民办应用型本科高校，该校以经济学和管理学为主要学科门类，兼顾法、文、工、教等学科协调发展，一直重视课程建设与教学内涵式发展，积极推进课程质量不断提升，现已获批 2 门国家级一流本科课程，分别是“金融学”课程和“统计学”课程。宁波财经学院高度重视课程建设工作，积极引进国家一流课程，开展混合式教学改革，推进现代教育技术与教学深度融合，开展课堂创新公开课，重点培育标杆课程，着力打造了一批具有高阶性、创新性和挑战度的“金课”，已有 2 门国家级一流本科课程，127 门省级一流课程。

表 7.3　2020 年我国获批国家级一流本科课程民办应用型本科高校

排名	学校	省（区、市）	国家级一流课程数量（门）
1	长春财经学院	吉林	2
1	福州外语外贸学院	福建	2
1	江西服装学院	江西	2
1	宁波财经学院	浙江	2
1	山东协和学院	山东	2
1	无锡太湖学院	江苏	2
1	武汉工商学院	湖北	2

① 《高举中国特色社会主义伟大旗帜　为全面建设社会主义现代化国家而团结奋斗》，北京：人民出版社，2022 年版，第 34 页。

续表

排名	学校	省（区、市）	国家级一流课程数量（门）
1	西京学院	陕西	2
9	长春光华学院	吉林	1
9	长春建筑学院	吉林	1
9	长春科技学院	吉林	1
9	成都锦城学院	四川	1
9	重庆人文科技学院	重庆	1
9	大连东软信息学院	辽宁	1
9	海口经济学院	海南	1
9	河北传媒学院	河北	1
9	河北外国语学院	河北	1
9	华夏理工学院	湖北	1
9	南昌工学院	江西	1
9	山东英才学院	山东	1
9	上海视觉艺术学院	上海	1
9	武昌理工学院	湖北	1
9	武汉生物工程学院	湖北	1
9	珠海科技学院	广东	1
9	浙江树人学院（浙江树人大学）	浙江	1
9	浙江越秀外国语学院	浙江	1

江西服装学院课程建设

江西服装学院认真贯彻落实习近平总书记提出的新教育方针，创新思政教学，增设美育与劳育活动学分。实施“一流课程”建设工程，打造具有江服特色的 “金课”。该校先后修订了《江西服装学院教学质量标准》《江西服装学院关于推进精品在线开放课程建设与应用实施细则》等系列政策；制定了《江西服装学院关于加强新时代大学生劳动教育实践的实施方案》《江西服装学院应用型本科人文素质教育实施方案》《江西服装学院课程思政实施方案》等具体方案，为深化内涵建设及全面提升教育质量提供了政策保障。学校为课程建设提供专项经费保障，2020 年课程建设经费达到 400 余万元。

该校注重课程建设，构建了通识教育课、学科教育课、专业教育课和职业教育课相结合的“文理工艺、多维渗透”课程结构体系；明确课程对培养学生的知识能力素质的基本要求，推进以学生能力提升为核心的新课程建设，建设一批“金课”，淘汰一批“水课”；推进本科生通识教育和专业教育的有机结合，强化核心课程体系对人才培养目标的全面支撑；进一步落实人才培养方案的实验或实践类课程，突出学科专业特色，建设一流课程；加强课程考核方式的改革。

三、独立学院国家级一流本科课程建设情况

2021年全国共有4所独立学院获批国家级一流本科课程，共计4门，校均1门。有160所独立学院未获批国家级一流本科课程，占我国独立学院总数的97.6%，可见我国绝大部分独立学院的本科课程建设水平低，其曾有的体制机制优势在一流课程建设上并没有得到很好的发挥，这也是国家推动独立学院转设的政策依据。

表7.4列出了2021年获批国家级一流本科课程的4所独立学院，分别是昆明理工大学津桥学院（获批的国家级一流本科课程为“BIM 装配式建筑概论”）、南京理工大学泰州科技学院（获批的国家级一流本科课程为“Java 程序设计”）、上海师范大学天华学院（获批的国家级一流本科课程为“早期阅读与指导”）和温州医科大学仁济学院（获批的国家级一流本科课程为“医学伦理学”）。除昆明理工大学津桥学院来自西部地区外，其余3所独立学院均来自东部地区。

表7.4　2021年我国获批国家级一流本科课程独立学院

排名	学校	省（区、市）	国家级一流课程数量（门）
1	昆明理工大学津桥学院	云南	1
1	南京理工大学泰州科技学院	江苏	1
1	上海师范大学天华学院	上海	1
1	温州医科大学仁济学院	浙江	1

四、独立学院转设高校国家级一流本科课程建设情况

2021年有15所转设高校获批国家级一流本科课程，共计18门，校均1.2

门。对比独立学院国家级一流本科课程建设情况，可以看到转设高校在国家一流课程建设上的优势比较明显，这说明我国独立学院脱离母体高校转设后，正在进一步加强本科课程建设，不断提高课堂教学水平与人才培养能力。在我国148 所转设高校中，有 13 所民办高校获批国家级一流本科课程，共计 16 门，校均 1.23 门；有 2 所公办高校获批国家级一流本科课程，共计 2 门，校均 1 门。有 133 所转设高校 2021 年未获批国家级一流本科课程，其中民办高校 118 所，公办高校 15 所，这说明独立院校转设高校在人才培养这一职能作用上的实际贡献有很大提升空间，需进一步加强本科课程建设，不断提升一流课程建设水平，为高素质应用型人才培养及社会经济发展作出更大更积极的贡献。

表 7.5 列出了 2021 年获批国家级一流本科课程的 15 所转设高校，其中有 5 所来自东部地区，3 所来自中部地区，2 所来自西部地区，5 所来自东北地区。长春财经学院、无锡太湖学院、武汉工商学院等 3 所民办性质的转设高校均获批 2 门国家级一流本科课程，在我国转设高校中并列第一。无锡太湖学院是位于江苏省无锡市的一所民办应用型本科高校，该校一直高度重视学科专业建设，积极开展高质量课程建设，不断推动教育教学改革，深化课程结构、课程内容和教学方式方法的改革创新，在课程建设上取得了较为突出的成效，现已获批 2 门国家级一流本科课程，分别为“创新创业实践”课程和“品牌形象设计”课程。

表 7.5　2021 年我国获批国家级一流本科课程转设高校

排名	学校	学校性质	转设时间	省（区、市）	国家级一流课程数量（门）
1	长春财经学院	民办	2014 年	吉林	2
1	无锡太湖学院	民办	2011 年	江苏	2
1	武汉工商学院	民办	2011 年	湖北	2
4	长春光华学院	民办	2013 年	吉林	1
4	长春建筑学院	民办	2011 年	吉林	1
4	长春科技学院	民办	2013 年	吉林	1
4	成都锦城学院	民办	2021 年	四川	1
4	重庆人文科技学院	民办	2013 年	重庆	1
4	大连东软信息学院	民办	2008 年	辽宁	1
4	华夏理工学院	民办	2016 年	湖北	1
4	上海视觉艺术学院	民办	2013 年	上海	1

续表

排名	学校	学校性质	转设时间	省（区、市）	国家级一流课程数量（门）
4	武昌理工学院	民办	2011年	湖北	1
4	浙大城市学院	公办	2020年	浙江	1
4	浙大宁波理工学院	公办	2020年	浙江	1
4	珠海科技学院	民办	2021年	广东	1

长春财经学院课程建设

长春财经学院贯彻落实一流课程新标准，深化课程内涵建设，修订学校《课程建设与管理办法》，制定“金课”建设标准和指标体系，引导教师摆脱低阶课堂、灌输课堂、封闭课堂，教学过程中重知轻行、重学轻思的设计和安排，全面淘汰“水课”。该校积极开展跨学科、跨专业融合型课程建设与改革，加强同一学科内部的融合以及不同学科之间的交叉融合，优化人才培养学科知识体系，打造具有时代特色的线下一流课程；以应对新冠疫情为契机，建设“长财在线学堂”在线课程教学平台和录播室、智慧教室，鼓励教师结合学科特点和教育教学实际灵活选用在线教学平台辅助教学和线上直播授课；以立项方式扶持建设优质在线开放课程，“统计学”“管理学”等13门在线开放课程入选国家高等教育智慧教育平台；积极探索线上线下相结合的新型实践教学模式，实现“课堂即岗位”“上课即上班”，构建虚实结合、线上线下结合的“实体实验教学项目＋虚拟仿真实验教学项目＋专业实习实训”的实践能力培养体系和实践教学新模式，打造系列虚拟仿真一流课程；依托青年红色筑梦之旅、“互联网＋”大赛和学校常态化实践服务载体，挖掘社会实践的育人功能，促进第一课堂和第二课堂的有机融合，打造社会实践一流课程。

五、各区域和各省区市应用型本科高校国家级一流本科课程建设情况

表7.6列出了我国各省区市发表CSSCI来源期刊最多的应用型本科高校。新疆、天津、宁夏的应用型高校中均没有获批国家级一流本科课程，故表格中

没有数据。

在东部地区，2021 年获批国家级一流本科课程数量最多的应用型本科高校是分别位于福建、江苏、山东、浙江的福建工程学院、盐城师范学院、山东交通学院、浙江传媒学院（5 门）。在北京的应用型本科高校中，2021 年获批国家级一流本科课程数量最多的高校为中国劳动关系学院，此外获批国家级一流本科课程的还有防灾科技学院和华北科技学院等 2 所高校；在福建的应用型本科高校中，2021 年获批国家级一流本科课程数量最多的高校为福建工程学院，此外获批国家级一流本科课程的还有福州外语外贸学院、龙岩学院、宁德师范学院、泉州师范学院、厦门理工学院等 5 所高校；在广东的应用型本科高校中，2021 年获批国家级一流本科课程数量最多的高校为广东金融学院，此外获批国家级一流本科课程的还有东莞理工学院、广东石油化工学院、莆田学院、韶关学院等 4 所高校；在河北的应用型本科高校中，2021 年获批国家级一流本科课程数量最多的高校为河北中医学院，此外获批国家级一流本科课程的还有保定学院、河北金融学院、河北传媒学院、河北外国语学院、邯郸学院等 5 所高校；在海南的应用型本科高校中，2021 年仅有海口经济学院获批国家级一流本科课程，数量为 1 门；在江苏的应用型本科高校中，2021 年获批国家级一流本科课程数量最多的高校为盐城师范学院，此外获批国家级一流本科课程的还有徐州工程学院、南京工程学院、金陵科技学院、常州工学院、南京特殊教育师范学院、江苏警官学院、无锡太湖学院、常熟理工学院、淮阴工学院、南京森林警察学院、南京理工大学泰州科技学院等 11 所高校；在山东的应用型本科高校中，2021 年获批国家级一流本科课程数量最多的高校为山东交通学院，此外获批国家级一流本科课程的还有临沂大学、山东青年政治学院、滨州学院、潍坊学院、山东协和学院、山东女子学院、山东英才学院、山东警察学院、山东农业工程学院等 9 所高校；在上海的应用型本科高校中，2021 年获批国家级一流本科课程数量最多的高校为上海立信会计金融学院，此外获批国家级一流本科课程的还有上海政法学院、上海第二工业大学、上海海关学院、上海视觉艺术学院、上海师范大学天华学院等 5 所高校；在浙江的应用型本科高校中，2021 年获批国家级一流本科课程数量最多的高校为浙江传媒学院，此外获批国家级一流本科课程的还有浙江警察学院、浙江万里学院、宁波财经学院、浙江科技学院、湖州师范学院、嘉兴学院、台州学院、浙大城市学院、浙江外国语学院、宁波工程学院、浙大宁波理工学院、浙江树人学院（浙江树人大学）、浙江越秀外国语学院、温州医科大学仁济学院等 14 所高校。

在中部地区，2021 年获批国家级一流本科课程数量最多的应用型本科高校是位于湖北的江汉大学（5 门）。在安徽的应用型本科高校中，2021 年获批国家级一流本科课程数量最多的高校为合肥学院，此外获批国家级一流本科课程的还有蚌埠学院、滁州学院、合肥师范学院、衢州学院、铜陵学院等 5 所高校；在湖北的应用型本科高校中，2021 年获批国家级一流本科课程数量最多的高校为江汉大学，此外获批国家级一流本科课程的还有湖北经济学院、湖北工程学院、武汉商学院、武汉工商学院、湖北第二师范学院、华夏理工学院、武昌理工学院、武汉生物工程学院等 8 所高校；在湖南的应用型本科高校中，2021 年获批国家级一流本科课程数量最多的高校为长沙师范学院、湖南科技学院，此外获批国家级一流本科课程的还有长沙学院、湖南财政经济学院、湖南警察学院、湖南理工学院、湖南工程学院、湖南城市学院、湖南工学院、湖南人文科技学院、邵阳学院、湘南学院等 10 所高校；在河南的应用型本科高校中，2021 年获批国家级一流本科课程的高校有洛阳师范学院、洛阳理工学院、南阳师范学院、铁道警察学院、许昌学院，数量均为 1 门；在江西的应用型本科高校中，2021 年获批国家级一流本科课程数量最多的高校为九江学院和江西服装学院，此外获批国家级一流本科课程的还有南昌工程学院、南昌工学院、宜春学院等 3 所高校；在山西的应用型本科高校中，2021 年仅有太原师范学院和太原工业学院获批国家级一流本科课程，数量均为 1 门。

在西部地区，2021 年获批国家级一流本科课程数量最多的应用型本科高校是位于四川的四川警察学院（5 门）。在重庆的应用型本科高校中，2021 年获批国家级一流本科课程数量最多的高校为重庆科技学院，此外获批国家级一流本科课程的还有重庆文理学院、重庆人文科技学院等 2 所高校；在甘肃的应用型本科高校中，2021 年获批国家级一流本科课程的高校有甘肃医学院、河西学院、陇东学院、兰州文理学院、兰州城市学院、兰州工业学院，数量均为 1 门；在广西的应用型本科高校中，2021 年仅有广西财经学院和桂林旅游学院获批国家级一流本科课程，数量均为 1 门；在贵州的应用型本科高校中，2021 年获批国家级一流本科课程数量最多的高校为贵州理工学院，此外获批国家级一流本科课程的还有贵州师范学院、遵义师范学院等 2 所高校；在内蒙古的应用型本科高校中，2021 年仅有集宁师范学院获批国家级一流本科课程，数量为 1 门；在四川的应用型本科高校中，2021 年获批国家级一流本科课程数量最多的高校为四川警察学院，此外获批国家级一流本科课程的还有成都大学、成都锦城学院、成都工业学院、成都师范学院、乐山师范学院、绵阳师范学院、西昌学院等 7 所高校；在陕西的应用型本科高校中，2021 年获批国家级一流本科课程数量最多的高校为西安医学院和西京学院，此外获批国家级一流本科课程的还有安康学院、渭南师范学院、西安文理学院等 3 所高校；在云南的应用型本科高校中，2021 年仅有昆明理工大学津桥学院获批国家级一流本科课程，数量为 1 门。

在东北地区，2021 年获批国家级一流本科课程数量最多的应用型本科高校分别是位于黑龙江、吉林的黑龙江工程学院、长春财经学院（2 门）。在黑龙江的应用型本科高校中，2021 年获批国家级一流本科课程数量最多的高校为黑龙江工程学院，此外获批国家级一流本科课程的还有大庆师范学院、哈尔滨学院等 2 所高校；在吉林的应用型本科高校中，2021 年获批国家级一流本科课程数量最多的高校为长春财经学院，此外获批国家级一流本科课程的还有白城师范学院、长春光华学院、长春建筑学院、长春科技学院、珠海科技学院（2021 年吉林大学珠海学院转设）等 5 所高校；在辽宁的应用型本科高校中，2021 年仅有大连东软信息学院和辽宁科技学院获批国家级一流本科课程，数量均为 1 门。

表 7.6　2021 年各省应用型本科高校获批国家级一流本科课程数量之首

区域	省（区、市）	学校	性质	国家级一流课程数量（门）
东部	北京	中国劳动关系学院	公办	2
	福建	福建工程学院	公办	5
	广东	广东金融学院	公办	3
	河北	河北中医学院	公办	2
	海南	海口经济学院	民办	1
	江苏	盐城师范学院	公办	5
	山东	山东交通学院	公办	5
	上海	上海立信会计金融学院	公办	2
	天津	—	—	
	浙江	浙江传媒学院	公办	5
中部	安徽	合肥学院	公办	3
	湖北	江汉大学	公办	5

续表

区域	省（区、市）	学校	性质	国家级一流课程数量（门）
中部	湖南	长沙师范学院	公办	3
		湖南科技学院		
	河南	洛阳师范学院	公办	1
		洛阳理工学院		
		南阳师范学院		
		铁道警察学院		
		许昌学院		
	江西	九江学院	公办	2
		江西服装学院	民办	
	山西	太原师范学院	公办	1
		太原工业学院		
西部	重庆	重庆科技学院	公办	2
	甘肃	甘肃医学院	公办	1
		河西学院		
		陇东学院		
		兰州文理学院		
		兰州城市学院		
		兰州工业学院		
	广西	广西财经学院	公办	1
		桂林旅游学院		
	贵州	贵州理工学院	公办	2
	内蒙古	集宁师范学院	公办	1
	宁夏	—	—	
	四川	四川警察学院	公办	5
	陕西	西安医学院	公办	2
		西京学院	民办	
	新疆	—	—	
	云南	昆明理工大学津桥学院	独立学院	1
东北	黑龙江	黑龙江工程学院	公办	2
	吉林	长春财经学院	民办	2
	辽宁	大连东软信息学院	民办	1
		辽宁科技学院	公办	

盐城师范学院

盐城师范学院紧紧围绕服务经济社会发展的办学宗旨，按照“师范办精、应用办特、错位竞争、特色发展”的总体思路，增设社会急需专业，优化整合现有专业，在保持并凸显师范办学优势和特色的同时，加大对接地方产业发展需求的专业集群建设力度，形成符合国家战略和区域发展实际、特色鲜明的应用型专业体系。

学校深入贯彻执行教育部《高等学校课程思政建设指导纲要》精神，坚持信仰领航、典型育人、德育为先，继续完善课程思政体系，构建全员全程全方位育人大格局，打造课程思政“盐师品牌”。一是以点促面。该校以申报省课程思政示范项目为契机，推出一批充满思政元素、发挥思政功能、育人效果显著的精品课程，《外国文学》成功获批省级课程思政建设示范课程。二是全面推进。该校支持二级学院成立课程思政研究实践分中心，继续遴选第三批“课程思政”示范课程项目，以完善人才培养方案和课程体系为抓手，不断探索从课程思政到专业思政，实现学院、专业、课程全覆盖的课程思政建设体系。

学校课程学时按照“三减三增一加强”原则进行分配，即减少课内总学时，增加学生自主学习时间；减少必修课程学时，增加选修课程学时；减少理论教学比重，增加实践教学比重；完善创新创业教育体系，加强创新创业实践训练。人才培养方案对各专业的实践学分进行了明确的规定。学校开设交叉和个性发展课程，交叉课程由各学院提供专业课程清单，学校建设课程库，供学生选择，自主学习课程由学生自主学习在线开放课程。

六、不同类型应用型本科高校国家级一流本科课程建设情况

表 7.7 列出了 2021 年我国不同办学类型的应用型本科高校中获批国家级一流本科课程最多的应用型本科高校。

在我国综合类应用型本科高校中，获批国家级一流本科课程数量最多的是江汉大学（5 门），此外获批国家级一流本科课程为 4 门的有临沂大学、山东青年政治学院、徐州工程学院等 3 所高校，获批国家级一流本科课程为 3 门

的有合肥学院，获批国家级一流本科课程为2门的有滨州学院、成都大学、九江学院、莆田学院、衢州学院、武汉工商学院、潍坊学院、无锡太湖学院等8所高校；在我国财经类应用型本科高校中，获批国家级一流本科课程数量最多的是广东金融学院（3门），此外获批国家级一流本科课程为2门的有长春财经学院、福州外语外贸学院、湖北经济学院、湖南财政经济学院、宁波财经学院、上海立信会计金融学院、铜陵学院、武汉商学院等8所高校；在我国理工类应用型本科高校中，获批国家级一流本科课程数量最多的是福建工程学院和山东交通学院（5门），此外获批国家级一流本科课程为3门的有常州工学院、湖南科技学院、金陵科技学院、南京工程学院、厦门理工学院等5所高校，获批国家级一流本科课程为2门的有蚌埠学院、重庆科技学院、东莞理工学院、贵州理工学院、湖北工程学院、黑龙江工程学院、西京学院、浙江万里学院等8所高校；在我国民族类应用型本科高校中，没有获批国家级一流本科课程的高校；在我国农林类应用型本科高校中，仅有山东农业工程学院获批国家级一流本科课程，数量为1门；在我国师范类应用型本科高校中，获批国家级一流本科课程数量最多的是盐城师范学院（5门），此外获批国家级一流本科课程为4门的有泉州师范学院，获批国家级一流本科课程为3门的有长沙师范学院，获批国家级一流本科课程为2门的有淮阴师范学院、南京特殊教育师范学院等2所高校；在本报告所涉及的应用型本科高校中，体育类应用型本科高校仅有武汉体育学院体育科技学院一所，且2021年该校未获批国家级一流本科课程，故表格中相关数据空缺；在我国医药类应用型本科高校中，获批国家级一流本科课程数量最多的是河北中医学院、山东协和学院、西安医学院等3所高校，数量均为2门；在我国艺术类应用型本科高校中，获批国家级一流本科课程数量最多的是浙江传媒学院（5门），此外获批国家级一流本科课程为2门的有江西服装学院；在我国语言类应用型本科高校中，获批国家级一流本科课程的只有河北外国语学院、浙江外国语学院、浙江越秀外国语学院等3所高校，数量均为1门；在我国政法类应用型本科高校中，获批国家级一流本科课程数量最多的是四川警察学院（5门），此外获批国家级一流本科课程为3门的有浙江警察学院，获批国家级一流本科课程为2门的有湖南警察学院、江苏警官学院、中国劳动关系学院等3所高校。

表 7.7　2021 年各类应用型本科高校获批国家级一流本科课程数量之首

办学类型	学校	性质	省（区、市）	国家级一流课程数量（门）
综合类	江汉大学	公办	湖北	5
财经类	广东金融学院	公办	广东	3
理工类	福建工程学院 山东交通学院	公办	福建 山东	5
民族类	—	—	—	—
农林类	山东农业工程学院	公办	山东	1
师范类	盐城师范学院	公办	江苏	5
体育类	—	—	—	—
医药类	河北中医学院	公办	河北	2
	山东协和学院	民办	山东	
	西安医学院	公办	陕西	
艺术类	浙江传媒学院	公办	浙江	5
语言类	河北外国语学院	民办	河北	1
	浙江外国语学院	公办	浙江	
	浙江越秀外国语学院	民办	浙江	
政法类	四川警察学院	公办	四川	5

山东交通学院

山东交通学院，位于山东省济南市，是中华人民共和国交通运输部与山东省人民政府共建高校，为“山东特色名校工程”重点建设的应用型人才培养特色高校，教育部“应用科技大学改革试点战略研究”项目首批试点院校，教育部首批“新工科”研究与实践项目入选高校。山东交通学院本科课程总量进一步增加，为全校本科生提供了更为丰富的课程选择空间。2020—2021 学年全校实际开出理论课程总计 2270 门，共 5040 门次。平均班规模 73 人，40 人以下 1184 门次，占比 23.49%。为进一步推动学分制改革，培养学生的综合素质，开设了各种类型选修课 2624 学分，占人才培养方案内选修课总学分的 120.12%，为学生提供更多的选修内容和选择空间。学校现有省级精品课程 41 门、在线开放课程 53 门、省级一流课程 18 门、国家级一流课程 5 门。精品课程、在线开放课程和一流课程均实现教案、大纲、课件、习题、教学文件及参考资料等教学资源网上开放，同时在网络教学平台进行了课程建设。

学校坚持“围绕交通行业、培养交通人才、办出交通特色”的专业建设思路，对接交通行业产业链、创新链，形成交通建设类、综合运输类和载运工具设计制造类三大交通类优势学科专业群，带动和辐射学校学科专业的整体水平提升，构建起了综合交通专业体系。充分发挥现代教育技术优势，整合优质教育资源，实施在线开放课程建设，推动在线自主学习、在线测试考核、在线质量监控、线下深度学习等广泛应用。

浙江传媒学院

浙江传媒学院是浙江省人民政府和国家广播电视总局共建高校，是一所行业特色鲜明的高水平传媒类高校。学校聚焦“双一流”发展的理念，坚持一流学科优先发展、优势学科重点发展、特色学科扶持发展、基础学科均衡发展的原则，以队伍建设为重点，以人才培养为核心，以科学研究为支撑，以体制机制改革为关键，全力构建一流导向、优势明显、开放创新的具有传媒特色的学科体系。学校不断丰富课程资源，满足个性化人才培养需求。形成了校级、省级、国家级三个层级，涵盖达标课程、重点课程、双语课程、精品在线开放课程的课程建设体系。该校充分利用国家、省和社会运营的信息化开放教学平台和资源，积极利用线上和线上线下相结合的混合式教学改革，建设一流本科课程。

该校积极开展“新文科”“新工科”建设改革，发挥传媒专业“生态群”优势，推进“工科（文科）＋传媒”“工科（文科）＋艺术”等特色工科、文科建设。深度挖掘工科与文科、艺术学科的融合点，利用学校的传媒资源，推动“工媒”结合，为学校新工科奠定基础，走出浙传的工学之路。

第八章　全国教材建设奖分析报告

本报告中教材指标包含教材获奖情况 1 个二级指标，由全国教材建设奖获奖数来衡量。考虑到教材对于应用型本科高校人才培养的重要性，课题组赋予教材指标权重为10%。研究发现，只有36所院校拥有全国教材建设奖，包括 27 所公办高校、6 所民办高校、1 所公办职业本科院校和 2 所民办本科职业院校。南京工业职业技术大学作为唯一一所公办职业本科院校，全国教材建设奖获奖数为3，位居应用型本科高校“教材”高质量发展水平第一名。6所民办高校包括：安徽外国语学院、北京城市学院、吉林动画学院、上海杉达学院、无锡太湖学院和烟台南山学院。2所民办职业本科院校为：山东外国语职业技术大学和运城职业技术大学。

表 8.1　2021 年我国 36 所应用型本科高校教材建设情况

排名	学校名称	省（区、市）	办学性质	办学类型	区域
1	***南京工业职业技术大学***	江苏	***公办职业本科***	理工类	东部
2	常熟理工学院	江苏	公办	理工类	东部
2	河北中医学院	河北	公办	医药类	东部
2	南京工程学院	江苏	公办	理工类	东部
2	西安医学院	陕西	公办	医药类	西部
6	***安徽外国语学院***	安徽	***民办***	语言类	中部
6	***北京城市学院***	北京	***民办***	综合类	东部
6	赤峰学院	内蒙古	公办	综合类	西部
6	长沙师范学院	湖南	公办	师范类	中部
6	广东金融学院	广东	公办	财经类	东部
6	湖北第二师范学院	湖北	公办	师范类	中部
6	湖北经济学院	湖北	公办	财经类	中部
6	合肥学院	安徽	公办	综合类	中部

续表

排名	学校名称	省（区、市）	办学性质	办学类型	区域
6	***吉林动画学院***	吉林	***民办***	艺术类	东北
6	吉林工商学院	吉林	公办	财经类	东北
6	闽江学院	福建	公办	综合类	东部
6	南昌工程学院	江西	公办	理工类	中部
6	南京森林警察学院	江苏	公办	政法类	东部
6	南京特殊教育师范学院	江苏	公办	师范类	东部
6	南京晓庄学院	江苏	公办	师范类	东部
6	南阳师范学院	河南	公办	师范类	中部
6	四川旅游学院	四川	公办	综合类	西部
6	山东交通学院	山东	公办	理工类	东部
6	***山东外国语职业技术大学***	山东	***民办职业本科***	语言类	东部
6	韶关学院	广东	公办	综合类	东部
6	上海第二工业大学	上海	公办	理工类	东部
6	上海电机学院	上海	公办	理工类	东部
6	***上海杉达学院***	上海	***民办***	财经类	东部
6	宿迁学院	江苏	公办	综合类	东部
6	邵阳学院	湖南	公办	综合类	中部
6	***无锡太湖学院***	江苏	***民办***	综合类	东部
6	新疆工程学院	新疆	公办	理工类	西部
6	***运城职业技术大学***	山西	***民办职业本科***	综合类	中部
6	***烟台南山学院***	山东	***民办***	综合类	东部
6	浙大城市学院	浙江	公办	综合类	东部
6	浙江科技学院	浙江	公办	理工类	东部

2020 年 12 月 24 日教育部召开第七场“教育 2020‘收官’系列新闻发布会”，介绍“十三五”期间教材建设工作有关情况。教育部高等教育司一级巡视员宋毅指出，教育部会陆续将教材建设与选用纳入高校本科教学工作合格评估、审核评估以及“双一流”建设高校的考察范围，强化质量跟踪与监管。高校教材的建设与选用将融入专业、课程一体化建设与改革。“一流专业、一流课程建设全面推进，专业、课程与教材一体化建设与改革已经成为‘十三五’期间高等教育深化教学改革、提高教学质量的重要保证。”首先是将教材建设与选用纳入本科教学质量国家标准。2018 年，教育部发布《普通高等学校本科专业类教学质量国家标准》，针对本科高校的 1049 门专业基础课和 3676

门专业核心课，制定了教材及参考书目的建设与选用规范，鼓励高校选用规划教材、精品教材等优秀教材。其次是将教材编写与选用纳入一流专业和一流课程建设指标。

全国教材建设奖由国家教材委员会主办、教育部承办，面向大中小学教材建设各领域各环节实施，分设“全国优秀教材（分为基础教育、职业教育与继续教育、高等教育三个大类）”“全国教材建设先进集体”“全国教材建设先进个人”三个奖项，每 4 年评选一次。2021 年 10 月，国家教材委员会发布了首届全国教材建设奖奖励决定。本报告的应用型本科高校首届全国教材建设奖数据来源是教育部官网发布的《全国优秀教材（高等教育类）奖励名单》和《全国优秀教材（职业教育与继续教育类）奖励名单》。

一、我国应用型本科高校首届全国教材建设奖获奖整体情况

2021 年获得首届全国教材建设奖的应用型本科高校如表 8.2 所示（部分高校并列）。常熟理工学院、河北中医学院、南京工程学院、西安医学院并列第一。常熟理工学院位于江苏省常熟市，是一所江苏省省属全日制普通本科院校，是教育部组织的新一轮本科教学合格评估的首所试点高校。2021 年 7 月 2 日，全国教材建设奖评选工作领导小组办公室公示了首届全国教材建设奖拟获奖名单，以该校为第一单位，张丹枫教授为第一主编的教材《学前儿童发展心理学》（第一版）拟获首届全国教材建设奖二等奖。除此之外，以该校为第三单位，费振新老师担任副主编的教材《班级管理（第 3 版）》拟获首届全国教材建设奖（高等教育类）二等奖。获奖高校中共有 27 所公办高校和 6 所民办高校，6 所民办获奖高校是安徽外国语学院、北京城市学院、吉林动画学院、上海杉达学院、无锡太湖学院、烟台南山学院，均为第五名。

研究还发现，2021 年全国 663 所应用型本科高校获得首届全国教材建设奖总量为 37 项，校均 0.06 项，并列第一的 4 所高校获奖数量为 8 项，约占应用型高校获奖总量的 21.62%。2021 年有 630 所应用型本科高校未获奖，约占应用型本科高校总数的 95.02%，这说明我国应用型本科高校整体教材建设还较弱。未获奖的应用型本科高校主要是独立学院和民办高校（共计 371 所），约占应用型本科高校总数的 55.96%；也有 259 所公办应用型本科高校未获奖，约占应用型本科高校总数的 39.06%。

自 2019 年起，教育部面向全国高校开展一流专业、一流课程遴选，把优

秀教材建设作为一流专业、一流课程建设的“硬指标”，形成了“一流专业”“一流课程”引领“一流教材”建设，“一流教材”建设支撑“一流专业”“一流课程”的良性发展局面。其次是将教材建设与选用纳入质量监管系统。陆续将教材建设与选用纳入高校本科教学工作合格评估、审核评估以及“双一流”建设高校的考察范围，强化质量跟踪与监管。值得注意的是，2021年获得首届全国教材建设奖的应用型本科高校数量很少且获奖总量也很少，这在一定程度上表明我国应用型本科高校的教材建设力度不够，还需进一步加大。

表 8.2 2021 年获得首届全国教材建设奖的应用型本科高校

排名	学校	性质	获奖数量（项）
1	常熟理工学院	公办	2
1	河北中医学院	公办	2
1	南京工程学院	公办	2
1	西安医学院	公办	2
5	***安徽外国语学院***	***民办***	1
5	***北京城市学院***	***民办***	1
5	长沙师范学院	公办	1
5	赤峰学院	公办	1
5	广东金融学院	公办	1
5	合肥学院	公办	1
5	湖北第二师范学院	公办	1
5	湖北经济学院	公办	1
5	***吉林动画学院***	***民办***	1
5	吉林工商学院	公办	1
5	闽江学院	公办	1
5	南昌工程学院	公办	1
5	南京森林警察学院	公办	1
5	南京特殊教育师范学院	公办	1
5	南京晓庄学院	公办	1
5	南阳师范学院	公办	1
5	山东交通学院	公办	1
5	上海第二工业大学	公办	1
5	上海电机学院	公办	1
5	***上海杉达学院***	***民办***	1

续表

排名	学校	性质	获奖数量（项）
5	韶关学院	公办	1
5	邵阳学院	公办	1
5	四川旅游学院	公办	1
5	宿迁学院	公办	1
5	***无锡太湖学院***	***民办***	1
5	新疆工程学院	公办	1
5	***烟台南山学院***	***民办***	1
5	浙大城市学院	公办	1
5	浙江科技学院	公办	1

常熟理工学院教材建设

常熟理工学院设立教材建设委员会负责全校教材建设的规划、咨询、验收和评审。系（部）教学委员会具体指导本部门教材建设工作。教务处负责教材建设的组织工作，要求教材建设从教学改革和课程建设、实现人才培养目标的实际需要出发，有计划、有重点、有保障地搞好教材建设工作，克服教材建设的盲目性和随意性。为了激励教师积极参与教材建设，促进教材改革、更新，有利于高质量的自编教材脱颖而出，该校教材建设委员会原则上每两年评选一次校级精品教材。

常熟理工学院教材建设以课程体系改革为依据，正确把握新世纪教学内容和教学方法的改革方向；设立教材建设基金，凡批准立项建设的教材均可获得教材建设基金 5000—20000 元的资助；颁布《常熟理工学院重点教材项目管理办法》，要求重点教材建设以立德树人为根本，遵循“选优、选精、选特、选新”的原则，充分调动教师参与，整合全校专业优势与教材资源，集中优势力量建设一批代表学校高等教育水平的优秀教材；在“联盟应用型教材”专项建设方面，积极与高等教育出版社、南京大学出版社等沟通联系，并签署合作框架协议，联盟应用型教材的出版，将进一步丰富该校教材建设成果，扩大该校教材建设影响力；同时，进一步推进马克思主义理论研究与建设工程重点教材在该校的统一使用工作，凡是涉及马工程重点教材使用的课程，已全部使用马工程重点教材。

二、民办应用型本科高校首届全国教材建设奖获奖情况

2021年全国共有6所民办应用型本科高校获得首届全国教材建设奖，共计6项，校均1项，有216所民办应用型本科高校未获奖，可见我国民办应用型本科高校教材建设水平有待提升。表8.3列出了2021年获得首届全国教材建设奖的民办应用型本科高校，安徽外国语学院来自中部地区，吉林动画学院来自东北地区，其余4所高校均来自东部地区。

吉林动画学院简称"吉动"，创建于2000年6月，2008年经教育部批准为民办普通本科高校，是东北地区唯一一所获得首届全国教材建设奖的民办学校。2021年，全国教材工作会议暨首届全国教材建设奖表彰会在京召开，吉林动画学院与北京服装学院联合推荐的由该校特聘教授李四达编著的《数字媒体艺术概论》（第4版）教材荣获全国优秀教材（高等教育类）二等奖。

表8.3　2021年获得首届全国教材建设奖的民办高校

排名	学校	省（区、市）	获奖数量（项）
1	安徽外国语学院	安徽	1
1	北京城市学院	北京	1
1	吉林动画学院	吉林	1
1	上海杉达学院	上海	1
1	无锡太湖学院	江苏	1
1	烟台南山学院	山东	1

安徽外国语学院开展系列教材虚拟教研室活动

为学习贯彻习近平新时代中国特色社会主义思想，贯彻落实党的二十大精神，深入推进《习近平谈治国理政》多语种版本"三进"工作，帮助教师深入理解《理解当代中国》多语种系列教材编写理念，准确把握教材核心内容，及时交流教材教学方法，安徽外国语学院积极组织德语、俄语、法语、西班牙语和葡萄牙语专业全体教师线上参加全国"理解当代中国"系列教材虚拟教研室活动多期。

高等学校“理解当代中国”系列教材虚拟教研室活动涵盖英语、俄语、德语、法语、西班牙语、阿拉伯语、日语、意大利语、葡萄牙语等9个外语语种及国际中文，特邀各语种系列教材编审专家、编者团队与优秀一线教师紧扣教学需求，结合具体授课单元及真实教学案例，讲解教学设计思路，并开展集体备课。在参加每期线上教研活动之后，各语种教研室均积极开展研讨活动，探讨如何将专家学者的教学理念和教学经验等有效运用到我校各语种课堂教学中去，切实提高教学效果。

该校开展系列教材虚拟教研室活动以立德树人为根本，以《理解当代中国》多语种系列教材的教学应用为主要依托，有助于提升该校教师有效使用该系列教材的能力，全面推进该校的教材建设工作。

上海杉达学院教材建设

上海杉达学院成立教材管理工作领导小组及各学院教材建设和审核工作组，设立教材专用资金，稳步推进教材建设。2021年该校教师出版了教材 17本，专著4本，译著及辞书5本。韩玉璋老师参编的《体育与健康教程（第五版）》获首届全国教材建设奖（高等教育类）一等奖。该校全面推进马工程重点教材使用，开展了五次专项教材检查工作。坚持“一坚持、五体现”的教材检查工作原则，坚持问题导向，立足严格管理、以管促建，严把教材质量关。

为鼓励该校广大教师结合学科及专业发展需要积极编写高质量的教材，落实《上海杉达学院十二五发展规划》中推动学科专业建设和教学改革，重点支持高质量、高水平、有特色教材的编写与出版，保证立项教材编写和出版工作的顺利进行，特制订《上海杉达学院教材建设项目管理试行办法》。该校教材建设工作在学校教学管理委员会指导下进行，教务处负责，统筹规划，规范管理，以及各级各类教材建设立项申报、评审和经费管理等具体工作。二级学院将教材建设纳入本单位教学工作计划，为项目的实施创造条件与环境，加强对项目的申报、推荐与实施工作的管理、检查和监督。

三、各区域和各省区市应用型本科高校首届全国教材建设奖获奖情况

表 8.4 列出了我国各省区市应用型本科高校获得首届全国教材建设奖最多的应用型本科高校。由于海南、天津、山西、重庆、甘肃、广西、贵州、宁夏、云南、黑龙江、辽宁等省域的应用型本科高校均未获得首届全国教材建设奖，因此表格中这些数据缺失。

在东部地区，2021 年获得首届全国教材建设奖数量最多的应用型本科高校是位于江苏的常熟理工学院和南京工程学院，以及位于河北的河北中医学院（2 项）。在北京的应用型本科高校中，2021 年仅有北京城市学院获得首届全国教材建设奖；在福建的应用型本科高校中，2021 年仅有闽江学院获得首届全国教材建设奖；在广东的应用型本科高校中，2021 年仅有广东金融学院和韶关学院获得首届全国教材建设奖；在河北的应用型本科高校中，2021 年仅有河北中医学院获得首届全国教材建设奖；在江苏的应用型本科高校中，2021 获得首届全国教材建设奖数量最多的高校为常熟理工学院和南京工程学院，此外获得首届全国教材建设奖的高校还有南京森林警察学院、南京特殊教育师范学院、南京晓庄学院、宿迁学院、无锡太湖学院等 5 所高校；在山东的应用型本科高校中，2021 仅有山东交通学院和烟台南山学院获得首届全国教材建设奖；在上海的应用型本科高校中，2021 年有 3 所高校获得首届全国教材建设奖，分别是上海第二工业大学、上海电机学院、上海杉达学院；在浙江的应用型本科高校中，2021 仅有浙大城市学院和浙江科技学院获得首届全国教材建设奖。

在中部地区，2021 年获得首届全国教材建设奖的应用型本科高校共 8 所，且获奖数量均为 1 项。在安徽的应用型本科高校中，2021 年仅有安徽外国语学院和合肥学院获得首届全国教材建设奖；在湖北的应用型本科高校中，2021 年仅有湖北第二师范学院和湖北经济学院获得首届全国教材建设奖；在湖南的应用型本科高校中，2021 年仅有邵阳学院和长沙师范学院获得首届全国教材建设奖；在河南的应用型本科高校中，2021 仅有南阳师范学院获得首届全国教材建设奖；在江西的应用型本科高校中，2021 年仅有南昌工程学院获得首届全国教材建设奖。

在西部地区，2021 年获得首届全国教材建设奖数量最多的应用型本科高

校是位于陕西的西安医学院（2 项）。在内蒙古的应用型本科高校中，2021 年仅有赤峰学院获得首届全国教材建设奖；在四川的应用型本科高校中，2021 年仅有四川旅游学院获得首届全国教材建设奖；在陕西的应用型本科高校中，2021 年仅有西安医学院获得首届全国教材建设奖；在新疆的应用型本科高校中，2021 年仅有新疆工程学院获得首届全国教材建设奖。

在东北地区，2021 年获得首届全国教材建设奖的高校仅有位于吉林的吉林动画学院和吉林工商学院，且数量均为 1 项。

表 8.4　2021 年各省区市应用型本科高校获得首届全国教材建设奖之首

区域	省（区、市）	学校	性质	获奖数量（项）
东部	北京	北京城市学院	民办	1
	福建	闽江学院	公办	1
	广东	广东金融学院 韶关学院	公办	1
	河北	河北中医学院	公办	2
	海南	—	—	
	江苏	常熟理工学院 南京工程学院	公办	2
	山东	山东交通学院 烟台南山学院	公办 民办	1
	上海	上海第二工业大学 上海电机学院 上海杉达学院	公办 公办 民办	1
	天津	—	—	
	浙江	浙大城市学院 浙江科技学院	公办	1
中部	安徽	安徽外国语学院 合肥学院	民办 公办	1
	湖北	湖北第二师范学院 湖北经济学院	公办	1
	湖南	邵阳学院 长沙师范学院	公办	1
	河南	南阳师范学院	公办	1
	江西	南昌工程学院	公办	1
	山西	—	—	

续表

区域	省（区、市）	学校	性质	获奖数量（项）
西部	重庆	—	—	
	甘肃	—	—	
	广西	—	—	
	贵州	—	—	
	内蒙古	赤峰学院	公办	1
	宁夏	—	—	
	四川	四川旅游学院	公办	1
	陕西	西安医学院	公办	2
	新疆	新疆工程学院	公办	1
	云南	—	—	
东北	黑龙江	—	—	
	吉林	吉林动画学院	民办	1
		吉林工商学院	公办	
	辽宁	—	—	

四川旅游学院开展创新创业教材建设论坛

四川旅游学院作为应用型本科高校，肩负着为国家培养适应经济社会发展的应用型人才的重要使命。在创新创业教育道路上，该校不断探索实践，近年来成立了普通高等学校创新创业教育“十四五”规划教材编委会，打造了一套 21 世纪经济管理新形态创新创业教育系列课程思政教材，在创新创业教育领域取得了重要进展。

该校开展创新创业教材建设与教育教学发展论坛，为我国创新创业教材建设和教育教学发展贡献力量。此次论坛不仅带来了创新创业教材建设和教育教学的前沿课题和观点，也吹响了下一阶段工作的号角。该校创新创业学院院长、创新创业中外人文交流研究院院长吕爽作主旨报告，报告围绕“高校创新创业课程体系系统化建设与实施方案”，以四川旅游学院创新创业教育探索实践为案例，提出了高校创新创业课程体系化建设路径思考。论坛的成功举办提升了该校在创新创业教育领域的影响力，为进一步落实该校建设“特色鲜明的高水平应用型一流大学”和打造品牌影响力的目标起到了重要推动作用。

西安医学院教材建设

西安医学院重视教材建设，成立教材建设专业委员会，全面指导教材建设工作。学校依据《西安医学院教材管理办法（修订）》，规范教材选用审核和过程管理，完善教材选用与评价制度。学校鼓励各教学单位结合学科优势和课程建设，积极组织教师申报各级各类统编教材编写，2020 年教师共参与编写全国出版社统编教材 52 部。基础医学部朱娟霞教授主编、世界图书出版有限公司出版的《生理学》（1 版 10 次）获 2020 年陕西高等教育优秀教材本科教育类二等奖。学校推进马工程重点教材统一使用工作，组织教师参加省级马工程重点教材使用培训，组织开展集体备课与观摩教学。2020—2021 学年学校统一使用马工程重点教材 15 种。

该校发挥引领示范作用，以教学改革推进思想政治教材使用的规范性：制定《关于加强“课程思政”教育教学改革推广应用的指导意见》；组织开展 2020 年度“课程思政”示范课程、示范教师、示范教学单位评选工作，认定校级“课程思政”示范课程 15 门、“课程思政”示范教师 15 位、“课程思政”示范教学单位 3 个；开展“课程思政”教学改革研究项目 15 个项目结题验收工作，组织召开“课程思政”推进会议；制定《西安医学院“课程思政”教学设计指南》，编制《西安医学院“课程思政”教学设计示范教学案例集》，促进教师学习交流。

第九章　应用型本科高校高质量发展典型案例

一、成都大学

成都大学创建于 1978 年，是改革开放后首批地方城市主办的全日制普通本科院校。学校实行省市共建、以市为主的办学体制，是四川省、成都市重点建设大学，是第 31 届世界大学生夏季运动会运动员村承办大学。学校历经多次合校，办学历史可追溯至 1906 年的公立四川优级选科师范学堂和 1911 年的公立四川省城女子师范学堂。该校现拥有具有百年历史的三级甲等综合附属医院，作为国家级抗生素研发基地的四川抗菌素工业研究所，具有学士、硕士学位授予权，设有博士后实践基地，是教育部“卓越工程师教育培养计划”高校、教育部国防教育特色高校、教育部“双万计划”一流本科专业建设点立项单位、四川省博士建设单位递进培育计划“优先培育”类建设单位。

学校始终以民族振兴和社会进步为己任，秉承“自爱、自修、自尊、自强”的校训，弘扬“求真务实、自强不息”的成大精神，坚持“雅成大德、恒成大器”的育人理念和“扎根成都、面向世界、服务社会”的服务定位，坚持内涵发展、改革创新、质量提升，着力为社会培养高素质应用型人才、开展高水平科学研究、提供优质社会服务和推动文化传承创新。

（一）提高本科教学质量的主要举措

1. 创新招生宣传工作方式，不断提升生源质量

（1）探索基于“互联网＋”招生宣传模式，招生录取线达到新高度

学校创新招生宣传工作，利用“互联网＋”宣传，推出电子版报考指南，点击浏览量达 3 万余人次；通过《成都商报》《四川日报》等媒体平台进行视

频直播宣传，完成在线直播宣讲。在“互联网＋”招生宣传模式下，考生与家长积极互动参与，招生工作捷报频传。

（2）“五创新高”的招生工作成绩喜人

一是招生规模创新高。2020—2021 学年学校招生总人数 6299 人，较 2020 年增加 699 人；省外招生人数 1732 人，比 2020 年增加 480 人；一本招生专业数 16 个，比 2020 年增加 4 个；一本批次招生人数 1786 人，比 2020 年增加 429 人。

二是在川录取分数创新高。2020—2021 学年该校在川本科一批文、理科录取分分别超一本省控线 15 分、21 分，分别比 2020 年高出 1 分、5 分，位列四川省高校第 10 位、第 13 位（含 985、211 高校）；在川本科二批文、理科录取分超一本省控线 5 分、2 分，位列四川省二本招生高校第 1 位、第 2 位。

三是省外录取分数创新高。在非新高考改革的 15 个招生省份中，11 个省份文理科录取分数线均超过一本省控线，其中河南理科、新疆理科调档线均超一本省控线 54 分；河南、甘肃、新疆三省一本文、理科录取分平均超省控线 33 分、50 分，分别比 2020 年提高了 13 分、24 分。3＋3 模式的 6 个高考改革省份中，录取分数线均超过省控线 80 分（不含中外合作办学），其中海南超省控线 127 分。3＋1＋2 模式的 8 个新高考改革省份中，物理科目类专业录取分数线超过省控线 81—203 分，历史科目类专业录取分数线超过省控线 59—114 分，其中 7 个省份录取最低分超过生源地特殊类型录取控制线。

四是中外合作办学专业录取分创新高。该校 2020—2021 学年共计在 11 个省份招收中外合作办学专业（本科）学生 391 人，其中斯特灵学院首次招生 3 个本科专业共计 301 人，在川文理科最低录取线分别高省控线 46 分和 47 分（比 2020 年提高了 10 分）；在省外招生的 13 个省份中，有 6 个省份录取分数线超过生源地一本或特殊类型录取控制线。

五是艺体类专业录取分数创新高。2021 年学校要求四川省体育类考生文化成绩要求达到省控线 50 分以上（比 2020 年提高了 30 分），且英语单科成绩需达到 60 分以上；艺术类考生文化成绩要求达到省控线 20 分以上。在不断提高考生文化成绩要求的同时，学校 2021 年艺体类专业录取分数再创新高，其中，体育类专业最低录取分 85 分，比 2020 年提高了 5 分；表演类专业最低录取分 304 分，比 2020 年提高了 39 分；美术与设计类本科专业最低录取分 252 分，比 2020 年提高了 8 分；美术与设计类专科专业最低录取分 260 分，比 2020 年提高了 9 分。

（3）努力提高学校普通类本科新生生源质量

2020—2021 学年学校在 29 个省区市共招收新生 7092 人，其中本科 5999 人，专科 300 人，第二学士学位 111 人，专升本 682 人。普通本专科中，理工类（含物理科目组）录取 3667 人，文史类（含历史科目组）录取 1384 人，艺体类录取 1224 人，预科直升录取 24 人，共计 74 个录取批次。

学校招生规模不断扩大，生源质量稳步提升，说明学校社会声誉持续向好，社会影响力不断扩大，学校对优质生源报考的吸引力越来越大，充分反映了考生和家长对学校办学水平和人才培养质量的认可。

2. 以专业认证为动力，系统推进专业与课程建设

（1）以 OBE 理念为引领，专业认证工作再获新突破

2020—2021 学年学校持续推动专业认证，机械设计制造及其自动化专业已通过国家工程教育专业认证，认证有效期 6 年，四川省仅本学校和四川大学的该专业通过认证。临床医学专业于 2020 年 11 月接受教育部临床医学专业认证专家组进校考察后，已经顺利通过医学专业认证。截至 2021 年，学校已有 4 个专业通过专业认证。软件工程专业已经接受认证专家进校考察，电子信息工程专业认证申请被受理且完成自评报告提交，小学教育专业获准师范类专业第二级认证受理，当年学校 7 个工程专业提交 2021 年工程教育专业认证申请。

（2）强化专业内涵建设，“一流专业”建设取得新成果

2020—2021 学年学校机械设计制造及其自动化、计算机科学与技术、食品科学与工程、会计学、动画、体育教育、学前教育等 7 个专业获批国家级一流本科专业建设点，电子信息工程、生物工程、药学、视觉传达设计、广播电视编导、小学教育等 6 个专业获批省级一流本科专业建设点。截至 2021 年，学校共 19 个专业入选教育部一流本科专业“双万计划”，其中国家级一流本科专业建设点 8 个，省级一流本科专业建设点 11 个，校级一流专业 18 个。

（3）以“课程思政”为主线，全面推进“一流课程”建设

2020—2021 学年该校广播电视编导专业立项为省级“课程思政”示范专业，广播电视编导主干课程群教学团队、教师教育课程群教学团队立项为“课程思政”示范教学团队。“模拟电子电路”“C 语言综合项目实践”“地理信息系统原理与应用”“英语视听说（3）”“创意思维训练”“中外舞蹈史”等 6 门

课程获得省级“课程思政”示范课程立项，“思想道德修养与法律基础”获得思政课示范课程立项。开展第二届课程思政教学设计大赛，推动学校课程思政提质提速。

“教师职业道德”被评为国家级线上一流课程，“出纳实务”被评为国家级线上线下混合式一流课程，截至2021年学校共有国家级一流课程3门，数量居全省第10位；“电工学”“中国法制史”“模拟电子电路”“高等数学A＋(1)”“出纳实务”“产品造型基础”6门课程被评为省级一流课程；“绩效管理”被评为第四批高等学校省级创新创业教育示范课程，截至2021年学校共有省级创新创业教育示范课程7门；“食品机械与设备”“基础会计”“行政法与行政诉讼法”“课程与教学论”被评为第二批地方普通本科高校应用型示范课程，截至2021年学校共有地方普通本科高校应用型示范课程9门。2021年度该校立项建设校级五类金课103门（线上一流课程6门，线上线下混合式一流课程58门，线下一流课程34门，虚拟仿真实验教学一流课程3门，社会实践一流课程2门）。

（4）选树教学优秀和典型，不断夯实教学内涵

2020—2021学年学校开展第二届“课程思政”教学设计大赛、首届教师教学创新大赛；组织开展校级教学成果奖评选，申报97项，共设置特等奖、一、二、三等奖及优秀奖共计90项，推荐参加四川省第九届教学成果奖评审27项。

3. 强化校企产学合作，构建实践育人机制

（1）加强校企合作，深化产教融合

该校以服务成都市产业发展对人才的需求为导向，加强与政府、行业及企业沟通和联系，大力开展政产学合作协同育人项目，2020—2021学年学校获批教育部产学合作协同育人项目64项，立项数位列全省第3位。立项校级现代产业学院5个，通过现代产业学院建设，推动企业发挥教育主体作用，完善产教融合协同育人机制，提高应用型人才培养质量，增强服务区域经济社会发展的能力。

（2）强化创新创业活动，提升学生实践能力

该校大力推进创新创业教育改革，完善三级创新训练计划，形成“以赛促教、以赛促学、以赛促改、以赛促创”的创新创业教育改革新局面。2020—2021学年学生在各级各类学科竞赛中获得各类奖项686项，其中国家级奖项124

项，省级奖项562项。在第七届“互联网+”大学生创新创业大赛中，学校获得省级金奖3项，银奖9项，省级铜奖15项，获奖总数位列全省第14位。2020—2021学年大学生创新创业训练计划项目，共有校级立项595项，3427人次学生参与项目研究，获得省级立项149项。

（3）以审核评估回头看为契机，不断提升教育教学质量

学校贯彻以评促建理念，扎实推进审核评估整改，完成《成都大学本科教学审核评估整改工作总结报告》《成都大学本科教学工作合格评估督导复查自查整改报告》，组织开展2轮本科教学审核评估回头看教学材料专项检查，对全校17个教学单位2020—2021学年课程考核试卷、实践教学材料进行针对性检查，累计抽查300余门课程5000余份试卷，实践教学材料1000余份，完成专家检查反馈意见表140余份，各学院按照评估专家的意见开展了积极有效的整改工作，为提高学校教学质量奠定了坚实的基础。

（4）全面梳理教材使用情况，深入推进教材建设工作

该校落实新时代全国高等学校本科教育工作会议精神，深化教育教学改革，推动学校现代化教材建设工作。学校开展首届全国教材建设奖优秀教材评选申报工作，推荐《教师职业道德》《动画概论》《小学写作教学设计》《大学计算机基础》《C语言综合项目实战》《新编C语言程序设计基础教程》共6项教材进行申报；开展2020年校级教材建设项目立项申报工作，立项教材建设项目51项；开展2020年“优秀教材奖”评审工作，评选出24部教材授予“优秀教材奖”荣誉称号。

4. 提高教学管理成效，为教学工作保驾护航

（1）推进新教务系统建设、运行维护

学校积极推进“新教务系统”建设、运行及维护，及时协调处理“新教务系统”运行过程中出现的问题，确保系统正常使用；梳理教学运行工作流程，遵循规范、便捷的原则，不断优化系统功能，进行流程再造，不断优化系统功能，使系统使用更方便，最大限度满足学校、学院教学工作需要。

（2）组织开展认证专业进系统

学校利用采购的“专业认证系统”进一步规范专业认证工作，组织开展相应培训，做到认证专业信息化管理，将专业的基本信息、培养方案、认证支撑材料等规范化录入系统，进行指标监控、达成度分析，并不断改进，做到申请专业有基础、受理专业再改进、通过专业不退步。

（3）推进智慧教室建设

学校调研兄弟高校智慧教室建设情况，结合学校实际，确定学校智慧教室建设类型和建设方案，拟第一期建设智慧教室 163 间。

（二）特色发展

校城融合是指“城市创生大学，大学促进城市”，是大学与城市共生共荣和谐关系的形象概括。成都大学与成都市融合发展是我国西部地区校城融合的典型示范。为把学校建设成为与全面体现新发展理念的国家中心城市相匹配的大学，学校抓住机遇，以校城融合为理念引领，创新办学理念和发展思路，搭建开放协同机制，构建协同育人新模式，面向区域培养应用型人才，形成基于校城融合理念的高素质应用型人才培养创新架构，高素质应用型人才培养成效显著。

1. 强化校城融合理念，构建人才培养体系

学校首创“融入城市、研究城市、服务城市”的校城融合办学理念，通过实施“校地企”协同和产学研协同，与政府及企业共建各类校城平台 52 个，构建生物医药、动漫与文化创意、智慧制造与城市建设以及城乡教育学科群，助推成都市支柱产业和新兴产业发展；通过实施国际化协同，建设孔子学院，与 36 个国际友城、30 余所友好高校开展各类联合培养和交流项目 62 个，构建起国际合作长效机制。同时，学校面向区域应用，培养应用创新型、产业卓越型、行业复合型三类人才；依托四类导师、五大资源平台、六大专业群，建设千门创新创业课程，着力培养学生的实践创新能力，系统构建城市型综合大学高素质应用型人才培养体系。

2. 开放协同产学合作，打造全面育人品牌

（1）确立协同育人模式，主动深入研究城市

学校在办学过程中逐步确立“融入城市、研究城市、服务城市”应用型人才培养的协同育人模式。

主动融入城市：全面融入成都市作为国家中心城市、国际门户枢纽城市、世界文化名城、“一带一路”倡议重要节点以及“三城三都”的发展格局与定位。

深入研究城市：与成都市政府共同建设天府文化研究院、大数据研究院、会展研究院等研究平台，打造成都发展高端智库。

全面服务城市：服务“一带一路”倡议，打造中国-东盟艺术学院；服务

新经济战略，建立新华三 IT 学院；服务乡村振兴战略，打造各类紧缺人才培训基地；服务国际门户枢纽建设，发起成立友城高校国际联盟。

（2）实施开放协同办学，校城互动搭建平台

学校实施开放协同，完善“校地企、产学研、国际化”三类校城互动机制，搭建应用型人才培养的资源平台。

校地企协同：与成都市政府及企业密切合作，吸纳三甲医院和抗生素工业研究所，打造生物医药高端平台；与市委宣传部、体育局和科技局等共建新闻学院、足球学院、会展经济发展中心等各类平台 52 个，为应用型人才培养提供强大资源保障。

产学研协同：主动对接区域产业发展，整合城市资源并借助相关协同平台，着力打造生物医药、动漫与文化创意、智慧制造与城市建设、城乡教育学科群；将学术研究与人才培养密切结合，与行业深入合作，通过共建专业、共建基地、共享师资、共建课程、共研项目等方式，实现人才培养与产业发展的无缝衔接。

国际化协同：开展国际合作交流项目，举办国际会议及“国际交流周”，引进高层次海外人才，实施高端外专项目，建设“泰国研究中心”、孔子学院等国际平台，实现人才培养国际化、师资队伍国际化、科学研究国际化、服务成都国际化。

3. 实践校城融合办学，学校城市双赢成效

学校服务城市贡献突出，得到政府高度肯定。成都市政府对学校“校城融合办学，服务城市特色”给予肯定和大力支持。成都市政府明确把“高水平办好成都大学”写入政府工作报告，生均拨款每年增长 2000 元。2021 年，成都市委常委会会议审议了《关于支持成都大学建设特色鲜明、国内一流的应用型城市大学的意见》，支持成都大学高水平建设高质量发展。相应的举措为学校实现跨越发展，进一步提升服务成都、服务区域能力，建成与成都发展联系紧密、对成都发展贡献突出、同成都发展地位匹配的治理先进、条件完善、特色鲜明、格局开放的城市型综合大学提供了有力支撑，为成都大学高水平建设，综合实力进入副省级城市综合大学和全省地方大学的第一方阵提供了有力保障。

二、东莞理工学院

东莞理工学院，简称莞工，是经教育部批准、由东莞市人民政府举办的全日制普通高等学校，实行“省市共建、以市为主”的管理体制，入选卓越工程师教育培养计划、广东省高水平理工科大学、广东省高水平大学建设计划重点学科建设高校。学校于1990年1月经广东省人民政府批准筹建，于1991年7月经教育委员会批准提前招生，于 1992 年 4 月经教育委员会批准成立，于2002年4月经教育部同意升格为本科院校，于2018年5月新增为硕士学位授予单位，于2021年5月新增为广东省博士学位授予立项建设单位。

在省委、省政府及市委、市政府的正确领导下，在上级教育主管部门和社会各界的大力支持下，校党委行政团结带领广大教职员工，以更高效率的改革创新、更高层次的开放合作、更高境界的担当作为，落实“学而知不足”校训要求，丰富“知行合一、立德树人”的办学思想，倡导“爱国奋斗、追求卓越”的莞工精神，秉持“守正出新、登高致远”的战略理念，践行“以卓越的创新教育与实践造福社会”的价值追求，加快建成具有国际竞争力和影响力、国内一流、代表东莞形象的新型高水平理工科大学示范校，为国家和区域经济社会发展作出不可替代的贡献。

（一）提高教学质量的主要举措

学校以习近平新时代中国特色社会主义思想为指导，围绕“高水平理工科大学建设示范校”奋斗目标，主动适应高等教育新发展，积极对接粤港澳大湾区经济社会发展新需求，全面落实立德树人根本任务，准确把握高等教育基本规律和人才成长规律，进一步深化教育教学改革，不断提升教学水平和办学质量。

1. 人才培养方案

学校主动适应广东省经济结构的战略性调整，适时修订人才培养方案。2021 年人才培养方案对标一流专业建设质量标准，围绕一流应用型人才培养体系核心要素，坚持立德树人，全面贯彻 OBE 教育理念（成果导向教育），构建现代产业学院办学过程中积累的优质教育资源共享和推广机制，设置匹配国家战略规划和区域产业发展所需的课程体系。

在制定、修订培养方案的过程中，学校要求对照《国际标准》和参照教育部专业教学指导委员会、专业评估认证协会、行业协会等方面对具体某一类专业的指导性意见或评估认证标准，具体为：专业培养目标要对应到专业毕业生在毕业后 5 年左右能够达到的职业和专业成就的内涵要求上；专业的毕业要求（培养标准）要对学生毕业时应该掌握的知识和能力有具体描述，包括学生通过本专业学习所掌握的知识、技能和素养；确定专业的课程体系时，明确课程体系与毕业要求的支撑关系，以及对专业培养目标达成的支持情况。

2. 专业建设

学校以适应经济社会和区域发展为导向，以打造优势特色一流专业为核心，合理调整与优化学科专业布局，大力推动学科专业联动发展，不断推进新工科建设。学校主动对接粤港澳大湾区产业发展需求，增设新专业、建立专业退出机制、灵活设置专业方向、开展专业评估等措施，不断优化专业布局，改善专业结构。

学校高度重视专业建设，按照突出重点、培育特色、全面提高的建设思路，从 2016 年开始，启动重点专业建设工作，从专业建设理念、建设规划、建设特色方面加强指导，在经费投入、师资引进、条件建设、教学改革项目立项等方面予以重点支持，打造一流专业，并结合现代产业学院建设，初步建设了一批具有示范和辐射作用的特色优势专业，全面带动其他专业的建设和发展。

为了实现新工科建设目标，学校瞄准新一代信息技术、智能制造、新材料等区域产业布局，着力打造智能制造、绿色生态等学科专业集群，促进学科专业交叉融合，丰富学生跨学科、跨专业学习体验。

3. 课程建设

学校以习近平新时代中国特色社会主义思想为指导，深入学习贯彻党的十九大精神，全面贯彻教育部《关于一流本科课程建设的实施意见》文件精神，以提高课程教学质量为目标，全面落实立德树人根本任务，深入挖掘各类课程和教学方式中蕴含的思想政治教育元素，以创新课程体系和改革教学内容为重点，准确把握课程定位，科学制定课程标准，整体优化教学过程，充分发挥课程标准对实现人才培养目标和毕业要求的支撑作用，促进学生全面发展。

为扎实推进“课程思政”教育教学改革工作，提升建设特色，学校每年度开展校级“课程思政”示范课程立项工作，覆盖文、理、工三大学科体系，涉及公共基础课、专业课、实验实践课三大课程体系，全方位、多角度铺开“课程思政”建设工作，提升示范辐射功能，2021 年已立项 35 门校级示范课程。除此之外，结合东莞地域文化特征，学校马克思主义学院自主开发 15 门“湾区都市品质东莞”系列思政课程，教务处于 2020 年 10 月予以立项建设，充分发挥思想政治理论课在立德树人中的内核作用，探索思政育人的“校地结合”模式。

当下粤港澳大湾区能源动力行业的发展趋势是能源动力、可再生能源和信息技术、大数据和人工智能等多学科的交叉，为适应新工科建设需求，打破专业学科壁垒，拓展专业发展内涵，广东省能源与动力工程专业计划在线开放课程群建设的总体目标是提高学生的综合素质，培养学生的现代能源利用意识、可持续发展理念和创新思维，通过跨学科、多学科交叉融合来实现对能源领域复合型高端人才培养的目标。

4. 教材建设

学校出台《教材选用管理办法》等文件，加强教材选用管理工作，保证高质量教材进课堂。一是严格执行系讨论、学院主管领导审核、教务处审查的教材选用程序，二是鼓励选用最新获奖教材、国家级及省部级规划（优秀、精品）教材。公共基础课必须选用省部级以上规划（优秀、精品）教材，提高马工程教材的使用率。

学校鼓励教师结合教研教改、精品课程建设、视频公开课、课程群建设、实验条件，编写特色教材，并积极引进华为、西门子等龙头企业的培训课程教材，使相关专业课程教学内容与行业技术实现同步，将理论与实践有机结合，增强学生的实践能力。

5. 教学改革

学校不断完善应用型人才培养模式改革：加强现代产业学院建设，引导企业行业深度参与课程制定；注重学科专业的交叉融合，推进跨学科专业的综合教学平台建设与教学团队建设，不断深化教学内容改革与教学体系建设，推进以课程教学方式与考核方法为重点的教育教学改革；以学生创新创业能力提升为主线，以实训平台建设为依托，切实提高应用型人才培养质量。

学校坚持以本科教学为中心工作，把改革培养模式、优化教学内容与体系、创新教学方法与手段作为提高本科人才培养质量的着力点。学校坚持将 OBE 理念贯穿所有专业各教学环节，能够将“培养目标、毕业要求、课程体系、教学内容、考核内容”反向设计，正向实施，建立并完善反馈机制，加强持续改进。以教育部工程教育认证、师范教育认证、人文社会科学专业认证三部分分类推进，对标建设。

2021年3月，东莞理工学院正式成立通识教育中心，并出台了《东莞理工学院通识教育教学改革方案》。通识教育改革将坚持以本为本，重点推动课程、平台、师资建设。这一改革对照学校人才培养九大标准，以OBE为导向，以学生为主，打破传统以学科分设归类的模式，科学匹配必修课与选修课比例，将建设35个课程单元，150门通识教育核心课程，统合150门知行课程、特色项目式课程、校本课程，构建莞工特色的通识教育改革模式，全面提升人才培养质量。

为加快推进学校教育教学改革，倡导教学成果培育与教改项目立项相结合，学校通过项目立项支持开展研究与实践，提前谋划培育具有创新性、示范性、引领性的教育教学成果。2021年9月，学校的《地方应用型高校"四位一体"教学质量监控体系的构建与实践》报告获得广东省2021年高等高校教学成果一等奖，另有3项成果获得二等奖。

6. 实践教学、毕业论文（设计）以及学生创新创业教育

（1）实践教学

学校将学生实践能力培养作为教学改革的重要目标，坚持将实践教学贯穿于本科人才培养的全过程，要求各学院根据专业特点及人才培养目标要求，安排形式多样的校外实习、社会实践、社会服务活动以及学科竞赛，力争使更多的在校学生通过实习扩大专业视野，提高实践能力和综合素质。根据学生能力培养的渐进式规律，校企共同构建"基础实施＋实训提高＋课外创新＋工程应用"四个层次的实践教学体系，依托校企共建实验实践教学平台和技术创新平台，通过来自企业的实际工程项目驱动实践教学模式改革，强化学生的工程意识和工程实践能力培养。学校以校企合作为载体，多方协同企业等校外教育资源，打造一批创新实践教育平台和基地，将学生的实践教学场所从学校课堂延伸到企业工厂。学校以培养高素质应用型人才为中心，以现代产业学院、国家级工程教育中心等建设为抓手，将"校政企"协同育人工作落到实处。通过不断创新合作模式，学校以体制机制改革为重点，以创新能力提升为突破口，带动组织管理、师资队伍、人才培养、科研服务、资源成果等全面协同创新，形成了高素质应用型人才协同培养的长效机制，实现多方共赢与良性发展。

机械工程学院近年来扎实推进四个模块、三个层次、两类训练、一项活动实践教学体系，推进先进制造学院"校政企协园"协同培养体系建设，实现了

校内外两个实践中心空间和课程的融合；充分利用东莞产业优势，建立了 80 余家校外教学实践基地，加强与伟易达、立讯精密 OPPO、得利钟表等龙头企业的合作办学，积极探索培养应用型创新人才的新途径，为东莞传统产业转型升级及新兴产业发展提供科技与人才支持。

学校与东莞常平镇合作建设（常平）智能制造与创新设计学院，是学校现代产业学院的 2.0 升级版。常平学院致力打造完整的面向常平产业集群的多层次人才培养体系和专业交叉融合的教学基地，为常平经济社会发展提供人才和科技支撑。同时致力打造继续教育、技能培训、科教宣传为一体的多功能培训基地，为学校高水平理工科大学建设发展提供产学融创平台。常平学院采取“学院—企业”的联合教学模式：教学队伍方面，将从校本部抽派精干教师队伍，联合企业中高职称人员共同打造一支高水平的师资团队，研发高质量的校企合作课程、教材和工程案例，致力于培养大批符合产业需要的高素质应用型、复合型、创新型人才；教学实训方面，将采用“校园—基地—产业园”新型运作模式，具备人才培养、技术培训、社会服务、科技服务、科技成果转化等功能。

（2）毕业论文（设计）

学校建立学生毕业论文选题、指导、答辩、成绩评定等环节的质量标准和管理办法，并严格进行全程检查，强化毕业设计题目的审查和筛选工作，以保证题目有一定的深度、难度，鼓励毕业设计（论文）真题真做，选题来源于生产实习或教师科研项目，使学生获得理论联系实际的综合训练，提高实践应用的能力。学校运用中国知网论文查重检测系统，对本科毕业生的毕业论文进行全覆盖检测，凡被检测为不合格的论文，不得参加答辩。这一举措在强化学风、规范学术道德的同时，使学生的毕业论文质量有了明显提高。

2020—2021 学年，学校注重选题质量把关，实行双向选题制，保证一人一题，提倡选题来源于生产实际或指导老师的科研项目。2021 届毕业生毕业设计（论文）工科专业题目来源于生产实际（含教师科研课题）达到 100%。各专业严把选题关，保证了选题的专业性、综合性和难易度适中。

（3）学生创新创业教育

学校大力深化创新创业教育改革，加强制度建设，着力构建工作长效机制，如制定《东莞理工学院深化创新创业教育改革实施方案（2015—2020 年）》《东莞理工学院大学生创新创业专项资金管理办法（试行）》《东莞理工学院二级学院创新创业教育平台考核办法（试行）》等系列规章制度，强化教学促创、科研促创、服务促创，为创新创业教育提供强有力的制度保障。2016—2021年，学校先后在两个校区建设了总面积达3000平方米的创新创业孵化基地，先后投入3570万元，为各类创新创业主体提供全方位的服务，共有87支创业团队进驻，成功孵化大学生公司78家。

学校大力推进创新创业学院建设，积极联动社企校三方资源，加强校企合作，构建校院两级联动、校内外有机协同的“创新创业地图”，支撑创新创业教育与实践。2016—2021年，汇聚17个校内创新创业类学生社团，以及与华为等行业龙头企业共建的9个现代产业学院，与东莞松湖华科产业孵化园、松山湖控股有限公司、融易控股有限公司等13个单位共建大学生校外创新创业教育实践基地107个，初步形成大学生创新创业的市场支撑体系。

（二）教学质量保障体系建设

学校高度重视本科教学质量保障体系建设，关注质量保障的全程性、全员性和全要素性，注重人才培养的计划性，做到有实施、有保障、有持续改进。建立各主要教学环节的质量标准，健全各级组织建设和制度建设，强化常态监控和专项评估，重视教学质量信息的收集、反馈与改进，构建了较为完善的本科教学质量保障体系。

1. 人才培养中心地位

（1）领导重视，突显中心地位

顶层设计规划中体现。一是在《东莞理工学院章程》第二章第十条明确规定：“学校坚持把人才培养作为办学的中心任务，坚持育人为本、德育为先、能力为重、全面发展的育人观。”第十一条明确规定：“学校确立教学工作的中心地位，优先保障对教学的投入”。二是在学校“十三五”改革发展规划中提出，“以人为本，共享发展”，在提升创新能力过程中提高人才培养质量，努力培养适应创新创业时代要求的高素质应用型创新人才。三是在《争创一流本科教育2025行动计划》中，明确提出深化以学生为中心的教学改革，通过优化教学管理制度、推动课堂教学革命、加强学习过程管理等，全面提高本科教学质量。

教学列入重要议事日程。学校领导在办学治校中坚持优先考虑教学工作，在工作部署中突出强调教学工作，把本科教学当作学校的核心工作。学校顺应高等教育改革发展的趋势，加强顶层设计，夯实以人才培养为核心的内涵建设。学校每两年召开全校本科教育工作会议，学校党委会每学期专门听取本科教育工作专题汇报，校长办公会议每年第一议题研究本科教育，将全面提高人才培养能力、争创一流本科教育放置于学校工作首位。

校领导深入教学一线制度。学校领导坚持把加强本科教学工作和提高本科教学质量作为中心任务来抓，经常深入教学一线调查研究或现场办公，通过走访、调研或师生座谈会等方式，听取教职工的意见与建议，掌握教学工作动态，解决教学工作中的实际问题。不断完善并落实校领导听课制度、校领导联系学院制度，明确了联系院部制度。坚持校领导接待日制度，开通了校长信箱等信息渠道，听取教学工作方面的意见和建议。

（2）制度激励，教师潜心教学

加强师德师风建设。学校建立师德建设长效机制，开展“师德先进个人”“教学名师”“杏坛奖”等评选表彰，激发教师热爱教育、热爱教学、热爱学生的情感，调动教师教书育人的积极性。

学校深化职称制度改革，突出教师教学业绩在职称评审中的地位与作用，把教学业绩评价放在评审条件的首位，将教研项目、教研成果与科研项目、科研成果同等对待，对教学业绩突出的教师予以政策倾斜，设置教学型教授、副教授岗位；加大教学奖励力度，设立教学竞赛奖，激发教师职业自豪感；制定教授为本科生授课规定，确保教师把主要精力投入到教学和人才培养工作中来。

（3）文化涵养，营造育人氛围

学校高度重视文化传承对人才培养的涵养作用，广泛开展精神文明创建、社会主义核心价值观及学校核心价值理念主题教育实践，以社会主义核心价值体系为根本，以习近平新时代中国特色社会主义思想为指导，注重发挥制度文化的育人功能，重视行为文化建设，以领导干部与学生座谈、社团文化节等为代表的校园特色文化品牌进一步凝练，注重发挥环境文化育人作用，校园文化品质和环境育人功能不断提升。

（4）经费保障，完善育人条件

在经费投入方面，学校优先保障教学投入，不断改善教学条件。学校安排年度财务预算时，每年均列出本科教学工程建设专项、教学设备购置与维护专项、教学竞赛专项、教改基金、大学生科技创新、大学生活动等专项经费投入，同时，根据阶段性的教学工作重点，安排专项教学经费，切实保证对教学软硬件建设的经费投入。此外，学校加强专业建设、课程建设、教材建设、实验室及实习基地建设，夯实教学工作基础。

2. 教学质量保障体系

（1）加强教学质量管理，完善质量保障体系

一是常规检查和专项检查。常规检查通过教学督导、学生信息反馈（学生信息员反馈、学生评教）、随堂听课（督导组听课、领导听课、同行听课）、教学检查（学期初教学秩序检查、期中教学检查、期末考试巡视等），及时了解教学过程中存在的问题并加以解决；专项检查是针对突出的共性问题开展的专题性教学检查，如试卷检查、毕业论文检查、平时成绩评定检查等。

二是定期编制与发布年度本科教学质量报告、毕业生就业质量年度报告、教学基本状态数据分析报告及二级学院教学质量指数和教师课程教学质量系数，便于学校、院、系和每一位任课教师及时发现教学工作中存在的问题，开展有针对性的自我诊断。

三是反馈与整改，学校每学期定期召开教学工作例会，就发现的教学问题进行讨论，研究解决办法。各学院针对检查过程中发现的问题，采取不同的整改措施，有针对性地解决问题。

（2）改进教学质量评价方法，完善教学质量评价制度

学校先后于2018、2019年对二级学院教学质量指数编制办法和教师课程教学质量系数指导性计算办法（以下简称"两数"）进行了修订与完善。

二级学院教学质量指数是反映二级学院教学质量综合变动程度的相对数，为考核二级学院教学工作绩效提供依据。教师课程教学质量系数是反映教师完成课程教学质量的重要参数。"两数"的实施在强化教学质量意识、提高教师教学工作积极性、促进二级学院提升教学质量等方面发挥了重要作用。这一做法被教育部高教司司长作为落实全国本科教育工作会议精神的案例向全国高校推介。

（3）推进专业评估体系建设，促进专业质量提升

学校从2015年开始，陆续对全校所有本科专业（含方向）进行了评估，达到了推进专业建设有序发展、切实保证新增专业教学质量的目的。学校出台了《专业评估实施方案》《专业评估评价标准》等文件，并积极推动各学院专业开展自评与认证工作。2018年12月，学校组织校内外专家，对35个本科专业进行了首批专项评估，有效促进各学院不断强化专业建设，提高专业办学

质量和人才培养水平。2021 年 9 月，学校启动第二轮专业评估工作。

（4）稳步推进课程评估，提高课程建设水平

为全面贯彻《教育部关于加快建设高水平本科教育全面提高人才培养能力的意见》，坚持“以本为本”、推进“四个回归”，进一步强化课程在人才培养中的基础地位和作用，推进课程建设与教学改革，充分利用评估工作的导向与诊断功能，努力打造“金课”、淘汰“水课”，提高课程建设水平及教学质量，学校出台了《东莞理工学院本科课程评估方案》，根据课程的不同类别，采取分工负责的方式，每四年对全校开出的各类课程进行一轮评估。

（三）本科教育教学工作的特色和经验

2019 年，学校被确定为广东省唯一新型高水平理工科大学建设示范校，学校抢抓历史新机遇，主动融入区域创新体系，扎实推进产学合作，实现协同育人。强调面向产业、面向世界、面向未来，加强本科教育基础建设和改革实践，激励教师潜心教书育人，引导学生刻苦读书学习，重点打造智能制造、绿色低碳、创新服务三大学科专业群，培养更多德才兼备、知行合一的实干型人才。

1. 产学融创推进新工科、新文科融合发展

近年来，东莞理工学院以区域产业发展需求为导向，深化教育教学改革，推进特色学科专业集群建设，新工科蓬勃发展，新文科融合成长，取得了明显成效，如：通过学科交叉、产学融创、推进校企深度合作；改造一批传统工科专业、设置一批新兴专业和方向，推进专业工程教育认证，不断强化“双师双能”教师队伍建设；打造创新服务学科专业集群，积极探索突破学科壁垒，促进文工交叉、建立新文科教学实践平台，建构特色课程群，塑造学科协同新态势。

从 2012 年开始，学校基于现代产业需求，依托区域丰富的科技创新资源，按照“优势互补，互利共赢”的理念，与行业龙头企业及专业镇街、园区、境内外高校、科研机构等多元主体合作，聚集优质资源整合，强化产业链—创新链—教育链—人才链的有机衔接，推进建设现代产业学院，打通人才培养的“最后一公里”。学校依托现代产业学院，打破传统学科界限，导入产业先进技术体系、生产设备、培训模式，学校与企业共同规划专业发展、开发项目化课程、组建教学科研团队、搭建实践教学平台、创办技术创新机构，为学生毕业后从事技术服务、管理或研发等提供个性化培养。

2. 构建“三全育人”新格局，把思想政治工作贯穿人才培养全过程

学校深化构建“10+2”育人体系，坚持和完善制度化、课程化、平台化、项目化、场景化、生活化等“六化驱动”实践机制，推动立德树人制度化落实、系统化创新，优化红色教育、社区治理、网络交流、活动展示等四类平台建设。学校构建思政课改革与课程思政建设同向同行体系，发挥思政理论课的主渠道作用，形成“1+1+1”混合式教学模式。同时，学校开展课程思政教育改革，提升育人成效。

学校从2013年开始探索党建引领、双工联动、社区育人，成立学生社区党组织和知行学院，建立学工队伍与专业社工联动机制，逐步把学生社区发展成为以党建为引领、以学生为主体、以新型师生关系为支撑的治理共同体，形成管理服务社区化、价值引领生活化、素质养成场景化的学生社区育人新机制。学校安排150多位教师进入学生社区，二级学院党委副书记任社区党支部书记，组织机关、科研等教师党支部与学生社区结对共建，将基层党组织打造成坚强战斗堡垒；组建学生党员志愿服务队，充分发挥先锋模范作用；建设党建VR（虚拟现实技术）体验室，组织经典读书会，实现“虚拟+现实”场景化、体验式系列主题教育，把学生社区打造成“红色新天地”，不断完善知行课程体系，深入推进学生社区文化建设。

三、南京工程学院

南京工程学院坚持“特色鲜明的高水平应用型工程大学”的办学目标定位，秉承“学以致用”的办学理念和“知行统一、创业创新”的校园精神，与国内外龙头骨干企业和机械、电力、能源等行业组织深度协作，不断完善“注重基础、强化复合、加强实践、突出应用、全面发展”的高水平创新性应用型本科人才培养体系；创设了工程化项目教学模式，构建了“工程化环境、项目化载体、团队式指导、协作式学习”的项目教学新型教学组织形态。学校协同企业以项目为载体、课程为核心汇聚行业企业优质创新与教育教学资源，以“工程能力和从业要求为导向，产教融合、校企协同为途径，理实一体化设计为核心”，打造以“理实一体、能力进阶”为特征的“课程—课程群—专业—工程化”四级项目课程体系，健全“产教融合、协同育人”体制机制。经过持续推进、迭代升级，学校将行业企业资源全方位融入人才培养全过程，有效驱动学校应用型学科发展紧密对接行业企业应用研发、专业建设紧密对接行业

产业发展、教师能力提升紧密对接企业高端研发需求、教育教学紧密对接行业企业实际生产与研发，有效促进教育链、人才链与产业链、创新链“四链融合”，着力打造大学生“应用型”特质，形成特色鲜明的“学用创”应用型人才培养新模式。

（一）实施背景

随我国经济进入高质量发展新时代，企业的知识生产和技术创新呈现爆发式增长，企业已经成为重要的创新主体，经济发展模式已经由规模化经济转型为创新型经济。作为规模化经济时代重要创新主体的高等学校必须主动融入行业企业，携手行业企业共同服务国家和地方重大战略与经济社会高质量发展。

作为一所具有行业背景的省属应用型本科高校，南京工程学院坚持强化应用型学科龙头地位，牢固应用型人才培养中心，发挥根植机械、电力、能源行业办学的传承和优势，坚定走校企合作、产教融合协同育人路径，着力打造“密切校企合作，注重工程实践，培养应用人才”的办学特色。针对校企价值观融合、发展目标融汇的痛点，研发成果与教学资源无缝对接的难点，研发人才互补共用、企业人员实质性参与教育教学全过程的堵点，学校聚焦课程这一人才培养的核心要素和基本单元，以研发为纽带、项目为载体、课程为核心，协同企业汇聚行业企业优质创新资源和教育教学资源，参照 CDIO（构思—设计—实现—运作）模式构建工程化项目引领的四级项目课程体系，深入推进校企协同育人。学校的改革驱动了应用型学科发展紧密对接行业企业应用研发、专业建设紧密对接行业产业发展、师资队伍建设紧密对接企业高端人才需求、教育教学紧密对接行业企业实际生产与研发，探索了教育链、人才链与产业链、创新链有机融合的路径与方法。

（二）主要举措

1. 创设工程化项目教学模式

学校基于教育部首批 CDIO 试点高校改革成效，参照 CDIO 工程教育理念与模式，创设“工程化项目”教学模式。工程化项目是基于实际研发项目开发的在专业类服务行业企业岗位群典型工作场景中开展的引领性教学项目。该模式以行业产业新技术、新产品真实研发项目为背景，校企协同构建基于企业实际生产与服务过程的教学环境，建设线上线下相融、校内校外互通的教学平台，共同打造以工程化项目为引领的四级系列化教学项目，构建“理实一体、学用创相融”的新形态课程体系，共同开展学校学生培养、企业员工与用户培训。该类课程的建设模式为“三确定”“四特征”“五同步”“六属性”；教学模式为“工程化环境、项目化载体、团队式指导、协作式学习”。（见图 1）

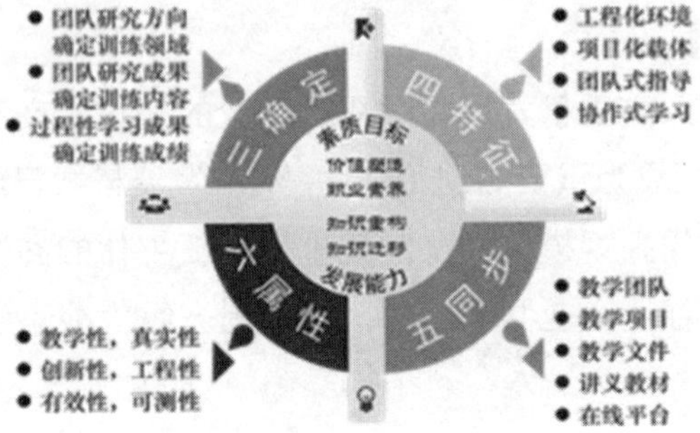

图 1 “工程化项目”教学模式图

工程化项目既是行业企业围绕产业发展的应用研发方向和领域，也是学校应用型人才培养的专业类职业场景，能有效汇聚企业、教师、学生的研发、教学、学习目标，解决校企价值观融合、发展目标融汇的痛点。

以机电类专业为例，学校协同南京康尼机电股份有限公司，共同基于公司轨道门智能化、数字化研发计划，设计了“塞拉门生产线智能化改造”等 8 个工程化项目，分解出 200 多个不同层级的子项目，开发了可应用于高校学生和企业职工、产品用户培训的项目化课程。双方合作在学校建设了实习实训中心、智能制造产业学院、产业技术研究院、现代产业学院；在企业建设了实践教育基地、研究生工作站、工程技术研究中心；在企业设置岗位实习、技能培训、双创训练项目群，建立了学校、企业、学生多元主体评价体系，为学生提供岗位考核、技能考级、竞赛获奖、创新成果与课程学分相融互通的多路径学习选择，引导和支持学生个性成长特长发展。

2. 建设“校内中心＋校外基地”产学研一体化平台

依据学校工程化项目教学改革需求，传统单一设置的校内实践教学机构已经无法承载该类项目化课程的教学要求。为此，学校大力打造“校内中心＋校外基地”产学研一体化平台。一是每个专业均需与专业培养对口的行业企业共建至少 3 个“校内中心＋校外基地”的教学平台，并建设相应的教学项目。二是以学科平台为重点，建设工程化项目和专业综合项目教学平台。三是大力推进现有教学平台、科研平台融合，着力打造校企合作、产教融合、科教融汇为特质的产学研一体化平台。

近年来，学校协同行业龙头骨干企业在校内建设了紧密对接产业技术发展前沿的 10 个产业技术研究院及分布在各教学单位的 50 多个系列专项研究所。这些机构必须是专任教师开展科研开发的教学、科研双栖平台，必须完成适合的应用研发成果向教育教学资源同步转化工作，必须建设项目化课程或项目化课程模块，必须承担本科、研究生教育教学任务。经过持续迭代，学校已经建成了以“校内中心＋校外基地”为特征的教学平台与应用研发平台相融互补的产学研育人体系和协同育人体制机制，基于企业创新发展的痛点，汇聚学校和行业企业创新资源解决研发成果与教学资源无缝对接的难点。

学校联合校资企业康尼机电成立康尼机电产业技术研究院，围绕轨道交通领域“卡脖子”难题，攻克多项关键核心技术：“高速列车门系统关键技术研发及应用”实现中国轨道车辆门系统的完全国产化；协同徐工集团解决起重机械行业难题，两项成果获省科技一等奖。学校重点打造的智能电网产业技术研究院，协同开展工程技术研发和科技成果转化，研究成果之一“高效率电力电子变压器及其安全可靠运行技术”获省科技一等奖，“220KV 统一潮流控制器”等 8 项成果在南瑞继保、江苏电力公司成功转化和产业化。学校重点布局的人工智能产业技术研究院有效推进了学校人工智能学科专业建设，赋能了相关产业技术研究院应用人工智能技术开展机械、电力、能源行业的装备、产品、技术研发；以人工智能产业技术研究院为第一单位获批了省级科研平台 1 项、市级科研平台 1 项，国家一级学会获奖 4 项，累计获得国家级、省部级课题 15 项，横向经费累计 1400 余万元。

3. 打造工程化项目引领的四级系列化项目新形态特色课程

课程既是高校人才培养的核心要素和基本单元，也是高校专业建设与人才培养的重要产出，还是高校学科建设、师资队伍建设、教育教学资源建设的交汇点。学校抓实课程核心，实施优质课程建设“5 门国家级、50 门省级和 500 门校级”“555”方案，重点支持课程开展工程化项目引领的四级系列化项目新形态特色课程改革与建设。

工程化项目引领的四级系列化项目是按工程化项目（一级）实施过程将其分解成便于分级分段实施的多个子项目；再依据子项目所能承载的专业培养目标、毕业要求、课程计划、职业素养、职业能力的教学目标与内容，反向开发建设模块化的专业综合项目（二级）、课程群项目（三级）、课程项目（四级）“理实一体、能力进阶”的四级系列化教学项目体系。项目载体、课程核心的新形态特色课程建设有效促进了校企高端应用研发人员全过程参与到课程建设、教学实施、教学评价，有效解决了校企应用研发人才互补共用、企业人员实质性参与教育教学全过程的堵点。

学校联合企业先后打造 5 个 I 级工程化项目教学平台、28 个项目教学基地和 79 个项目工作坊，共同围绕产业技术、新产品研发组建“校内＋校外”“专业教师＋产业导师”项目教学团队 212 个，共建二级专业综合级项目课程 68 门、课程群级 113 门，三级教学项目 148 个；校企共同建设课程 149 门、共编教材讲义 163 本，有效促进了应用研发与教育教学的相生相长；项目教学案例中服务企业研发 38 个，服务企业培训 21 个，促进成果转化 100 余项。

4. 实施教学研究与应用研究成果同等评价

2016 年，学校全面修订了岗位考核与聘用制度，将教师应用研发成果向教学转化成效、指导大学生开展项目训练取得的标志性成果、课程与专业建设成果等与科研成果并列设置，同等评价、互认互换，有效推动了专任教师聚焦教育教学，回归本科教学中心。

5. 构建多元多样培养体系

学校 2015、2019 年组织专业人才培养方案全面修订，在保证全自主修读的 10 个创新学分基础上，不断扩大开放选修学分份额，引导大学生使用项目学习成果申请课程学分认定或置换、绩点奖励，支持大学生自主设计多样化、个性化学业修读路径，促进大学生个性化特长发展。

6. 构建数字化教学平台

为有效支撑项目载体、课程核心的教育教学改革，学校高度重视教育教学数字化转型发展。一方面有序推进教学环境智慧化建设，支撑企业教学场景、企业专家可以实时融入校内课堂教学，校内教师可以实时参与学生的企业学习。另一方面与国内教育教学智慧平台龙头骨干企业共建了“南京工程学院网络学习空间”，有效支持和推动了校内校外协同开展课程建设与课程教学。

7. 创新现代产业学院建设模式

学校高度重视现代产业学院建设，率先提出“学校主导、校企双主体”现代产业学院建设模式，将其作为新一轮新工科、新文科建设和普惠式卓越应用

型人才培养的重要体制机制改革模式，着力打造“1 中心 2 智库 3 基地”现代化产业学院。（见图 2）

图 2　校行企协同育人共同体

学校以产教融合型一流课程为核心、产教融合型品牌专业为目标，同步推进省级“学院—专业—课程”项目建设，布局打造了腾讯云人工智能学院、智能制造产业学院、智能电网产业学院、综合能源产业学院，形成独立设置、融合改革、校地共建三种产业学院建设模式，构建了校行企协同育人共同体，持续推动校企合作、产教融合改革与建设深化，显著提升学校应用型办学服务产业转型升级的能力。

四、上海应用技术大学

上海应用技术大学始创于 1954 年，是我国第一所以“应用技术”命名的高水平应用创新型大学。学校是博士学位授予单位，入选上海高水平地方大学重点建设单位、首批上海高等学校一流本科建设引领计划和一流研究生教育引领计划、上海市首批深化创新创业教育改革示范高校、上海高校课程思政整体改革领航高校、国家科技人才评价改革试点单位、国家知识产权试点高校、上海市专利工作示范单位、上海市依法治校示范校。该校设有 19 个二级学院（部），拥有本科专业 56 个，涵盖工、理、经、管、文、法、农、艺等 8 大学科门类；博士学位授权一级学科 1 个、硕士学位授权一级学科 8 个、硕士专业学位授权类别 11 个；现有全日制在校研究生 3200 余人，本专科生 16000 余人；现有教职工 2100 余名，其中专任教师 1600 余名，具有博士学位的专任教师占比 45.42%，具有高级职称的专业教师占比 55.18%。

学校坚持立足应用型定位培养高素质人才。上海应用技术大学坚持“应用导向、技术创新”办学定位、秉承“依产业而兴、托科技而强”发展理念，促进思教融合、产教融合、科教融合、通专融合、创教融合、跨学科交叉融合理念，培养高素质应用型人才。第一，坚持立德树人，深化课程思政改革。坚持思教融合，聚焦“厚德”“精技”两个关键点，以市课程思政整体改革领航校建设为依托，构建“荣誉课程—示范课程—重点课程”三级课程思政领航课程体系，挖掘提炼和有机融入各门课程蕴含的思政元素，发挥实践教学独特育人功能，培养具有理想信念、家国情怀、过硬本领、勇担责任的高素质应用创新型人才。第二，面向产业需求，优化专业结构布局。根据产业需求建专业，在全国首设香料香精技术与工程、化妆品技术与工程等行业特色的应用型专业，形成契合产业发展需求的专业结构。向国际前沿立标准，以研究实践“新工科”“新农科”“新文科”项目为引导，以上海一流本科、一流研究生教育引领计划为支撑，对标国际一流研制专业教学质量标准，推动国际实质等效的专业认证，作为引领教育教学改革、提升整体育人质量重要抓手。第三，培养关键能力，改革人才培养模式。构建“爱科技”关键能力模型，着力培养学生主动学习、自主学习、创新精神与批判性思维、交流沟通、团队合作、创造性解决问题、国际视野、信息素养、应用技术能力与职业素养等九大关键能力。升级改造人才培养模式，遵循通专融合、创教融合、跨学科交叉融合理念，集成创新和升级改造传统人才培养体系，将九大关键能力培养融入人才培养全过程。优化完善教学内容与方式，根据技术发展改内容，根据学生志趣变方法，根据内外资源创条件，利用现代信息技术建设项目课程、开展线上线下混合式教学和过程化课程考核，推进内容、方法、评价和条件等全要素课程教学改革。第四，深化产教融合，创新协同育人机制。开展“引企入教”专项建设，与行业企业共建现代产业学院，实施校企合作“双百工程”，开发特色教材。对接产业需求，东方美谷产业研究院、中欧知识产权学院等产教融合创新平台，依托省部共建协同创新中心和省部级工程研究中心等协同创新平台服务支撑产业需求。深化产学研合作，以国家级重大科研项目为牵引，着力解决关键技术问题，与企业共同打造多学科交叉融合的产学研用创新联合体。第五，推进科教融合，以学科引领支撑人才培养。构建香料香精化妆品和绿色化工、功能新材料和智能制造、设计文创和创新管理三大特色学科群，形成对接行业发展的应用型学科体系。以高水平地方高校建设和新增博士授权单位建设为契机，建设高峰高原学科。促进学科交叉融合，探索跨学科导师团队协同指导的培养模式，拓宽学生能力结构、培养学生创造性解决问题的能力。

学校重视科研工作。作为地方高水平应用创新型高校，上海应用技术大学全面服务支撑中国式现代化，服务引领相关重点产业开辟应用研究新赛道，塑造高质量发展新动能。第一，精准引育汇聚一流人才，赋能学校高质量发展。学校主动对接科技前沿，以特色优势学科建设为引领打造高水平跨学科协同创新团队，加速搭建人才发展大舞台，形成在科研攻关中培育人才、在创新事业中凝聚人才的良好态势。聚合团队资源发挥磁场效应，学校事业与个人发展实现"同频共振"。该校积极探索符合应用型高校特点的人才分类管理体系，为各类人才"量体裁衣""靶向培育"，出台了《高层次人才引进办法》《引进行业高级专家管理办法》等一系列政策，形成了从"引才聚才"到"育才用才"的人才良性发展机制。第二，对接国家与市场需求，打造高质量科研平台。积极对接长三角一体化等国家重大发展战略和上海科创中心建设需求，依托、服务和引领相关重点产业发展。拥有香料香精化妆品省部共建协同创新中心、国家香料香精化妆品质量监督检验中心、国家香料香精化妆品标准化技术委员会秘书处等国家级学科平台 5 个，拥有香精香料及化妆品教育部工程研究中心、上海物理气相沉积（PVD）超硬涂层及装备工程技术研究中心、上海绿色氟代制药工程技术研究中心、上海光探测材料与器件工程技术研究中心、上海食品风味与品质控制工程技术研究中心等省部级学科平台 19 个；与地方政府、头部企业、科研院所等共建产业研究院、上海市大学科技园、上海创业学院、中欧知识产权学院和各类协同创新研究院、产学研工作站、技术转移中心等高水平技术创新和成果孵化平台。第三，面对新形势，细谋划强部署。新一轮国家、上海高等教育改革，对应用型大学提出新要求。针对下一阶段的科研工作，上海应用技术大学也作出了重点工作部署，围绕"定力、活力、合力和创造力"，提出了新要求。一是要有定力，把基础、特色、平台用好，围绕特色去凝练和发展，努力打造新的特色、新的发展点。二是要激发活力，立足学校新发展阶段，不断革新科研管理制度，激发青年教师的创新活力。三是要注重合力，做好校内外资源整合，校内做好跨学科整合，校外要做好与企业、其他高校的合作和协同。定力、活力和合力形成了创造力，实现从 1 到 10 的应用创新，把思想转化为应用产品。

学校国际交流活跃。学校设有本科中外合作办学项目 4 个；与欧洲、美洲、亚洲、大洋洲以及港澳台等 20 多个国家（地区）的 120 余所高校和科研机构建立了交流合作关系，学分互认高校数达51所；近年来，共派出2000余人次学生赴海外院校学习交流。学校充分发挥学科优势，与行业领军企业合作建设全国首家国际化妆品学院，与国际知名大学共建中欧知识产权学院。近年来，学校积极践行国家“一带一路”倡议，开设老挝铁道工程人才班，为共建“一带一路”国家培养高素质铁道工程技术人才，获批外交部亚洲合作资金项目，获批上海市“一带一路”中老铁路工程国际联合实验室，成立“一带一路”澜湄铁路互联互通中心，持续推进高水平国际协同育人和协同科创工作，学校服务“一带一路”国际化人才培养成效获得了习近平总书记的充分肯定。

五、福建工程学院

福建工程学院发端于1896年清末著名乡贤名士陈璧、孙葆瑨、力钧和著名闽绅林纾、末代帝师陈宝琛创办的“苍霞精舍”，首开福州近代新式教育之风。学校1907年开始举办工科教育，开设了铁路、电报两科，前身为享有盛誉的“福建高工”。1953年后分立为福建机电学校与福建建筑工程专科学校，并随时代更迭几易其名，曾于1960年分别更名为福建机电学院和福建建筑工程学院，被誉为福建“建筑业的黄埔军校”“机电工程师的摇篮”。2000年福建高级工业专门学校与福建中华职业大学合并组建福建职业技术学院，2002年福建建筑高等专科学校与福建职业技术学院合并升格为福建工程学院。办学120余年来，学校弘扬“大机电、大土木”传统优势，面向“大海洋”新兴领域，发展成为以工为主，工、管、文、理、经、法、艺等多学科协调发展的应用型高校，先后为社会输送20多万各级各类人才。

（一）专业建设

学校现有旗山、鼓山、浦东等校区，共有17个学院（部），71个本科专业，涵盖工学、管理学、文学、理学、经济学、法学、艺术学等学科门类。学校坚守“以工为主、区域性、应用型”办学定位，紧扣福建省主导产业和战略性新兴产业发展，形成了以服务装备制造、电子信息、建筑业、现代交通运输、生态环保等产业为重点的8大专业集群，成为教育部首批“卓越工程师教育培养计划”的试点高校。学校现有国家级一流本科专业建设点13个、国家级特色专业3个、国家级综合改革试点专业1个，省级一流本科专业建设点24个。学校建筑学、土木工程、计算机科学与技术等15个专业通过住建部专业评估认证或教育部工程教育专业认证，专业认证评估通过数居省内高校第二、全国同类高校前列。一流的应用型大学建设需要一流的专业建设为支撑，福建工程学院采取如下多种措施和渠道推进专业建设。

定期开展专业建设研讨会。各学院开展各种形式的专业建设发展专题研讨会，围绕“服务‘十四五’高质量发展超越”，对专业高质量发展方面进行部署：一要加强学习和调研，认识挑战机遇；二要深入分析和研讨，做好科学谋划；三要强优势补短板，突出亮点和特色；四要凝心聚力，扎实推进。在研讨会上，各专业负责人聚焦本专业发展目标、任务，详细汇报专业发展的现状、成效，对标目标存在的差距、不足，以及下一步工作思路和举措。与会人员积极提出意见和建议，特别是针对一些不足提出改进的思路和举措。通过交流研讨，找寻差距和不足、明晰目标任务，推动学院学科专业建设发展。

举行专业建设指导讲座。学校不定期邀请国内知名学者对学校专业建设进行指导，如，邀请清华大学建筑学院教授李先庭对建环专业评估（认证）与专业建设进行指导，对建环专业评估（认证）的具体要求进行详细说明，就专业建设给出方向和建议；邀请湖南大学教授章兢介绍专业认证的 7 大核心要素，阐述课程体系及课程在认证体系中的作用，结合电子信息工程的专业认证申请进行课程体系建设的指导。据此为学校专业建设提供前沿和科学的指导与帮助。

专业建设与实践相结合。各学院分别结合所在专业或平台情况，围绕学科专业发展的机遇和挑战、强化教书育人基本职能、明确专业定位特色、扎实做好课程、教材及案例建设等内涵建设工作、面向区域需求开展调研和服务、加强跨学科专业协作和产学研合作。学校以党建引领学科专业发展，加强课程思政建设，加强校友联系和产学合作，将学科专业建设落实到人才培养和服务区域行业企业发展需要上。

全面落实专业评估工作。学校教职工统一思想，明确目标，全面落实立德树人根本任务，围绕国家级一流本科专业建设和国家级专业评估（认证）任务，聚焦教育教学改革和课程建设，积极投入到学院一流本科专业建设工作中去，学院领导班子及专业负责人、教研室主任定期对各学院专业建设情况进行督导，对学校“十四五”专业建设和国家级一流本科专业建设点培育和申报工作进行深入指导，全面提升学校本科教育教学质量和办学水平，为学校高质量发展作出更大贡献。

（二）课程建设

学校现有国家级一流课程8门，国家级课程思政示范课程1门，国家级精品资源共享课程2门，省级一流课程103门，省级课程思政示范课5门。国家级实践教学平台6个，其中“电子信息与电气技术实验中心”入选国家级实验教学示范中心，“土木工程虚拟仿真实验教学中心”入选国家级虚拟仿真实验教学中心。智能制造产业学院获批首批国家级产业学院，工程数字化管理产业学院获批首批省级产业学院。省级课程思政示范中心1个，省级教学成果奖44项，国家高等教育教学成果二等奖1项。在课程方面，学校主要从两个方面推进课程创新。

参与课程建设研讨会。学校土木工程虚拟仿真实验教学中心主任应邀出席高等学校虚拟仿真实验教学一流课程建设研讨会，学校以此次研讨会为契机，进一步强化实践育人，积极探索提升虚拟仿真实验课程质量的路径和方法，持续开展教学应用研究、虚拟仿真实验装备环境建设研究、虚拟仿真技术与慕课的融合研究，并注重加强对虚拟仿真实验教学资源建设的规划和应用指引。

组织并开发课程建设项目。学校组织分管实验教学的校领导，教务处、实验室与设备处、院系等相关部门负责人及管理人员，实验教学中心、虚拟仿真实验教学中心负责人及骨干教师等参与中国虚拟现实产学研大会主题论坛高校虚拟仿真实验教学一流课程建设与应用在线论坛，对国家虚拟仿真实验教学一流课程建设理念和思路、实验选题/设计思路及方法、项目实施流程及方法、申报书编写思路及注意事项等内容进行深入学习与交流，推进课程建设进程。

（三）师资培养

学校现有专任教师1324人，其中高级职称643人，拥有国家杰出青年科学基金获得者、国家百千万人才工程人选、中国科协“青年人才托举工程”人选等国家级和省级高层次人才近100人，省级以上教学及科技创新团队20个。先后聘任了400多位国内外知名专家为名誉教授、特聘教授、兼职教授和客座教授。在师资方面，学校始终坚持引进与培养相结合。

做好整体规划。学校第二次党代会提出，要根据学校发展定位，着眼于打造高水平的师资队伍，围绕特色优势学科群，结合现有硕士点、博士硕士培育点相关学科专业的要求，加大高层次人才引进力度，加快国家级和省部级高层次人才、行业大师等拔尖紧缺人才的引进，重点引进重点学科和培育学科相关领域高端人才，加快构筑“高层次学科领军人才、高水平学术带头人、中青年骨干教师、青年教师”的金字塔形结构。2016 年以来，学校统筹做好人才强校工作的制度设计，制定出台《福建工程学院人才引进管理办法》、实施《福建工程学院教师培养实施办法（试行）》等文件，持续提升教职工教学、科研和社会服务能力，为培养兼具教学能力和专业实践能力的教师队伍奠定了基础。通过实施引培并举多项重要举措，学校师资队伍建设取得显著成效。

优化师资队伍结构。学校以教师队伍建设为抓手，通过“补缺数、调结构、重优化”，教师队伍建设取得新成效。学校现有专任教师 1253 人，生师比已由 2015 年的 18.29 : 1 提高到 16.68 : 1。教师学历层次得到优化，2016 年以来，学校新进博士 253 人，在职教师获得博士学位 31 人，具有博士学位的专任教师由 242 人上升到 525 人，专任教师队伍中的高级职称教师由 2015 年的 504 人上升到 631 人。教师年龄结构持续得到优化。34 岁及以下专任教师 208 人，35～44 岁教师 560 人，45 岁以下青年教师成为专任教师主体。教师国际化进程加快，具有海外半年以上经历专任教师从 2015 年 112 人提高至 260 人。

加大在校师资的培养力度。学校依托各级各类人才计划项目，引进和培育高层次人才。在保障投入、创新机制、分类发展的基础上，通过教学指导、科研合作、进修培训、轮岗工作等多途径促进各类人才发展。一是支持鼓励教师开展多形式研修访学和进修学习。2016—2023 年，学校 73 名教师获得国家留学基金委等资助赴国境外访学研修一年，145 名教师赴国境外短期培训和研修；组织 41 名教师赴国内高校及科研院所进行访学研修，支持 22 名教师进入国内企业或高校博士后流动站；组织 2900 余人次教师参加出国英语、教育课程等各类培训。二是鼓励教师参与教研教改，先后立项教育部新工科研究与实践项目 3 个、省级教育教学改革与教育研究项目 100 多个，近三届荣获省级教学成果奖 14 项，20 多位教师在全国高校教师教学创新大赛、全国高校外语教学大赛、福建省高校移动教学大赛等大型教学竞赛中荣获佳绩。三是注重教师科研能力的提升，申报各类国家级及省级科研项目，发表高水平论文，学校整体科研实力快速增长。除此之外，学校加强与台湾逢甲大学、云林科技大学的师资联合培养工作。学校通过优化课程体系、加强培训师资、强化实践指导等多项举措，提升全省理工类教师教育教学水平，至今已面向全省应用型本科、高职、中职等学校 1048 名教师进行专项培训。

采取合理的激励措施。学校加快推进人事制度改革，积极调整人事政策，完善健全激励机制。突出重视教学、破“五唯”，贯彻引育并举、以育为主政策，规范学校专业技术职务评聘组织工作，2016年以来新聘教授96人、副教授228人。学校合理设定教师专业技术岗位、非教师专业技术岗位、管理岗位和工勤岗位之间的分配办法，向优秀人才和关键岗位倾斜，向教学、科研一线教师倾斜，统筹考虑同类人员不同岗位等级之间的分配水平，促进学校各类人才队伍协调发展。建立了以体现岗位为基础、绩效为核心的工资制度，强化了岗位职责，建立了重实绩、重贡献的科学分配激励机制。加强对二级单位的绩效考核，扩大二级单位分配自主权。加强师德宣传，强化师德教育，表彰师德先进典型。重视宣传教育引导，将师德师风纳入教师评价体系，融入政治理论学习、岗前培训、警示教育、典型引领等各项工作，表彰一批优秀教师、教育工作者、辅导员和班导师先进典型，涌现一批先进模范典型。继续教育学院探索联合专业培训机构优势与高校办学优势，融合发展、相互提升，使高校的人才、资源与专业机构的市场开发、业务能力相融合，共同促进继续教育业务体量的增长与社会效益的提高。

（四）教学改革

学校2013年获批硕士学位授予单位、增列为福建省重点建设高校，2018年入选福建省示范性应用型本科高校、福建省博士学位授予培育单位、福建省一流学科建设高校，2021年获批新一轮福建省博士学位授予培育单位。学校现有6个硕士学位授权一级学科、9个硕士专业学位授权点，涵盖13个硕士专业学位领域；拥有3个省级一流应用型建设高校主干学科、2个省级高原学科、4个省级应用型学科、2个省级应用型培育学科、1个省级特色重点学科和5个省级重点学科；工程学学科进入ESI学科全球排名前1%；土木工程和材料科学与工程2个学科进入“软科中国最好学科排名”全国前50%。在教学方面，福建工程学院主要从以下方面发力。

坚持开放办学。学校与美国、英国、加拿大、澳大利亚、法国、德国、俄罗斯、希腊等全球20多个国家的近50多所教育、科研机构和高校建立了密切合作关系，在学生联合培养、教师学术交流和科研合作、海外引智、来华留学生教育等方面取得了长足进展；主动服务国家“一带一路”建设，承办由中华人民共和国商务部主办的援外培训班，为共建“一带一路”国家技术人员开展电工维修技术培训和工程质量管理技术培训；国际学生培养工作有序发展，现有来自20余个国家的近百名留学生来校接受高层次学历教育，校园国际化氛围有效提升；依托国家留学基金委的“优秀本科生国际交流项目”和“青年骨干教师出国研修项目”开展类型多样的留学访学及境外研修项目，国家公派出国师生人数逐年递增；积极服务福建探索海峡两岸融合发展新路，与台湾多所大学联合培养学生，引进优秀台籍教师近百人。

落实教学评估。为推动本科教学审核评估整改工作，进一步夯实本科教学基础、提升本科教学质量，学校每年组织本科教学审核评估整改和教学督导工作，重点检查教师教学能力和水平、课堂教学、考试和试卷、毕业设计（论文）、教研室、教学管理规章制度建设，以及二级督导等7个类别中的相应问题。校督导组专家定期审核评估各学院整改落实情况和教学督导情况检查，调研交流工作。

开展教学改革研究项目。学校依托土木工程国家级虚拟仿真实验教学中心，土木工程学院教师聚焦新工科专业内涵建设、新工科人才能力框架和新工科人才培养模式的改革创新，取得了一系列教学成果，也推动了建筑业转型升级新业态下土木类专业的新工科建设。为助力课程思政建设和新工科、新文科建设，推动信息技术与教育教学融合创新发展，全面提升教师教学能力，学校举办了2021年教师教学创新大赛。

开展教师教学能力培训。为深入实施《高等学校课程思政建设指导纲要》，提升高校教师的课程思政教学能力，全面推进课程思政高质量建设，学校举办了高校教师课程思政教学能力培训。学校深入实施《高等学校课程思政建设指导纲要》，充分发挥课程思政示范项目作用，促进地方、高校、教师等不同层面课程思政建设好经验好做法推广共享，帮助文、理、工、农、医不同学科专业教师解决课程思政建设过程中存在的疑惑和问题，提升高校教师课程思政建设意识和能力，全面推进课程思政高质量建设。

开展东西部融合教学合作。为落实职业教育东西协作行动计划，进一步扩大融合式教学合作，学校与新疆维吾尔自治区的巴音郭楞职业技术学院采用在线上方式，召开了“线性代数”克隆班教学交流视频会议。双方学院领导与相关教师从对接课程效果、教学建设、教学改革和后续合作进行深入沟通交流。为配合教育部在线教育研究中心关于支持开展东西部高校融合式教学的计划，受新疆维吾尔自治区的巴音郭楞职业技术学院邀请，学校通过清华学堂在线的“雨课堂克隆班”技术将张积林教授的“线性代数”课堂教学活动与巴音郭楞职业技术学院实现实时共享，推进东西部高校融合式教学，助力西部高校提高教学质量。

（五）科研创新

学校聚焦区域经济社会发展和技术创新需求，科技创新成效显著。2018 年以来，获省（部）级科技奖和社会科学奖 41 项，其中一等奖 8 项；承担国家级、省部级等各级各类科研项目 2873 项，其中国家自然科学基金项目和人文社会科学基金项目立项 85 项（其中国家重点研发计划项目子课题 5 项）；获授权发明专利 468 项。同时，在国内外学术期刊上发表学术论文 3248 篇，其中 SCI、SSCI、EI、CSSCI 等来源期刊收录 1972 篇；出版学术著作 75 部；举办学术讲座 1018 场，主办或承办各类重大学术会议 58 场；咨询报告被各级部门采纳 131 篇，其中，被省委省政府领导批示 22 篇（被省委主要领导批示 7 篇次，被省政府主要领导批示 2 篇次）。学校在发展科研方面的举措主要包括以下两个方面。

重视学生科研素质的培养教育。2016—2021 年学生在省级以上的创新创业、学科竞赛中获国际级荣誉 326 项、国家级 2132 项、省级 1844 项。学校实施“本科生专利提升计划”，资助学生作为第一发明人获批专利授权 153 项；实施大学生创新创业训练计划项目，获国家级立项 180 项；获评“全国深化创新创业教育改革特色典型经验高校”、跻身“全国普通本科类高校团学创业教育工作指数 100 强”、入围省创新创业创造教育示范建设院校、入围省产创融合教育实践示范建设基地。学校毕业生深受欢迎，近五年毕业生平均就业率 91.57%。

对接社会实际需求。学校主动聚焦区域产业发展和技术创新需求，服务社会卓有成效，2013 年获国家科学技术发明奖二等奖 1 项。2018 年以来，学校获国家自然科学基金项目和人文社会科学基金项目 68 项（含转入 12 项），国家科技重点研发计划项目 7 项（其中主持项目 1 项，子项目 8 项），国际原子能机构项目 1 项，福建省科研重大（重点）专项 32 项，省（部）级科研创新平台 57 个，获授权发明专利 475 项，获省（部）级科技奖和社会科学成果奖 41 项，其中省（部）级科技奖 35 项（含一等奖 8 项），省（部）级社会科学优秀成果奖 6 项。

当前，福建工程学院进入全面建设一流应用型大学新阶段，坚持以习近平新时代中国特色社会主义思想和党的二十大精神为指导，全面贯彻党的教育方针，落实立德树人根本任务，实施追求高质量、深化优服务、增强新动能“三大方略”，推进增强二级单位活力、提高资源使用效益、完善人才评价体系“三大改革”，夯实思想基础、教学基础、服务基础、数字基础、治理基础“五大基础”，在提升办学层次和办学水平上取得更大突破，在服务和融入新福建建设上展现更大作为，奋力开创学校高质量发展新局面。

六、河北中医学院

河北中医学院始建于1956年，初名河北省中医专科学校，校址在河北省保定市，1957年开始招收中医学专业本科生，1958年定名为河北中医学院。1962年与天津中医学院合并，校名为天津中医学院，隶属河北省。1969年天津中医学院整建制迁至石家庄市，与河北医学院合并组建为河北新医大学。1983年恢复独立设置开始招生。1995年与河北医学院、石家庄医学高等专科学校合并组建为河北医科大学。2013 年重新恢复河北中医学院设置。建校以来，学校虽历经分合，但中医药本科教育持续开展，培养出包括中国工程院院士石学敏、吴以岭、张英泽，国医大师李士懋、李佃贵在内的数万名优秀人才。现为河北省人民政府与国家中医药管理局共建高校、河北省属重点骨干大学、河北省“双一流”建设高校、博士学位授予单位、教育部卓越医生（中医）教育培养计划改革试点高校、中医学专业“5+3”一体化培养院校，具有推荐优秀应届本科毕业生免试攻读研究生资格。学校拥有教学科研仪器设备总值2.83亿元，图书馆馆藏纸质图书99.97万余册，其中线装古籍图书2.28万册，珍善本1354册，形成了普通本科教育、研究生教育、留学生教育、成人教育等多层次、多类型的办学格局。

（一）专业建设

学校开设中医学、中西医临床医学、中药学、护理学、针灸推拿学、康复治疗学、中药资源与开发、医学检验技术、医学影像技术、生物工程、中药制药、中草药栽培与鉴定、口腔医学技术、中医儿科学、中医养生学、中医康复学、中医骨伤科学、药学、助产学、应用心理学、健康服务与管理、汉语国际教育、公共事业管理、市场营销、制药工程、卫生检验与检疫26个本科专业，涵盖医学、理学、工学、管理学、文学5个学科门类。学校强化以中医学、中西医结合、中药学等中医药学科为主体的特色优势专业建设，注重中医经典能力和临床实践能力培养，拥有中医学、中西医临床医学、中药学、护理学、针灸推拿学 5 个国家级一流本科专业建设点，国家级特色专业 1 个，省级一流本科专业建设点 8 个、省级品牌特色专业 2 个。学校高度重视专业建设工作，从以下几方面推进专业建设。

召开专题会议精准部署。学校多次召开专题会议对推进专业建设进行研究部署，教务处会同各学院、各专业协商，推进一流本科专业建设。学校全面贯彻落实《国务院办公厅关于加快医学教育创新发展的指导意见》（国办发〔2020〕34 号）、《教育部 国家卫生健康委 国家中医药管理局关于深化医教协同进一步推动中医药高等教育改革与高质量发展的实施意见》（教高〔2020〕6 号）等文件精神，进一步完善专业建设规划，持续推进专业内涵发展，实现人才培养质量的全面提升，努力将学校建设成为高水平有特色中医药大学。

明确责任主体。在专业建设方面，学校坚持教学单位主体，充分发挥教学单位的主体作用，落实主体责任，坚持遴选推荐公平、公正，确保建设改革扎实有效，制定建设规划，明确时间表、路线图和责任人，按时保质完成建设任务。

加强示范引领。学校对接省内区域经济发展战略以及行业产业需求，着力推进新医科、新工科示范性本科专业建设，从学校办学实际出发，紧扣国家和我省重大发展战略需求，主动适应新一轮科技革命和产业变革，着力深化专业综合改革，优化专业结构，优先发展战略性新兴产业、高新技术产业和现代服务业急需的专业，改造提升传统专业，扶优扶强，打造特色优势品牌；强化中医药专业的主体地位，集中优势资源做大做强中医药主干专业；加强紧缺医学专业人才培养，积极申报中医康复学、中医骨伤学等本科专业；坚持“以认促改，以认促建，注重过程，注重常态”的工作方针，扎实做好中药学专业认证工作；大力推进国家级和省级一流本科专业建设点建设，提高专业内涵建设水平。

强化过程管理。学校加强规范管理，强化建设主体的自我管理机制，规范一流本科专业建设工作程序；充分利用第三方的监督和评价，加强对专业建设的过程管理和指导检查，保障专业建设水平；坚持学生中心、产出导向、持续改进的基本理念，建立健全自查自纠的质量保障机制并持续有效实施，将对质量的追求内化为全校师生的共同价值追求和行为自觉。

（二）课程建设

学校现有国家级一流本科课程 6 门，国家级课程思政示范课程 1 门，国家中医临床教学培训示范中心 1 个，省级本科教育创新高地 2 个，省级专业综合改革试点 2 个，省级实验教学示范中心 4 个，省级一流本科课程 16 门，省级精品课程 12 门，省级课程思政示范课程 24 门；拥有国家中医药管理局中医药重点学科 7 个，河北省重点学科 2 个，河北省一流学科建设项目 3 个，河北省人民政府与国家中医药管理局共建中医药重点学科 6 个，河北省中医药重点学科 2 个，国家临床重点专科（中医专业）4 个，国家中医药管理局重点专科 7 个，河北省重点中医专科 12 个。学校大力开展课程建设，从以下方面着力建设国家一流课程。

加大课程资源建设力度。学校重点开展一流课程和实验实训微课视频制作，推选 5—10 门优质线上课程登录中国大学慕课平台；积极开展一流本科课程建设，打造线上、线下、线上线下混合式、虚拟仿真和社会实践五大“金课”；推进课程考试改革，探索教考分离，开发云阅卷系统，强化成绩分析与反馈；全面推进课程思政教学改革，形成思政课程与课程思政协同育人的良好机制；修订课程教学大纲，融入课程思政理念；发挥学校多学科特别是中医药学科的优势和专业特色，坚持价值引领与知识传授相结合，深入挖掘课程的思政元素和育人功能；成立课程思政教学研究中心，打造校级“课程思政”优质课程 15—20 门、示范课程 5—10 门、示范课堂 20 项。

举办“汉语桥 · 中医文化”线上团组交流项目。学校与加拿大安大略中医学院进行合作，定期举行会议开展交流学习，加深师生对中医药等中华优秀传统文化的了解。“汉语桥”线上团组交流项目由教育部中外语言交流合作中心发起并资助，旨在通过开展线上语言、文化与体验课程，加强中外人文交流。该项目以“中医文化”为主题，以“录播＋直播”的形式在线上进行，课程内容包括中医针灸推拿、中国文化心理学、河北道地药材、汉语口语等。

（三）师资培养

学校现有在编教职员工 3002 人（含直属单位），其中，校本部 857 人，第一附属医院 1854 人，第二附属医院 200 人，省中医药科学院 91 人。学校拥有专任教师 760 人，其中，正高职 199 人（含教授 161 人），副高职 250 人，博士学位 233 人，硕士学位 435 人。学校拥有一支学养深厚的研究生导师队伍，其中，博士生导师 61 人、硕士生导师 517 人；拥有一批学识渊博、享有盛誉的名医名师，李士懋、李佃贵教授分别于2014年、2017年被授予“国医大师”荣誉称号，李佃贵、方朝义教授2016年12月被评为“全国中医药高等学校教学名师”，梅建强教授2020年9月荣获“全国优秀共产党员”“全国抗疫优秀先进个人”荣誉称号，同时拥有包括国务院政府特殊津贴专家、全国名中医、“新世纪百千万人才”国家级人选、全国老中医药专家学术经验继承工作指导老师、全国优秀教师、国家青年岐黄学者、全国优秀中医临床人才以及省管优秀专家、省级教学名师等各类人才工程专家人选共计100余人。在师资培养方面，学校主要采取以下措施。

积极探索人才评价机制改革。学校坚持以立德树人为主线，以破“五唯”为导向，加快建立教师评价标准，坚持把师德师风作为第一标准，突出教育教学实绩，推进人才称号回归学术性、荣誉性；推进职称评聘制度改革，修订教师职务分类评审办法，推行代表作评价制度，探索引进第三方评价体系和“小同行”家评审模式；启动新一轮岗位设置和聘任工作，切实发挥职称评聘在人才队伍建设中的激励杠杆作用；出台学校各类人员工作量计算办法，修订绩效工资分配办法；激发广大教师工作的积极性、主动性、创造性，为学校建设和发展提供智力支持。

加大人才引进和培养力度。学校坚持引育并举，千方百计拓宽引才渠道，力争全年引进高层次人才20人以上，如继续实施专业教师临床实践能力提升工程，推进中医药类专业教师下临床；加强名老中医药专家传承工作室建设；设立教学名师工作室，充分发挥名师传帮带作用，推进教学团队建设；突出青年教师培养，制定培养提升计划，鼓励教师攻读博士学位，到国内外高水平高校和科研院所访学；深化青年教师导师制，建立成长档案；设立教学咨询服务中心，开展青年教师教学咨询；支持开展教师发展课题研究；举办青年教师教学基本功竞赛，提升青年教师教学基本功，例如，学校承办了“第三届中西医结合一体化教学高级师资培训班”，采用课程培训、专题讲座、集中研讨、青年教师示范授课等形式开展学习交流活动，切实加强中西医结合思维能力与临床实践能力的锻炼与提升。

推进师德师风建设。学校认真贯彻落实《新时代高校教师职业行为十项准则》，突出全员全方位全过程师德养成教育；开展师德考核评价和“师德标兵”评选表彰，开展线上线下师德师风专题培训，实施新教师入职宣誓、教师节在职教师重温《教师誓词》、老教师荣休制度，严格执行师德考核失范行为负面清单制度，坚决落实师德表现“一票否决”。

做好新教师入职培训。学校高度重视新入职教师培养培训工作，缩短新入职教师的角色转换期，帮助他们尽快适应新的工作环境，提高对学校办学理念和校园文化的认同度，积极融入学校的发展和建设。培训重点围绕素质提升、政策法规、师德师风、教学技能等方面，通过线上线下结合的方式对新教师开展系列课程。

（四）教学改革

作为医学院，河北中医学院共有107个实践教学基地，有直属附属医院2所，非直属附属医院21所，教学医院40所，社区实践教学基地7个，药学类专业实习基地21个，其他实习实训基地20个，其中5个获批省级研究生实践培养基地。学校设有基础医学院、中西医结合学院、针灸推拿学院、药学院、护理学院、研究生学院、继续教育学院、国际教育学院、马克思主义学院、临床医学院、体育教学部、人文管理系12个教学机构。在硬件条件充足的情况下，学校在教学方面采取了诸多举措。

深化教育教学改革。学校坚持“先讲先用让他信、活讲活用让他会”的总体教学思路，强化中医思维培养，深入实施中医药人才培养“扁鹊计划”，为中医学、针灸推拿学专业2020级、2021级本科生高标准遴选师承教育基地和师承导师，推进中医学类专业人才培养模式改革；加强对执业医师考试结果的分析与运用，调整改革中医学类、中西医结合类本科生毕业技能考试模式，全面系统地检测学生实践技能水平，建立分阶段学业水平测试机制，强化学生技能培养，提升执业医师考试通过率；加强技能实训与考试中心信息化建设，深化教育教学研究，教育教学研究项目校级立项100项以上。

完善人才培养方案。学校开展中医经典诵读活动，举办中医经典知识考试及大赛，建立健全考核、激励制度，营造重视经典、回归经典、钻研经典的良好学风，如建立以中医药课程为主线、先中后西的中医药类专业课程体系，提高经典课程比重；明确早跟师早临床学习制度要求，增加学生毕业实习时间；加强中医疫病学科人才培养，增设“中医疫病学”课程并纳入人才培养方案；研究探索将燕赵医学纳入研究生培养方案和研究方向；深化英语教学改革，加强考研英语辅导，提升考研通过率；扎实做好合格评估迎评促建工作，促进学校内涵发展。

深化医教协同育人机制。学校强化附属医院临床教学主体职能，健全附属医院基层教学组织，第一附属医院试点设置覆盖主要临床科室的教学门诊和教学病床；探索实行“学校督导—学院主导—基地主体”的实践教学管理新模式，深入实施学院“一贯制”学生管理改革，扩大二级学院自主权，明确学校、学院、专业、基地权责，建立“专业—学院—基地对接”机制；修订《河北中医学院实践教学基地管理办法》，提高实践教学基地管理水平；开发建设实践教学管理平台，提升毕业实习学生信息化管理水平；支持第一附属医院临床教学督导平台建设，与学校本科教学督导平台实现对接；积极集聚优质教育资源，优化人才培养机制，着力推进与政府部门、企事业单位合作办学、合作育人、合作就业、合作发展；大力推动与行业部门、企业共同建设实践教育基地，健全合作共赢、开放共享的实践育人机制，不断提升人才培养的目标达成度和社会满意度。

健全质量保障体系。学校加强基层教学组织建设，开展基层教学组织建设达标创优活动；完善教学质量监控体系，建立健全闭环式教学质量保障运行系统；充分发挥二级教学单位在质量监控和评价方面的主体作用，完善“学校—学院—教研室”三级教学质量保障与监控体系，形成“全员参与、全面覆盖、全程监控”的质量保障新格局；搭建本科教学基本状态数据采集与分析平台，开展专业建设自我评估；规范本科教学督导工作，强化临床教学督导，落实督教、督学、督管；深化教育教学改革，加强教学管理，推动课堂教学革命，推进现代信息技术与教育教学深度融合，深化创新创业教育改革，全面提升人才培养质量。

坚持对外开放。河北中医学院是全省最早开展国际交流与合作的高校之一。学校与巴西戈亚斯联邦大学联合创办拉美地区首家中医孔子学院，与 10 余个国家的 20 所大学、医疗科研机构、国际组织建立了友好合作关系；积极参与“一带一路”教育行动，与韩国、美国、新西兰、巴西等多个国家开展学术交流；做好汉语、中医线上教学工作，举办中医文化线上活动；依托孔子学院，筹建海外中医中心；加强与澳门科技大学的交流与合作，推进中药材 ISO（国际标准化组织）国际标准认证研究，组织实施好河北省道地药材传承研修班“万人计划”项目；强化国际科技合作，加强河北省中医针灸优势病症国际联合研究中心和河北省中药资源利用与质量评价联合研究中心内涵建设，联合开展创新攻关；广泛联络国外合作院校，拓宽交流渠道，寻求线上项目，谋划国际合作办学机构，驱动国际交流合作迈出新步伐。

（五）科研创新

学校构建了较为完整的科研创新平台服务体系，现有国家中医临床研究基地 1 个，国家中医药管理局中医药重点研究室 1 个，河北省重点实验室 6 个，工程实验室 1 个，工程研究中心 1 个，技术创新中心 6 个，产业技术研究院 1 个，国际科技合作基地 3 个，河北省协同创新中心 1 个，高等学校人文社会科学重点研究基地 1 个，高校应用技术研发中心 1 个。学校在发展科研方面的举措主要包括以下几个方面。

增强科技创新能力。学校立足河北特色中医药资源，开展燕赵医学学术流派、特色理论、特色治法及作用机制研究，继续探索提升国家级项目的申报效能，积极培育申报国家社会科学基金项目；省部级项目立项 50—90 项；不断提高科技成果质量，发表有影响力的学术论文 400—500 篇，出版学术著作 10—20 部，实现省部级科学技术奖稳中有增；加强和以岭药业集团、河北省中医药研究院的联系与合作；谋划科技成果转移转化，推进产学研融合发展。

加强科研平台建设。学校完成省级重点实验室及技术创新中心年度统计和验收工作；启用橘泉校区危化品库、废液处置室、医疗垃圾存储点、动物尸体存放点，健全完善相应规章制度；完善实验动物中心管理制度，确保科研中心有序正常运转；继续做好科研共享平台仪器使用培训工作，提高科研仪器设备使用效率；理清思路，谋划国家级科研平台申报工作。

加强科研管理与服务。学校依据国家、省最新科技政策，不断完善科技管理服务制度、措施，坚持正确导向，克服学术评价中唯 SCI 论文的弊端，不将 SCI 指标与资源配置简单挂钩；优化科技处科室功能，完善科研伦理审查流程，优化科研奖励与约束机制；强化科技信息化管理，更新科研信息系统，让广大科研工作者从繁杂的表格统计中解脱出来；研究谋划学校增办学术期刊，建设《河北中医药学报》投稿系统，提升杂志的办刊质量。

发扬燕赵医学特色。学校坚定不移将燕赵医学作为办学特色和发展优势，一体推进文献发掘、理论机制、临床应用研究，增设校内“燕赵医学研究专项项目”，办好燕赵医学讲坛；依托京津冀燕赵医学研究中心，组织专家、学者编写出版燕赵医学学派研究著作 10 部以上，出版河北中医学院拓荒版教材等教学资料 14 部；以国家级和省部级重点项目为引领，开展燕赵医学学术流派、特色理论、特色治法及作用机制研究，积极组织学术骨干申报并力争获批国家自然科学基金联合项目、省科技计划重点项目；组织专家学者深入凝练总结燕赵医学精神文化，浓厚燕赵医学氛围，形成全校文化认同，让燕赵医学入脑入心。

定期组织学术讲座。学校邀请著名学者进行学术讲座，结合研究团队在研的国家级项目介绍科研项目申报经验，介绍了国家级护理科研项目申报的切入点与注意事项，向学校师生传授先进、实用的科研经验，解答老师和同学们在科学研究方面的疑惑和问题，对学校师生开展科研活动具有很强的针对性和指导性意义。

作为中医药的重要发祥地和扁鹊故里，河北中医药文化底蕴深厚，历代名医辈出，中药资源丰富，是全国有影响的中医药大省。面对中医药振兴发展和“双一流”建设的良好机遇，河北中医学院将进一步发扬优良的办学传统和作风，全面建设高水平有特色中医药大学，为加快建设经济强省、美丽河北作出新的更大贡献。

七、西京学院

西京学院位于陕西省西安市，是经中华人民共和国教育部批准建立的民办全日制普通高等学校，是陕西省“一流学院”建设单位、硕士学位授予单位，先后获得全国创新创业典型经验高校、教育部高校毕业生就业能力培训基地等荣誉称号。

西京学院重视教学，截至2021年11月，学校建有国家级一流专业建设点2个、省级一流专业建设点9个，国家级特色专业1个、省级特色专业2个，省级专业综合改革试点项目5个，国家级一流课程2门、省级一流课程17门，省级实验教学示范中心7个、省级虚拟仿真实验教学中心及教学项目6个。其教学成果显著，《聚焦工程能力培养的应用型自动化人才培养体系创新与实践》获2021年陕西省高等教育教学成果一等奖；《“专创融合”培养经管类创新创业人才的探索与实践》获2021年陕西省高等教育教学成果二等奖。这与西京学院重视教学的举措息息相关。

2021年3月16日，西京学院举行首次教学例会。教务处副处长邢卓对新一轮审核评估方案作了解读，并指出了适应西京学院的评估方案共分为7个项目、27个二级指标、78个审核要素。郭捷副校长最后作了总结讲话，她结合新一轮审核评估方案对西京学院接下来的教学工作提出四点要求：一要持续强化教学过程管理，逐步形成科学、规范、高效的教学管理长效机制；二要“走心、务实”地开展好教研室活动，努力提升教师的教学能力，注重质的提升，一定要切实解决问题；三要强优补短，持续加强专业内涵建设，合力打造一流课程、课程思政示范课；四是总结凝练提升，做好新一轮的教学成果申报和成果推广应用工作，为省级申报做好准备。她希望各项工作要齐头并进，各部门紧密配合，开好局、起好头，圆满完成各项教学工作任务。

西京学院制定并落实各项规章制度，稳定推进教学工作的开展。该校深入贯彻习近平总书记关于教育的重要论述和全国教育大会精神，落实《深化新时代教育评价改革总体方案》《关于深化新时代教育督导体制机制改革的意见》《普通高等学校本科教育教学审核评估实施方案（2021—2025 年）》文件精神，落实立德树人根本任务，完善校内教学质量保障体系，推动质量持续改进机制建设，培育教育教学质量文化。该校实施校院两级督导、常态化教学检查、状态数据分析等教学质量监控机制，坚持问题导向、目标导向、结果导向原则，制定了《西京学院本科教学质量保障体系建设实施方案》。为进一步深化教学改革研究工作，加强项目过程管理，该校还根据《西京学院教学改革研究项目管理办法》文件要求，对 2021 年校级教学改革研究一般项目开展中期检查工作。

西京学院坚持“五育并举”培养新时代高素质应用型人才，充分发挥党建在思政教育中的带动作用，构建了“四模块五平台三机制”的学生思想政治教育体系，助推学生成人成才。该校是“全国高校心理健康教育与咨询示范中心”建设单位，是“全省党建工作样板支部”培育创建单位，是全国社会实践示范基地，先后被团中央授予“全国五四红旗团委”等荣誉称号。该校实施四年不断线的创业就业教育，构建了“一融入二协同三促进”应用型高校创新创业教育模式，努力为国家和地方经济社会发展服务。该校获评“陕西省示范性高校毕业生就业创业指导服务机构”，是“2015 年全国毕业生就业典型经验高校”“2018 年度全国创新创业典型经验高校”“教育部高校毕业生就业能力培训基地”“陕西省创业孵化示范基地”“陕西省高校实践育人创新创业基地”“共青团陕西省青年创业孵化基地”。该校以拓展学生国际视野、提升多元文化素养为目标，积极开展国际合作交流，先后与韩国、新加坡、英国、法国、美国等 10 多个国家和地区的知名高校建立了合作交流关系，开展了短期访学、学期交换、专升本、本升硕及海外带薪实习等项目。

西京学院同样重视科研，该校建有“陕西省混凝土结构安全与耐久性重点实验室”“陕西省可控中子源工程技术研究中心”“陕西省可控中子源应用技术国际联合研究中心”“陕西省公众科学素质与文创产业发展研究中心”等 9 个省部级科研平台，“西京学院—华中数控智能制造研发中心”“陕西民间造型艺术与设计研究中心”“何积丰院士工作室”“国防科技研究院”等 7 个校级科研平台。2021—2023 年，学校主持承担省部级以上纵向科研项目 171 项，其中国家自然科学基金项目、社会科学基金项目 15 项，纵横向课题经费总额 3.5 余亿元。根据《中国民办本科院校科研竞争力评价研究报告》显示，西京学院科研竞争力连续五年排名全国第一。

在科研领域，西京学院致力于科研强校战略，以服务区域经济为导向，并将实践和应用视为重要的发展方向。在这一战略的引领下，该校连续五年在全国民办高校中位居科研竞争力榜首，充分展现了其在科学研究方面的实力。西京学院王祖良教授表示：“西京学院赋予科研人员更大的技术路线决定权、经费支配权和资源调度权，同时鼓励更多教师投身于原创性基础研究和关键核心技术攻关。有目标、有平台、有团队、有服务、有待遇的科研氛围，充分激发了科研人员的创新活力。”

2017 年组建的西京学院“陕西省可控中子源工程技术研究中心”，如今在小型化、高产额、长寿命可控中子源关键技术的研发、标准刻度井群的设计与建造、中子测井仪器和中子检测设备开发等方向上处于国内领先地位。该中心研发的小直径中子管全部实现了产业化推广，年产值 1000 余万元，市场占有率达 90%，为陕西石油测井行业的发展作出了重要贡献。该中心正在开展的瞬发伽马中子活化分析方法和中子成像的无损探伤技术，符合陕西省能源、安全、航空、航天、兵器工业等地方支柱产业发展的需要。

同时，该校建成以水利电力工程、桥梁隧道工程、建筑工程等领域为背景的陕西省混凝土结构安全与耐久性重点实验室，探索适合西部和陕西省现实条件的城乡建设可持续发展理论及关键技术，解决制约陕西乃至西部工程结构的一些关键问题。此外，该校建立的何积丰院士工作室和眉县科研基地开展面向智慧农业的项目研发，助推了眉县现代农业发展；成立的西京学院国防科技研究院，开展“雷达操纵员仿真训练系统”等项目研制，服务雷达兵实战训练，促进军民两用科研成果转化。

科学研究是支撑高水平人才培养的平台。不断增强的科研能力，有利于民办高校提升人才培养质量、社会服务水平、综合实力和核心竞争力。作为一所民办院校，西京学院将科研与人才培养紧密结合，以学生为中心提升就业质量和创新创业能力，为社会培养了一大批创新应用型人才，走出了一条独具特色的人才培养之路。

西京学院所有科研平台均可接受指导学生的实践及科研创新活动，也对有需求的教学单位及教师开放。各个科研平台上，经常可见研究生和本科生与科研工作者交流和探讨，科研工作者也乐于指导学生参加科研和教学实践。在陕西省研究生创新成果展暨创新成果洽谈会上，该校控制工程、机械工程和审计、艺术硕士研究生取得一等奖 5 项、二等奖 13 项、三等奖 35 项、优秀奖 3 项的好成绩。

在浓郁的科研氛围下，该校增设创新创业教育必修课，构建“全过程、多层次”的创新能力培养平台，培养造就“大众创业、万众创新”生力军，荣获“全国毕业生就业典型经验高校”“全国民办高校创新创业教育示范学校”“科技部众创空间”“全国社会科学普及基地”等称号。目前，该校与企业已共同编制 3 本教材，校企共建 29 门课程，并与中石化、阿里巴巴等大型企业合作建立了 20 个企业订单班，毕业生就业专业对口率和稳定率显著提高。近五年，“大学生创新创业”项目孵化出一批专利和创新创业成果，其中获批国家立项 63 项、省级立项 287 项，获批教育部产学合作协同育人项目 269 个，获批 9 个省级实验教学中心。该校先后与 450 家企业建立了合作关系，建有 190 个校外实践教学基地。

综合而言，西京学院在教学和科研领域不断推陈出新，注重实践和应用，为学生提供全方位的发展支持。在这里，学子们不仅能接触到前沿的科研领域，还能获得创新创业的宝贵经验。学校的科研和创新创业氛围将激励学生不断超越自我，成就未来的辉煌。

八、无锡太湖学院

无锡太湖学院坐落在江苏省无锡市，是经教育部批准建立的民办全日制普通本科高校，是江苏省与无锡市重点建设的本科高校，入选教育部中兴通讯 ICT 产教融合创新基地合作院校、中美应用技术教育“双百计划”试点高校、中国产学研合作创新示范基地、全国应用型高校创新创业示范校、江苏省平安校园示范高校，为全国新转设本科高校联盟理事长、全国新建本科院校联盟副理事长、全国非营利性高校联盟副主席单位。

无锡太湖学院重视教学，学校拥有5个国家级一流本科专业、2门国家级一流课程、18个江苏高校一流本科专业、2个省级教学示范中心。这与无锡太湖学院重视教学的举措息息相关。

无锡太湖学院致力于以国家级一流本科专业建设推动高水平应用型人才培养。作为江苏省同类高校中唯一一所“厅市共建”的本科高校，学校坚持“地方性、应用型、国际化”办学定位，秉持“自强不息、经世致用”的校训精神，办学21年以来，学校为地方经济社会发展输送了大量的高素质人才，在探索培养高水平应用型人才的有效路径上打造了“太湖样板”。

一是打造高水平师资体系。一流本科专业建设是办好一流本科教育的有力抓手，一流师资队伍是支持一流本科专业建设的坚实基础。学校坚持以“一流专业”建设为抓手，实施“金师”建设，通过内培外引，培育了一支“能教、会做、能做”的优秀师资团队，培养江苏省青蓝工程骨干教师10多人，涌现出多个市、校级优秀教学团队。与此同时，学校与中兴通讯、华润微电子、卓胜微电子等国内龙头企业深度合作，共建实习实训基地，聘任企业高管、高级工程师等担任产业教授；将企业真实项目嵌入课堂教学和实训案例，校企教师“双聘双挂”，形成多元化、强实践，满足应用型人才培养的“双师型”混编教学团队。

二是构建优质课程体系。课程体系建设是一流本科专业建设的核心要素和关键环节。学校推进人才培养方案由“知识输入型”向“能力输出型”转变，坚持成果导向教育（OBE）和以学生为中心，结合职业岗位群对人才知识、能力和素质的需求，确定能力要素对应的支撑知识点，将相关联的能力要素对应的知识点及知识应用重构组成模块，形成模块之间既层层递进又相互支撑的模块化课程体系，实现了课程与岗位对接。学校落实学生主体地位，推动本科教学范式从“教”到“学”的转换，实现老师“教得好”向“学得好”转变。学校开展教学方法、教学手段改革，采用启发式、项目式、问题式、案例式等教学方式，譬如《大学英语》《基础会计》等课程充分利用现代信息技术，推行“线上＋线下”相结合的混合式教学模式，考核方式由卷面考试向“过程考核”转变，引导学生自主学习。

三是提升国际化办学水平。学校广泛开展与国外名校联合培养人才。2020年，经教育部批准，无锡太湖学院与英国西苏格兰大学联合成立无锡太湖学院苏格兰学院，引入国外优质教育资源。苏格兰学院以中国教师团队为主强化学生基础教育，以英国团队为主强化学生专业教育，由中外团队共同实施英语教学，学生可获中、英两国两高校的“双学位”。学校抢抓国际化办学先机，先后同美国纽约理工大学、英国林肯大学、澳大利亚西澳大学等30多所国外高校签订合作协议，开展学分互换、本升硕、夏令营、本硕博直通车等国际项目。学校还邀请诺贝尔奖获得者理查·罗伯茨教授等50多名国际知名专家来校讲学、交流、访问，派遣众多教师赴海外学习。国际合作办学硕果累累，学校向国际知名企业输送了众多国际注册会计师、美国注册管理会计师班毕业的高级财会人才。大批毕业生在美国、荷兰、澳大利亚、英国、新加坡、日本等国外名校攻读研究生，众多毕业生就职于日本、韩国、印度的软件外包公司，担任企业高管或业务经理。

四是注重学生个性发展，助力学生成长成才。学校鼓励不同院系、专业探索新的教学模式和方法，会计学专业积极推进“理论学习＋模拟仿真实训＋会计工厂”培养模式，创业学院积极探索创新创业教育与专业教育相融合的教学模式，学校部分课程和能力训练实行以赛代考、以赛促考，促进学生创新创业能力培养落到实处。以机械工程专业为例，该专业学生在中国工程机器人大赛暨国际公开赛、全国三维数字化创新设计大赛等国家级、省部级学科竞赛中共获奖110项；获得授权专利40多件。视觉传达设计专业依托无锡优势产业包装行业，设立包装设计课和包装工作坊，充分培养学生的综合创新能力和市场适应力。物联网工程专业毕业生薪资为7000元及以上，为地方经济发展提供了大批应用型信息技术人才。

五是重视科研。学校有江苏省高校重点建设实验室1个、江苏省高校人文社会科学校外研究基地1个、江苏省高校哲学社会科学重点建设基地1个。学校制定了《无锡太湖学院纵向科研项目及经费管理办法》，给予教师充足的经费资助，方便开展课题研究工作。学校致力于推进高水平国际科研平台的建设，无锡太湖学院“6G网络与大数据智能化应用国际合作实验室”成功获批江苏省“十四五”高校国际合作联合实验室；学校与英国西苏格兰大学共建的“6G网络与大数据智能化应用实验室”入选省级国际合作联合实验室。国际合作联合实验室将通过深层次紧密型的高水平国际化合作，着力打造“人才培养、科学研究、技术服务”多位一体的特色高端平台，聚集一批国际化优秀人才，吸引和用好地方产业优质资源，加快形成多元合作的专业研究团队和创新高地。近年来，无锡太湖学院的科研工作屡创佳绩，学校连续实现了国家自然科学基金、国家社会科学基金、省自然科学基金、省社会科学基金的突破，高分区 SCI 期刊论文、国家发明专利、省级以上科研获奖持续增加，科研到账经费实现连续翻番，服务社会地方经济能力不断提升。在 2021 年中国民办本科院校及独立学院竞争力排行榜上（中国科教评价研究院），无锡太湖学院科研竞争力与水平评价上升到全国民办高校第 7 名（评为 A＋级），科研能力在江苏省同类高校排名第一，科研进步指数全国第三（评为 A＋级）。

六是打造市域产教联合体。学校将自身发展与无锡城市、产业空间功能对接，通过打造市域产教联合体和产教融合共同体服务区域产业，积极推动产教城一体化，不断为产业发展塑造新动能新优势。学校积极策应太湖湾科创带建设，与清华大学、南京大学等院校共建“科创”平台，搭建苏南乡村振兴发展研究院、环太湖科创带成果转化和创业孵化研究院等多个协同创新平台，构建符合苏南地区产业发展的政产学研协同创新体系和无锡创新人才“集聚区”、产业发展“推进器”，打造校地深度融合新典范。学校围绕江苏、无锡市现代产业布局，建立了物联网大健康产业学院、中国（无锡）跨境电商学院、3D 数字化产业学院等多个现代产业学院，完善产教融合协同育人机制。2023 年，无锡市软件及信息技术产业产教融合共同体、中国（无锡）跨境电商产业学院、产品设计 3 个项目成功获批市重点产业产教融合共同体、示范产业学院和产教融合示范专业。

追求卓越，迈向一流。无锡太湖学院围绕立德树人根本任务，紧密把握市场机遇，稳步提升一流专业建设水平，着力为高水平应用型人才培养作出太湖贡献！

九、吉林外国语大学（吉林华桥外国语学院）

吉林外国语大学旨在培养具有国家意识和国际视野，掌握一到两门专业，外语听说能力强，知识、能力、人格全面发展的应用型、复合型、外向型高素质外语外事人才，坚持办好应用型精品本科教育，大力发展专业学位研究生教育。

学校积极推进教育教学研究，以研促教，以研促改，及时将教研成果应用推广到教学中。学校 2021—2022 学年批准校级课题立项 40 项，其中重点课题 11 项；完成 2 项省级重点教研项目、1 项省级一般项目和 23 项校级教研项目结项验收工作；全面总结近年来教育教学建设和改革取得的经验和成果，组织开展校级教学成果奖评选和省级教学成果奖推荐工作，取得省级以上教学成果奖 4 项，其中省级特等奖 1 项；外语类专业落实《理解当代中国》多语种系列教材“三进”工作；开展课程思政改革研究与实践，使课程思政全覆盖；在吉林省课程思政示范（建设）项目中，有 5 门课程成功立项。

吉林外国语大学着眼应用型人才培养，深入探索大学生综合实践能力提升的有效途径，最终确立了课内实践教学体系为“一条主线，二个阶段，三项内容，五个平台”，课外实践教学体系为“七化”的实践教学内容体系，形成了“一体双翼”“多层并举”“学生自主”“立体施教”的实践教学模式，同时建立由组织管理保障、指导教师队伍保障、制度管理保障、质量控制保障和条件支撑保障构成的实践教学保障体系，为培养“知识、能力、人格”全面发展的应用型、复合型、外向型人才作出了重要贡献。

学校发挥外语学科专业优势，以新文科建设为导向，遵循“服务地方、立足民族、面向世界”的指导思想，明晰“守正创新、交叉融合、协同培养”的改革思路，以“应用型、复合型、外向型”的“三型”人才培养经验为基础，进一步探索“三型三维五融合”的卓越外语人才培养模式，培养具有“文化自信和全球视野”“能够讲好中国故事、传播中华文化”的卓越外语人才。

学校强调“知识、能力、人格”三位一体的成才观，以培养学生的综合素质为主要目标，制定和实施了《本科全套人才培养规格及方案》，科学设计了学生从大一到大四全过程的知识目标、能力目标和素质目标，除专业教学外，在课程设置上增加了心理健康讲座、管理学概论、礼仪知识讲座、公关知识讲座等公共必修课程；在公共选修课上加大了人文素质课程的数量和类别，增加了国学课程，培养学生的爱国主义情操；还设定了就业教育、养成教育、品德教育、素质教育、实践能力与创新能力的培养和心理健康教育等。

吉林外国语大学共设五个科研机构：民办高等教育研究院、中外文化研究院、应用型人才培养研究院、“一带一路”语言文化服务协同创新中心、吉林国际战略研究院。民办高等教育研究院主要研究方向有三个：一是民办高等教育基本理论研究，二是民办高等教育政策与法律研究，三是非营利性民办高校办学模式研究。近几年来，学校围绕国务院“非营利性民办学校办学模式研究”专项改革试点积极开展研究工作，围绕该试点项目积极申报各级各类科研课题20多个，其中，教育部人文社会科学青年项目1项；全国教育科学规划教育部重点课题2项；吉林省科技厅软科学基金项目课题1项；吉林省社会科学项目2项。应用型人才培养研究院把“培养具有国家意识和国际视野，掌握一到两门专业，外语听说能力强，知识、能力、人格全面发展的应用型、复合型、外向型高素质外语外事人才”作为人才培养目标定位，以积极探索外语类应用型人才培养模式作为己任，充分发挥“思想库”“信息库”和“人才库”的作用。同时学校突出地方性外语类大学特色，密切关注国内外应用型高等教育的发展动态和学术前沿，着力研究国内外国际化应用型人才培养的现状、发展趋势和前沿动态，及时、准确、高效地为吉林省相关部门，以及学校领导和职能部门提供国内外最新应用型人才培养的动态和研究成果、政策咨询和决策参考。

十、浙江越秀外国语学院

浙江越秀外国语学院为深化教育教学改革，提高教育教学质量，鼓励教师开展教育教学研究与建设，激励高水平教学成果产出，对教改项目、教研论文、教学成果获奖、专业和课程建设等方面取得成绩的教师给予重点学术工作量补贴，极大地调动了教师潜心教学、潜心研究的积极性。

学校为满足经济社会发展对跨学科专业人才的需求，充分发挥学校办学特色优势，进一步增强学生社会适应度和职场竞争力，提出“英语＋辅修（微专业）＋通识教育”“小语种＋英语＋辅修（微专业）＋通识教育”“非通语种双外语＋辅修（微专业）＋通识教育”“非外语类专业＋英语（小语种）＋辅修（微专业）＋通识教育”等人才培养模式改革，进一步丰富了“外语＋”战略内涵。目前学校开设了11个微专业、9个辅修专业，供学生修读。以一流本科专业建设标准为引领，按照“改造传统专业，巩固优势专业，打造特色专业”的建设思路，学校不断优化专业结构，创新人才培养模式，优化课程结构，深化教学改革，推动专业内涵式发展。学校在人才培养方案中增加劳动教育与体验模块，设置1学分；建设“校企协同就业创业创新示范实践基地”国家级实践基地，形成校企“共建、共管、共评、共享”的创新创业人才培养模式；加强过程性管理，坚持5年一轮的本科评估制度，以“杜绝水课，打造金课”

为目标，常态化开展专业评估、课程诊断；以评促建、以评促改、以评促管，专业建设成效显著。

学校坚持以学生中心、成果导向、持续改进的OBE理念，根据学校应用型高校办学定位，面向区域经济社会发展，明确专业人才培养类型、规格和层次。在保证学生具备较完整的本专业知识结构的前提下，根据学生未来规划，学校设置了专业交叉融合的课程模块和方向，以满足不同类型人才的发展需求，为学生职业发展提供选择空间。课程教学内容以新文科专业建设为导向、反映前沿性和时代性、学习结果具有探究性和个性化的课程，培养复合型人才。新获批的日语、朝鲜语国一流专业及俄语、国际经济与贸易省一流专业，对标同类院校中的标杆样本，积极推进专业综合教学改革。

学校是“联合国学术影响”组织成员，近年来科研、教研水平不断提升，立项国家级科研项目52项（其中重点项目3项）、省部级科研项目105项（其中重大项目2项），获各类科研奖80余项。同时，由浙江越秀外国语学院主办的《语言与文化论坛》为综合性人文学术出版物，以融通中外语言文化、关注学科发展前沿、注重基础应用研究、促进人文学术交流为宗旨，刊登语言文学学科和与其交叉交融学科的学术论文。该出版物特别鼓励学术创新，包括对重大学术研究理论和现实问题的探索、对不同学术观点的讨论和争鸣，期冀建立一个开放的学术对话平台。

十一、南京工业职业技术大学

南京工业职业技术大学（简称“南工”）是一所历史悠久、底蕴深厚的百年名校。其前身是我国近现代民主革命家、社会活动家、教育家黄炎培先生创建于1918年的中华职业学校——我国第一所以“职业”命名的学校，2019年升格为全国首家公办本科层次职业院校，2020年更名为南京工业职业技术大学。百年传承、薪火相继，学校培养了张闻天、华罗庚、江竹筠、徐伯昕、朱森林、秦怡、顾心怿、王世绩、邹世昌等一批杰出校友及大批实用型技术人才。学校全面贯彻党的教育方针，坚定社会主义办学方向，落实立德树人的根本任务，促进学生全面可持续发展。在一个多世纪的办学历程中，学校始终传承弘扬黄炎培职业教育思想，遵循“敬业乐群”的校训，坚持“手脑并用，双手万能”的办学理念和“做学合一”的教学方法，在人才培养、科学研究、社会服务、文化传承、国际合作交流等各个领域保持着良好的发展态势，综合竞争力位于全国高职院校前列。

学校本科职业教育以技术本位为培养理念，以职业导向为培养逻辑起点，定位培养高层次技术技能型人才，培养过程工学结合贯通，结果以校企多元评价为培养评价体系。学校本科职业教育人才培养体系坚持以德技并修、面向产业、做学合一、育训并举为构建原则，确定技术复合性、精深性、创新性的人才培养定位，优化以对接高端产业、产业高端为重点的专业设置，建设跟随岗位变化的动态课程体系，持续推进专兼结合教师队伍的优化、高质量本科职业教育教材的开发、培养模式与教学方法创新的“三教”改革。

（一）专业建设是人才培养的核心工作

1. 制定职业本科专业建设的相关制度

学校制定了《关于研制本科层次职业教育专业人才培养方案的指导意见》《关于印发〈南京工业职业技术大学境外原版教材选用管理办法〉的通知》《关于印发〈南京工业职业技术大学与高职院校合作现代职教体系“3+2”贯通培养项目转段升学考核实施方案〉的通知》《南京工业职业技术大学职业本科实训项目管理办法》《南京工业职业技术大学教材建设与管理办法》，为专业人才培养方案的贯彻落实提供了组织保障、制度保障和资源保障。

2. 扩大职业本科人才培养试点

2021 年，学校新增机械设计制造及自动化、现代通信工程、新能源发电工程技术、汽车服务工程技术、城市轨道交通设备与控制技术、网络工程技术、现代物流管理、产品设计等 8 个职教本科专业；推动首批本科专业教育教学标准研制，并为国家职教本科专业教育教学标准献计献策，以专业教学标准引领人才培养，培育高层次技术技能人才。

3. 发挥行（教）指委委员职责

2021 年 10 月，教育部公布了新一届（2021—2025 年）行业职业教育教学指导委员会和职业院校教学（教育）指导委员会委员名单，学校 17 人入选新一届行（教）指委，其中副主任委员 5 人、委员 12 人。该委员会的主要职能包括开展本行业人才需求预测分析，提出本行业技术技能人才培养的职业素质、知识和技能要求，指导职业院校教师、教材、教法改革，参与职业教育教学标准体系建设，开展产教对话活动，指导推进校企合作、职教集团建设，指导实训基地建设，指导职业院校技能竞赛，组织课题研究，实施教育教学质量评价，培育和推荐优秀教学成果等。学校将依托行指委平台，积极参与全国职业教育专业建设工作，大力推进专业建设与教学改革，努力实现学校办学质量的提升。

（二）职教本科试点建设

教育部发布的《本科层次职业教育专业设置管理办法（试行）》明确指出，本科层次职业教育专业设置应进行系统设计，促进中等职业教育、专科层次职业教育、本科层次职业教育纵向贯通、有机衔接，为加快实现从中职到专业学位研究生各层贯通奠定了坚实基础。学校自 2019 年开展本科职业教育试点以来，勇担试点任务，加快改革创新，取得了一些实践成效。

1. 做好顶层设计，高标准启动试点工作高标准

学校制定“十四五”发展规划和试点建设方案，重点推进 9 大工程、深化 3 项改革、落实 5 项保障，加快建成“全国领军、世界水平”支撑区域制造产业创新发展的职业技术大学。

2. 围绕地方区域，高水平建设本科专业

学校紧密围绕江苏和长三角区域高端产业、产业高端开办专业，反复调研论证，现设置职业本科专业 14 个，全部编制了具有示范指导性的人才培养方案，牵头和参与 10 余个国家职业本科专业教学标准编制，校内两批次立项建设 37 部职业本科教材，3 部本科教材入选江苏省“十三五”重点教材。

3. 聚焦两个方向，加大师资引培力度

聚焦“高层次”和“应用型”两个方向，学校现聘有 11 个技能大师、7 个“全国技术能手”、220 余名应用型博士、90 余名国内外知名企业技术骨干；建成 3 个国家级教学团队，江苏省“双创博士”“333 工程”等省级人才 120 余人。

4. 遵循产教融合、校企合作的办学路径

重点打造以技术为纽带的产学研合作的命运共同体，与北京精雕合作共建人才和产业学院，培养精密加工技术人才；与华为合作共建 5G+数字化人才产教融合基地。

（三）学校特色发展

1. 坚持技术技能人才的培养定位不变

学校以立德树人为根本任务，以理想信念教育为核心，创新人才培养模式，提升个性化培养水平，制定特色人才培养标准，强化劳动教育和工匠精神培育，主动适应产业发展，以培养能胜任装备制造领域工作并具有良好职业发

展前景的高端技术技能人才；以设计、制造、设备保障形成专业链与产业链对接，深度服务区域产业发展；在现有高职专科基础上，使培养的学生具有更加深厚的理论基础、更加完整的知识体系、更加复合的专业能力、更加坚实的技术技能积累。

2. 坚持服务产业发展的需求导向不变

“以服务为宗旨，以就业为导向，推进教育教学改革。实行工学结合、校企合作、顶岗实习的人才培养模式。”学校在能力本位的课程体系下，产学研结合、校企互动，校企共建校内外实训基地、共同进行课程开发，实现课程标准与职业标准的对接，由学校教师和企业专家共同开发专业核心课程，突出课程的实践性、开放性和职业性，根据企业要求和技术发展变化及时更新教学内容，把工作过程与学习过程及增强学生全面发展能力结合起来，将工作过程考核融入课程考核，强化学生职业发展能力的培养，强化学生多元智能的培养，强化学生创新能力的培养，使其适应生产一线的高技术、高技能要求。

3. 坚持工学结合的人才培养模式不变

学校对接典型工作岗位（群），明确专业人才培养目标和知识、技能素质要求，校企联合组成专业教学团队，共同制定人才培养方案，将工匠精神、职业素养培养深度融入人才培养全过程。企业深度参与课程体系构建和专业课程开发，校企联合开发专业课程比例达到80%以上。学校根据企业要求和技术发展变化及时更新教学内容，把工作过程与学习过程及增强学生全面发展能力结合起来，将工作过程考核融入课程考核，强化学生职业发展能力的培养，强化学生多元智能的培养，强化学生创新能力的培养，使其适应生产一线的高技术、高技能要求。

4. 坚持双师型教师的主体地位不变

企业技术骨干担任兼职教师数量达到一定比例。学校探索“双师型”教师队伍建设，力求打造出一支素质全面、基础扎实、技能娴熟，能够胜任专业理论教学和实践指导的“双师型”教师队伍，与合作企业共同设立“双向流动岗”，在学校设立“双师教学岗”，聘任企业能工巧匠、技术能手到校担任产业导师；在企业设立“双师生产岗”，选派专业教师到企业或实训基地锻炼提升，实现校企岗位互通、人员互聘，实现校企“双向互驻”和“双向流动”，构建了一支既是专业理论课教学骨干，又是技术能手的稳定的“双师型”教师队伍。

十二、常熟理工学院

常熟理工学院自2004年升本以来，始终坚持应用型办学定位，持续深化产教融合，积极探索应用型人才培养新模式。2009年起，学校在国内同类高校中率先探索行业学院人才培养模式，2019年又率先启动行业学院2.0版（现代产业学院）建设，历时14年，建构了以现代产业学院为载体、以产教融合为基本路径的应用型本科高校人才培养新模式。

一是在机制创新上下功夫，着力健全政校企行多主体协同育人新机制。学校与中国纺织工程学会、中国电梯协会、苏州市应急管理局、苏州生物医药产业园、常熟国家高新区等国家行业协会、政府主管部门，腾晖光伏、东南电梯、药明康德等行业头部企业深度合作，先后成立光伏科技学院、智能电梯产业学院、医药生物技术学院、苏州应急管理技术学院等10家面向产业急需、行业特色鲜明现代产业学院，有效推动了社会资源支持高校发展，促进了学科专业结构优化调整，形成了与苏州产业布局高度契合的新能源、纺织服装、智能制造、生物医药、人工智能、应急管理等六大工科专业群。学校2010年起与苏州市人民政府启动省市共建机制，2012年起与常熟市人民政府启动校地合作机制，迄今已获得苏州、常熟两级政府2.6亿元财政经费支持，构建了以现代产业学院为载体，政府、行业协会支持，企业深度参与，高校创新引领的产教融合长效机制。

二是在师资建设上下功夫，通过产教双向赋能建设“双师型”教师队伍。学校全面实施教师企业研修、科技镇长团、企业双创博士等政校企行人才多向交流机制，将行业背景和企业实践经历作为教师考核和评聘重要内容，大力引进具有行业企业背景的高层次人才，引导教师开展工程应用研发，促进了企业技术骨干与专业教学骨干双向交流，形成了校企人才资源共建共享机制，进一步激发了广大教师应用型科技创新活力，为培养高质量应用型人才奠定了坚实的师资队伍保障。近年来，学校累计选派300多名教师赴行业企业挂职研修，派遣41名教师挂职科技镇长团，聘请近300名企业技术人员作为学校兼职教师，相互促进，共同发展，其中19人入选江苏省本科类产业教授，122位教师入选江苏省“科技副总”计划。学校双师型专任教师641人，占比53.56%，为应用型人才培养提供了坚实的师资队伍保障。

三是在教学内涵上下功夫，大力推动产教融合提升专业建设质量。学校引导相关专业主动对接经济社会发展需求，培养符合江苏支柱性产业发展急需的紧缺人才，遵循行业产业的知识能力素质要求，发挥企业重要育人主体作用，校企联合构建与应用型人才培养定位相符的产教融合课程体系。学校建立专业动态调整机制，积极布局智能制造、数据科学与大数据技术、新能源汽车工程、应急技术与管理等新工科专业，不断提升专业与产业契合度。学校累计获批11个国家一流专业建设点、13个省一流专业建设点，5门课程入选国家一流课程，7个工科专业通过教育部工程教育专业认证，6个教师教育类专业通过师范教育二级认证，2个商科类专业通过美国商学院认证委员会（ACBSP）认证，7个工科专业入选省级产教融合型品牌专业，6门课程入选省级产教融合一流课程，5家合作企业入选江苏省产教融合型企业，获批2个省级优秀基层教学组织。教学改革成果《应用型高校项目化“专创融通”课程模式构建与实践》荣获2022年国家教学成果奖二等奖。

四是在科技服务上下功夫，紧扣产业发展脉搏提升技术服务水平。学校连续入选国家发改委、教育部“十三五”应用型本科产教融合发展工程、“十四五”教育强国推进工程储备院校。学校围绕苏州制造业，着力推进人工智能、智能制造和大数据技术等赋能传统制造产业提档升级。学校围绕苏州生物医药一号产业，校企共建“江苏省高值化合物绿色生物制造工程研究中心”；围绕苏州声学产业，建设声学技术研究院，并被中国声学学会认定为“全国声学科普教育基地”；围绕苏州氢能产业，与常熟市政府、企业共建“江苏省车用氢燃料电池集成与应用技术工程研究中心”。2022年，学校横向项目1072项，合同经费3.05亿元，到账经费1.82亿元。学校在中国应用型本科高校综合竞争力报告发明专利授权前50强中排名第三。

五是在示范引领上下功夫，聚焦合作共赢全力推动产教城一体化发展。2021年，学校作为全国应用型高校的代表接受教育部新一轮教育教学审核评估试点，特色案例《现代产业学院——应用型人才培养新路径的探索与实践》被教育部教育质量评估中心列为“本科教育教学示范案例”。学校以现代产业学院为载体培养应用型人才的探索，取得了一系列的实施成效，现有国家级产业学院1个、省级重点产业学院（含应急管理学院）4个、工信部专精特新产业学院1个。依托现代产业学院，源源不断的产业教学案例、深度融合的协同育人模式，极大提升了学生创新创业能力，学校位列中国高等教育学会“2018—2022全国新建本科院校学科竞赛排行榜”全国第三，江苏省第一。

常熟理工学院作为一所在教育部发文建立之际就明确的省市共建本科高校，也是全省第一所省市共建本科高校。在 60 多年的办学历程中，始终伴随着立足苏州、依靠苏州、服务苏州、融入苏州的发展轨迹；始终坚持校企合作、产教融合的应用型办学定位不动摇；始终坚持扎根苏州办大学，深度融入区域经济社会发展；全校广大师生员工正以党的二十大精神为指引，着力深化教育教学综合改革，努力培养堪当民族复兴大任的时代新人，践行“敢为、敢干、敢闯、敢首创”的四敢精神，为全省应用型本科高校的高质量发展提供实践参考，为中国式现代化建设的江苏新实践贡献智慧和力量。

十三、上海杉达学院

上海杉达学院是在上海浦东开发开放的背景下，于 1992 年 6 月由上海交通大学、北京大学、清华大学部分教授发起创办的全日制民办大学。1992 年 8 月，经上海市高等教育局批准筹办，校名为“杉达大学”，并于当年秋季面向全国招生。1994 年 2 月，经教育委员会批准正式建校。2002 年 3 月，经教育部批准设置为全日制普通本科院校，校名为“上海杉达学院”，是上海市第一所本科民办高校。2005 年 8 月，经上海市学位委员会批准，增列为学士学位授予单位。2015 年、2020 年，先后通过教育部本科教学工作合格和审核评估。2017 年纳入上海市教委硕士点培育单位。高校是创新创业人才的培养基地，高等教育的主要任务是要培养既能适应经济社会发展，又能引领经济社会发展的高素质人才，创新创业就是“引领”作用的主要表现。随着经济社会的不断发展，高等教育与经济社会的关系越来越密切，学校要积极对接国家人才需求，积极与企业合作，推进“产教融合”，积极培养承担国家现代化建设使命的“双创型”人才。

（一）主要做法

第一，上海杉达学院初步建立并完善“新工科” 教学内容和课程体系及与之相匹配的科学的教学方式、方法和手段实现人才培养目标。

第二，学校与上海佩纳沙士吉打机械有限公司合作，建立实践基地与实训平台，实现学校培养与学生自我发展相结合，第一课堂与第二课堂相结合，校内理论教学、模拟教学与校外实践教学相结合，国内经济社会形势教育与国际背景教育相结合的开放式教育教学模式，充分发挥学生、学校、企业在“双创型”人才培养中的多元作用。

第三，围绕公司主要业务，学校利用“佩纳（PEINER）”的专有技术与工艺研发生产销售各类型抓斗、系列集装箱吊具、大型钢坯夹具、钢卷吊具及秸秆夹具等，并与德国母公司联合建立了覆盖全球范围的售后服务网络，具备全球范围、快速反应的整套售后服务为客户量身定制的产品方案能为客户带来更高的装卸效率，与客户共创价值，形成高校主体、政府主导、行业指导、企业参与的“产教融合”的协同育人模式，促进“双创型”人才培养。

（二）成果成效

目前，上海杉达学院“产教融合”的“双创型”人才培养课程体系已初步建立，同时，上海杉达学院与包括佩纳公司在内的多家企业合作，建立“产教融合”的“双创型”人才培养体系。

在此基础上，学校每年选派若干名学生进入企业实训，将部分课堂内授课内容课堂外化，聚焦产业导向，使学生课外通过参加创新创业大赛、产业实习、社区合作等形式，学以致用，不断提升自主学习与创新能力，参与重大科技创新项目 2 项，其中佩纳抓斗在线实时称重系统获国家专利证书和上海市科技进步奖，其在线监测软件 2019 年 7 月 30 日获中华人民共和国国家版权局计算机软件著作权登记证书。

（三）经验启示

“产教融合”模式中，学校和企业是基础，前者作为学习基地，后者作为实践基地。为统筹管理，可建立“产教融合”教育管理协调机构。该机构的建立可在政府相关机构的支持下完成，从制度和政策层面将部分企业群、创业组织、学校等纳入联合培养协调机构，共同促进专业人才的培养与发展。学校和企业可以尝试推行“订单式”培养。校企双方联合制定学生培养方案，企业可向学校教育提供一定的经费、必要的设备、生产实习场地和选派部分专业教师，承担部分实训项目教学活动等，形成“产教融合、产教并举、以教促产、以产养教”的良性循环，将教育发展、人才培养、企业效益和社会效应作为动力源，着力培养高素质人才，对于提升学校教育和社会的融合度，提升学校教育对国家人才发展的贡献，推进高等院校立德树人工作取得新成效、新突破，帮助学生树立远大理想、培养家国情怀、实现人生价值及社会价值等具有重要意义。

十四、四川工商学院

（一）"五位一体"三苏文化育人工程

四川工商学院作为地方高校，利用眉山三苏文化资源优势，积极推行"五位一体"三苏文化育人工程。学校立足"三苏故里，千载诗书城——眉山"，守着三苏祠这一优秀资源，通过继承＋弘扬、受益＋贡献、转化＋发展、分享＋借鉴等方式将三苏文化融入教育教学实践，彰显学校"以文育人、德才兼修"办学特色，切实体现学校在人才培养、文化传承、服务地方、科学研究等方面的功能；为学校内涵建设、高质量发展做好成果的积累和铺垫；提升师资研究能力和水平，为教师成长成才搭建平台；通过优秀传统文化的熏陶、浸润，让学生具备励志读书、爱国爱校等博大情怀。

1. 打造"三苏"文化校园，营造环境育人氛围

一是将校内主干道路、景观湖泊、师生公寓、校园广场结合"三苏"文化进行命名，如婵娟湖（取自苏轼《水调歌头》）、诗书广场（鼓励师生学习"三苏"勤学苦读）、友爱广场（取自苏轼、苏辙两兄弟手足情深）等；二是设置"三苏"文化石和"三苏"文化墙，让师生感受"三苏"文化中的"报效祖国""品学兼修""励志读书""学会感恩"，把自然景观建设成文化景观；三是在教学楼、图书馆、食堂、实训大楼墙面和台阶上，呈现三苏诗词名句，例如"腹有诗书气自华""旧书不厌百回读，熟读深思子自知""励志识遍天下字，发奋读尽人间书"等让环境文化与学科资源相对接，成为一种隐性课程，通过"润物细无声"的方式，把整个校园建设成为天然的"三苏"教科书。

2. 搭建"三苏"文化平台，拓宽资源育人渠道

一是成立市"三苏"文化课程思政教学研究与实践中心，建立了教师培训网络平台，邀请专家开展线上、线下教师课程思政培训，汇集了教师学习课程思政教学理念、方法的课程资源。各二级学院也结合学科专业特点，通过邀请专业领域教学专家参加专业教学研讨会等，广泛开展课程思政教学培训，搭建将"三苏"文化融入课程思政案例交流培训、课程思政示范课等学习平台。近 3 年，学校先后组织开展大型课程思政专题培训 10 余次。二是建立课程思政虚拟现实实训室，打造沉浸式课堂，内有"三苏"系列案例故事等 10 余套课程思政教学资源，学生可以通过 VR 设备在虚拟环境中进行互动学习，教师也可以在 VR 虚拟环境中对知识点进行补充讲解，学生可以自主探索、学习，增

强了学习的主动性和趣味性。三是在校内打造面积达200多平方米“三苏”文化馆，内设“三苏生平展”“三苏宦旅图”“三苏书画展”“三苏文创展”和“三苏文献展”等，通过展示“三苏”生平故事，阅读“三苏”书籍，赏析“三苏”相关书画，形成目有所见、耳有所闻、源有所考的融合育人资源，向师生传达知识、塑造人格、打开视野，丰富学校课程思政内涵，沉淀学校文化底蕴。

3. 塑造“三苏”院系文化，提升课程育人水平

一是融入通识教育体系，形成“公共必修课＋公共选修课”的通识教育课程思政体系。先后开设了“‘三苏’文化概论”“‘三苏’文化精选十讲”等课程，通过对“三苏”文学作品及人生历程、宦海浮沉的解读，力求形象地、生动活泼地展现思政内容，化虚为实，让学生深刻体会三苏文化的思想内涵。二是融入专业教育体系，形成“专业必修课＋专业选修课”的专业课程思政体系。如汉语言文学专业开设“‘三苏’文化与地域文化”“‘三苏’文化与民俗民间文学调查”等课程，打造突出地方文化的特色课程，找准文化基因，确立文化自信，以文化人，以文育人。产品设计专业打造“三苏”文化的特色产品设计课堂，让传统文化融入专业技能中，以课程项目的方式“转化＋发展”传承中华优秀传统文化。学前教育专业“普通话”课程到三苏祠实践教学基地开展综合能力运用实践，通过听取三苏祠讲解员的讲解，一边从讲解员的发音、语调、遣词造句和谋篇布局等方面，学习掌握普通话课程学习中命题说话语言组织的技巧，一边根据课前的要求，结合三苏祠的景、文、人、俗等开展普通话说话测试的素材积累，从三苏祠的园林景观、结构布局再到“三苏”家风家训和苏轼、苏辙两兄弟成长故事等，将“三苏”文化全面融入课程教学。三是融入教育教学研究，开展以“三苏”文化为主要特色的课程思政理论和实践研究。学校建立课程思政图书资料库，结合学科专业特点，购买了一批优秀传统文化与课程思政结合的图书资料，拓展课程思政思维，提高教师教育教学研究能力。《“三苏文化融入课堂”的中华优秀传统文化教育教学体系研究与实践》等项目被列为省级重点教育教学改革项目。挖掘“三苏”课程思政元素，开展以“三苏文化”为主要特色的课程思政优秀教学案例评选活动，现已征集评选出140份涵盖全校各个专业的课程思政教学案例。

4. 开展“三苏”品牌活动，强化实践育人

一是打造“三苏”实践育人系列活动品牌。学校从新生进校到毕业实习，分阶段组织建设了“三苏文化节”“三苏文化展演”“东坡大讲堂”“三苏书画

比赛”“三苏演讲比赛”等主题活动，举办活动百余场，参与学生数万人次，形成“三苏”系列品牌活动，把娱乐身心、陶冶性情、潜移品性、培养情操，贯穿到学生的大学生涯，让“三苏”文化浸润每个学生的心灵。二是开展系列宣传宣讲活动。组建“传承三苏文化”骨干讲师团，每年邀请知名教授、学者、作家等在新生入学教育、开学第一课等环节到校开展“三苏”文化专题讲座，引导学生学习“三苏”做人、做事、做学问。三是开展“三苏”系列研学活动。学校建立了“三苏祠”大学生校外实践教育基地，组织师生参观“三苏”古迹、讲苏轼故事、品东坡菜、写游记等，切身体会“三苏”的生活环境和成长历程，并学习他们的高尚品德，让学生在实践中感悟、践行“三苏”文化。

5. 深化“三苏”文化研究，促进科研育人成效

学校将“三苏”文化研究作为重点社会科学研究方向，积极践行科教协同育人。一是成立“三苏文化研究所”，聘请眉山市“三苏”文化研究专家学者为特聘研究员，研究“三苏”、传承“三苏”。二是组织校内外“三苏”文化专家 20 余名建立校园“三苏”文化活动专家库，为学生“三苏”校园品牌活动提供专业保障。三是充分挖掘“三苏”文化的现代价值，组织开展“三苏文化＋”系列书籍的编写，完成《“三苏”文化与家国情怀》《“三苏”文化与门风家教》《“三苏”文化与崇德尚礼》等系列读本 12 部，为“三苏”文化课程与教材建设奠定基础。四是开展“三苏”文化课题研究，承担市厅级以上“三苏”文化课题 30 余项（省部级 4 项）、撰写“三苏”文化学术论文 100 余篇、开发“东坡文化数据库”，教师将“三苏”文化研究成果融入思政课程教学之中。五是实施创新传承，组织师生开发“三苏”文创产品 20 余个，在创新传承中贯彻实践育人。六是重视交流与普及，开设四川工商学院“岷江大讲堂”的平台交流、普及“三苏”文化，年参与学生上万人次。

（二）践行“两个转化”，助推科研兴校

1. 把地方需求转为研究课题

学校对准地方经济发展，承担技术攻关与服务，将发展中遇到的问题、难题转变为学校科研课题、论文和专利，实现服务促进研究、研究提升服务。近年来，学校科研立项数量不断增长，获批市厅级以上纵向课题达 600 余项，2020 年，市厅级以上科研立项数量较上一年增长了 55%，年度项目总数突破 200 项；完成横向课题 80 余项；教师授权专利 250 余项、获得软件著作权近 600 项，转化 20 余项；获得各类科研项目经费总数由原来的不足 10 万元增加

到近1000万元；成果获市厅级以上表彰30余项；《乡村振兴背景下农村法律援助问题研究》等多项调研报告被四川省政府部门采用；学校针对眉山网络信息安全防控的需要，搭建“眉山市网络信息安全攻防应急演练平台”，平台已被眉山市大数据中心采用，平台技术标准还被编入国家《信息安全技术网络安全事件应急演练指南》。

2. 把研究成果化为教学资源

一是优秀成果进课堂。学校将东坡文化的精髓分别与“思想道德修养与法律基础”“中国近现代史纲要”等4门课相关知识点进行融合，特别注重与习近平新时代中国特色社会主义思想的深度融汇，更好实现了“三进”目标。二是吸纳学生进课题。学校探索实施学生进项目、进课题举措，通过参与调研、资料收集、过程实践、文稿撰写等方式，吸纳学生1000余人次，有学生参与的课题占教师课题总数的50%以上。三是分解研究课题供学生论文选题。学校分解教师科研课题供学生毕业论文（设计）选题，学生毕业论文（设计）题目来自科研项目的比例在15%左右。四是搭建思政实践育人平台。学校以投身凉山州盐源县科教精准扶贫为契机，在开展农业产业扶贫过程中搭建思政实践育人平台，先后组织师生2000余人次深入盐源开展实践，促进学生在扶贫实践中过程锻炼成长。

3. 将地方资源化为办学资源

（1）将“三苏”文化资源化为办学资源

学校充分利用眉山“三苏”文化资源优势，积极开展对“三苏”文化的研究、育人传承、创新实践。

一是将“三苏”文化作为学校社会科学研究重点。学校组织教师开展“三苏文化＋”系列读本的编写，完成《“三苏”文化与家国情怀》《“三苏”文化与门风家教》《“三苏”文化与崇德尚礼》等系列读本12部；开展“三苏”文化课题研究，承担市厅级以上“三苏”文化课题30余项（省部级4项）、撰写“三苏”文化学术论文近100篇；实施创新传承，组织师生开发“三苏”文创产品20余个。

二是积极践行“五位一体”的“三苏”文化育人工程，构建起了属于自己的“三苏”文化育人体系。2019年，《中国教育报》以“传承三苏文化基因培育品学兼优人才——四川工商学院实施‘五位一体’‘三苏’文化育人工程”为题系统报道了学校“三苏”文化育人经验，眉山市人民政府授予学校“东坡文旅奖”。2021 年，以“三苏”文化为桥梁，学校承办了“两岸一家亲·千里共婵娟”四川-台湾大学生中秋诗词会，并被中央电视台中文国际频道《海峡两岸》栏目报道。

（2）争取地方支持

学校在创新创业工作方面积极争取地方支持，通过校地共建，累计获得政府资助近 200 万元。四川工商学院大学生创新创业俱乐部被评为“国家级备案众创空间”。

（三）践行“四个融入”，服务地方经济社会

1. 融入地方经济

近年来，学校先后与眉山市各级政府部门联合签署《眉山市科技创新合作联盟战略协作框架协议》，组织二级学院与眉山市科技局、丹棱县人民政府、眉山市工商联等地方政府 20 余个单位建立了合作关系，双方共建服务平台 5 个；设立电子商务研究中心、竹编产业研究所、天府健康产业研究中心等，还承担了四川省民办教育协会研究中心的工作；组织师生先后完成地方横向研发与服务项目科研课题 80 余项，项目总经费 700 余万元；在地方转化科技成果 20 余项；推荐 33 名专家、教授进入眉山社会科学专家人才库，为眉山的发展贡献力量；“竹编产业研究所”承担国际竹博览会、西博会等布展服务 4 次；师生团队代表成眉两地商务局及眉山进出口贸易商会参与广交会等贸易展会近 200 次；团队通过跨境电商，实现了眉山市跨境电商 9710 报关数据零的突破，使青神竹编产品走向世界 30 多个国家，《基于竹编产业集群与“政产学研用”协调创新发展》获首届四川省民办高校优秀科研成果一等奖。

2. 融入地方人才培养

学校充分利用智力优势，与地方共建“眉山市中小企业培训基地”等服务平台，积极为地方企业、政府培训各类人员，多次举办了税务系统、公安系统、教育系统、金融系统、保险系统、人社系统、文化系统、村镇干部和企业干部等的理论培训、科学普及、专题讲座等。近年来，学校组织二级学院为地方政府、企业培训干部、骨干、企业家近 1000 人次。

3. 融入地方文化产业

学校创新“三苏”文化传承，促进地方经济发展。“三苏”文化研究所与成都鱼说科技签订合作协议，共同开发“东坡”文化数据库、共同打造基于手机互联网的“三苏”文化与位置文化、“三苏”主题文化产品、眉山地方文化旅游等项目。基于“三苏”文化，师生共同研发销售“三苏”文创产品 20 余个。《地方高校助推“三苏”文化传承创新发展研究》获 2020 年四川省民办高校优秀科研成果二等奖。

4. 融入科教精准扶贫

学校以高度的政治责任感和使命担当，将定点帮扶凉山州盐源县棉桠乡塘泥湾村视为己任，将扶智与扶志结合，输血与造血并举，助力贫困县打赢脱贫攻坚战，探索出了一条卓有成效的彝区扶贫之路。

学校通过实施“四百科教扶贫工程”（选派百名师生下乡帮扶、培训百名地方科教骨干、开展百个贫困学生“结对子”帮学、帮助地方取得百万社会经济效益），先后组织师生 2000 余人次深入盐源县“下乡”活动 80 余次；现场开展培训 26 期，培训人数达 480 余人；组织 230 余名师生与 118 名贫困学生“结对子”，开设暑期留守儿童补习班 6 期，开展交流活动 260 余次；开展“电商助农”，销售农产品 350 余万元；对致富带头人、技术骨干等开展培训，共培训 300 余人次；为村民编印、发放《非化学种植技术手册》《马铃薯栽培技术手册》《苹果栽培技术手册》《板栗、核桃、花椒栽培技术手册》等 10 余个种类，近 2000 份农业技术资料；完成盐源调研报告、产业发展规划 20 余份；组织 80 余名（次）“教授专家团”推广马铃薯、荞麦等作物新品种 20 余个，产生经济效益 9000 余万元。学校先后在四川省人大扶贫工作协调会、四川省教育厅扶贫工作总结会和省民办高校扶贫工作经验交流会上作经验介绍，成为全省唯一一所连续 3 年（2018 年、2019 年、2020 年）受到四川省委、省政府表彰的定点扶贫民办高校。

十五、郑州科技学院

郑州科技学院作为扎根中原大地的老牌民办高校，办学 35 年来，始终坚持公益性办学，坚持以工为主，深耕人才培养，以高质量党建引领学校事业的高质量发展，不断探索应用型民办本科高校办学新路径，先后为社会输送逾 20 万名高素质应用型人才，为主动服务区域经济发展贡献了郑科力量。

（一）主要做法

一是党建领航铸心魂。学校坚持用习近平新时代中国特色社会主义思想引领办学、人才培养和教师队伍建设，印发《“领航”育人工程实施方案》，促进知识传授、能力培养、理想信念和价值理念的有机结合；实行校党委、董事会与校行政“双向进入、交叉任职”工作模式；健全党委与董事会重大事项协商、党政联席会议制度；完善思想政治工作体系，实施基于影视教育、理论研讨、社会实践的“春雨计划”获第三届全国民办高校党的建设和思想政治教育工作优秀成果特等奖。学校还构建以思政课程、课程思政为第一课堂，以校园文化活动、志愿服务等为第二课堂和以微博、微信、抖音等新媒体平台为第三课堂的“三个课堂”联动思政教育模式。在第一课堂中，投资千万元建设思政课体验教学中心，采用智慧化手段和数字技术将现代信息技术与思政课教学深度融合，构建“教师讲授＋虚拟仿真＋交互体验＋反馈优化＋社会实践＋考核评分”一体化思政课教学改革模式；第二课堂实现了思政教育与舞台表演的有机融合；第三课堂成立融媒体中心，构建以官方新媒体平台为主、各二级单位新媒体平台为辅的集约高效的融媒体传播链条，淬炼思政元素，弘扬主旋律。

二是教师实践拓新路。学校注重发挥教师党员示范引领作用，开展教师党支部书记素质能力大赛，全面提升教师党支部书记能力与素质，开展教师党支部书记“双带头人”工作室培育建设，发挥好教师党支部书记“头雁效应”，打造教学科研团队；实施教师提升工程，注重在高层次人才中发展党员，积极推进“人才强校”战略，加大博士、教授等高层次人才引进力度，着力培养一批师德优良、业务精湛的高素质教师队伍；依托学校现有省级平台优势，整合实践教学资源，选拔有创新意识的党员教学骨干分阶梯培养，建设一批党员名师工作室和创新团队。

三是学生“双创”谱新篇。学校严格学生党员发展教育管理，坚持党员发展严进严出制度，严把发展入口关，坚持成熟一个发展一个，全面提升学生党员发展质量。学校在学生公寓等设置临时党支部，成立技能竞赛党小组、理论学习党小组，将学生宿舍打造成集党员管理教育、创新创业、文化建设为一体的活动阵地，实现党小组、学生公寓党员模范先锋互促互提；为学生创新创业搭建平台，每年投资近200万元支持大学生创业，设立“大学生创新创业训练计划项目”专项经费和“大学生创业基金”，构建了“六位一体、开放共享”的双创教育体系；引入名校资源，探索精英人才培养，2019年3月，学校与中国高校创新创业教育联盟正式签订了“百城千校”计划，与清华大学合作开设了智能硬件、智能机器人、智能交通三个技术创新创业辅修专业，为学生提供多视角、个性化的教学指导；探索“技创辅”精英人才培养新模式，建立跨院系、跨学科、跨专业交叉培养创新创业人才的新机制，助力学生创新能力培养。

（二）成效与反响

党建成为全国民办高校一抹亮色。近年来，学校先后入选河南省本科高校课程思政建设样板课程 6 门、河南省本科高校教学课程思政典型案例 1 个，全国社会科学基金高校思政课专项课题 2 项。2014 年，学校作为全国唯一民办高校代表，参加了第 23 次全国高校党建工作会议并作典型发言。2016 年，学校党委被评为“河南省先进基层党组织”。2018 年、2019 年教务处党支部、实践中心党支部分获全国样板支部培育创建单位，并顺利通过验收。

教师团队凝智聚力共筑新平台。发挥省级教师样板党支部示范引领作用，在样板教工党支部的带领下，教师团队工作成效显著。机械设计制造及其自动化专业技术技能等名师工作室获批“郑州市技术技能名师工作室”。学校建成河南省数字化智能装备工程研究中心、河南省信息处理与控制工程技术研究中心两个省级研发平台，建成教育厅工程技术研究中心 1 个、市发展和改革委员会工程中心 5 个、市科技局重点实验室 6 个。2016 年来，11 名党员教师在全省教学技能竞赛获一等奖，并被授予“河南省教学标兵”称号，2 位老师荣获“河南省五一劳动奖章”；28 名教师在全省教学技能竞赛获得二等奖；3 名教师获评河南省优秀教师，6 名教师获评河南省教育厅学术技术带头人，党员教师先锋模范作用得到充分发挥。

大学生“双创工作”塑育“精英”。近年来，学生党员充分发挥先锋模范作用，带领学生和青年志愿者团队共立项国家、省市级大创项目 339 项，申请专利 229 项；桌面彩色 3D 打印机在第 10 届北京发明创新大赛中获“全国科技创新大赛”金奖；自主研发的 6 轴数控机床、智能机器人等新技术、新设备获国家发明及实用新型专利；2019 年，由学生创办的河南兆亮科技有限公司入选全球百强科创大赛（GBI 100）全球 100 强，并获 200 多万元天使投资。2021 年，学生参赛项目《KAPPA——桌面 3D 打印技术引领者》《城市综合管廊智能巡检机器人》分别获国赛一等奖、三等奖，前者成为河南省唯一荣获一等奖的应用型本科高校组项目。

（三）启示与探讨

民办高校作为我国高等教育的重要组成部分和促进教育改革的重要力量，同样承担着支撑教育强国建设的重要责任。民办高校要加强党对民办教育工作的全面领导，一方面把党的政治优势与民办高校的体制优势结合起来，构建师生共同发展的同心圆；另一方面把党的建设与民办高校改革创新结合起来，找准党建与业务融合的结合点，推动二者共融共进。民办高校要始终把服务好教师发展和学生培养作为办学的出发点和落脚点，着力激发师生的内生动力和创新活力，切实将高质量党建引领转化为学校事业高质量发展的优势，办好人民满意的高水平应用型民办大学。

十六、山西应用科技学院

（一）加强顶层设计，筑“三创”教育播种之基

1. 健全组织机构

学校高度重视创新创业教育工作，以“1＋1”实验班为依托，成立“三创学院”，由校长兼任学院院长，健全了学院组织架构，全面统筹学校创新创业教育方针政策制定、课程实施、竞赛实施、项目管理与培训等相关工作，为创新创业教育工作的开展指明了方向，夯实了基础。

2. 明确人才培养定位

2015 年，学校将创新创业教育改革作为战略性举措列入《山西应用科技学院“十三五”发展规划》中，结合学校培养应用型人才的办学定位，制定了《山西应用科技学院关于深化创新创业教育的实施方案》，明确提出了让“双创”活动成为应用型人才培养领跑者的转型路径。学校在《山西应用科技学院“十四五”发展规划（2021—2025 年）》中，更加明确提出将创业创新教育融入学生专业学习和个人发展的培养体系中。

3. 加强制度建设

为保障“三创”教育各项工作有序开展，学校出台了《山西应用科技学院创新创业制度汇编》，从学分认定、项目管理、基地建设等方面明确任务职责，调动广大教师参与“三创”活动积极性、主动性，为学生“三创”能力的培养提供全面优质的服务。

（二）拓展平台建设，营“三创”教育育苗之境

1. 优化人才培养方案，鼓励学生参与就业创业实践

为实现创新创业教育改革与人才培养的深度融合、与专业教育的有机结合，学校围绕创新创业教育目标，面向行业企业人才培养需求，不断优化学科专业结构，修订人才培养方案，将创新创造创业教育纳入人才培养全过程，专

设“三创与职业教育平台”，注重学生创新创业意识、思维和能力培养。学校明确创新创造创业教育的学分要求，进一步拓展学生自主学习和发展的空间，为学有余力的学生创造更加有利的发展环境，牢筑“三创”教育基础。

2. 创新课程体系，培养学生“三创”意识

学校深度推进课程体系改革，形成了融知识传授、能力培养和素质提高为一体的立体式“三创”课程体系。

①创业基础课：围绕创新创业基础理论、基本方法和基础知识开展教学。由大学生职业生涯规划、大学生就业创业指导、大学生思维训练等必修课程组成，每门课1学分，共计3学分。

②专业创业课：结合专业特色和优势，各学院自主开设2—3门突出创业元素的专业创业课程，由学生根据自身需要选择2门课程进行学习，每门课1学分，共计2学分。

③创业专业课：学校通过跨院系、跨学科、跨专业方式组建“三创”实验班，对有创新创业潜能或已开展创业实践的学生单独开设校企合作课程，如创业资源管理、创业概论与实训等相关课程，重在定向扶持，助力融资，现已毕业三届学员。统计结果表明，实验班学生取得的省级及以上创新创业成果占全校总数的98%，部分优秀学生已成为创新创业带头人。

3. 搭建实践平台，强化学生“三创”能力

学校遵循“三创”能力培养的实践规律，按照提升专业能力、加强实践体验、提升能力训练和能力运用等功能为目标，建设“一站式”实践体系。

①“三创”专业实验平台：在学科发展及专业建设的基础上，依据“兴趣驱动、自主实验、重在过程”的原则，组建专业创新社团群，现有专业创新社团39个，如“博创专业社团”“普歌专业社团”，由专业教师对社团进行辅导，依托学校实验实训中心平台，自主开展各类创新实验项目研究，引导学生实现知识向实践的有序转化。学校现有实验实训室156个，形成建筑、信息、服务等九大类实验实训集群社团基地，可为学生筑牢专业能力打下基础。

②“三创”竞赛体验平台：学院建立健全以互联网＋大学生创新创业大赛、中华职业教育社创新创业大赛为主体，各种小型赛事为补充的国家、省级、学校、学院四级创业竞赛活动体系，鼓励学生以创意创新成果主要完成人身份参加创业竞赛，或利用科研成果有效转化开展创业；设立专门机构规范项目管理，组织骨干教师队伍细化过程指导，通过实施“项目立项指导→中期项目建

设检查→项目结题述评”，强化学生提高解决问题的能力、明确培育实践成果的目标。

③“三创”实训培育平台：学校以校地企协作运行实训基地为主体，为学生的创业实践项目提供服务，如提供办公场地、网络空间和社交空间；开展 GYB、SYB 创新创业培训（GYB 是国际劳工组织的 SIYB 创业培训体系的最初级，意为“产生你的企业想法”；SYB 是该创业培训体系的重要组成部分，意为“创办你的企业”；此外 SIYB 还包括“IYB——改善你的企业”和“EYB——扩大你的企业”两种培训课程），举办了 10 期 SYB 创办企业培训班，31 期 GYB 创业意识培训班，共计开设 187 个班，培训 17144 人；开展“兴华创业大讲堂”“三创”沙龙等活动，每月邀请行业专家、创业典型来校讲授经验；定期安排学生团队赴合作企业参观交流，提高学生实战能力。

④“三创”实战孵化平台：学校创新协调育人模式，牵头与省内外众多优秀企业加强合作，共建产业学院，联合山西高校、社会各类组织共同打造兴航众创空间，每年举办一次“创客集市”，大力推动学生项目成果转化和产业化。

4. 变革育人模式，独辟“三创”人才培养路径

学校以培养学生能力为根本，在更新课程体系和教学内容的同时，鼓励教师积极开展教学研究与改革，改变传统教学的灌输式、应试式的单向知识传授的方法，创造性地实施了“导、学、做、练、创”的“五步”教学法，将理论与社会实践内容融会贯通，引导学生在“做中学、学中练、练中创、创中优”：

“导”——引用真案例，教师讲授社会实践真实案例。

“学”——传授真知识，学生所学知识源于社会实践总结。

“做”——创设真场景，创客集市、创业大赛等创业训练模拟场景。

“练”——搭建真课堂，社会实践活动深入社会真实大课堂。

“创”——教会真本领，搭建校内外创业孵化平台，真正成为创业者。

5. 完善评价机制，提高“三创”人才培养质量

学校根据“三创”教育整体教学开展过程，按照实施者和受教育者两个层面构建教学相长的考核体系。在教师评价考核方面，将指导“三创”教育纳入工作量计算；“三创”类教改课题优先立项，并将是否参与“三创”工作作为职称评审、岗位晋升的重要指标之一。在学生评价考核方面，鼓励学生参加无标准答案考试和过程化考试；实行“创新学分”制度，对取得具有一定创新意义的智力成果或其他优秀成果的学生经审定后给予相应学分；实行弹性学制，

允许学生延长学制休学创业。

6. 拓宽教学资源，满足学生认知需求

①线上教学资源：根据“启蒙资源、知识资源、实训资源、实战资源、拓展资源”“五位一体”的教学资源建设目标，坚持“内建外引”，学校现已建成创新创业课程资源库、优秀项目库、创业图书库、创新创业案例库、经典栏目集锦、创新创业影像库、创业导师库、实践基地库，拓展资源若干，较好地满足了教学需求。

②线下教学环境：太原创客众创空间、润享N次方众创空间、创匠众创空间、兴航众创空间4个实践教学基地和10余个红色教育基地，为学生创业实践等提供了基础性保障。

（三）多点发力，助“三创”教育之花绽放

1. 整合校内外教学资源，形成创新合力

为进一步培养高质量“三创”型人才，学校主动出击，积极与企业加强沟通联系，促进各种资源聚集，先后与北京金诺佳音、达内时代科技、昌陆建筑工程、山西省农机发展中心、山西中条山生物工程研究院等省内外企业单位签署产学研合作协议，力求实现产学研深度融合，形成创新合力。学校积极响应山西转型综改示范区政策号召，顺应市场经济发展需求，联合山西高校、社会各类组织共同打造大学生创业园（兴航创业众创空间），致力于为创业者提供工作空间、网络空间、社交空间和资源共享空间，为学生提供沃土，播撒种子，切实提高大学生创新创业能力。

2. 加强师资队伍建设，提升教学能力

为打造一支适应应用型人才培养和创新创业教育的高水平“双师双能型”教师队伍，学校出台了《教师专业实践锻炼的暂行管理办法》，选拔31名校内教师团队赴企业锻炼，整体提高教师队伍的实践能力、实践教学能力和创业指导能力；加强“双师双能型”人才的引进工作，引进11名有行业背景和实际应用开发能力的教师，通过他们的前沿研究、科研视野和成果来激发学生的创新意识和思维能力。

3. 完善经费与渠道保障，强化激励引导

（1）设置专项经费

学校设立“三创”教育专项经费，并积极优化经费支出结构，多渠道统筹安排资金，给学生创新创业做经济后盾，为学生的“三创”教育实践提供便利条件。

（2）拓宽就业创业渠道

学校成立了校友会，助力就业工作全面开展，成立大学生就业创业促进会，推动就业工作。学校鼓励学生积极参加支疆援藏专招工作，拓宽就业渠道。所有这些举措，扎实有效地推进了学校就业工作的顺利开展。

（四）花蕾满枝，品“三创”教育果实之质

1. “三创”教育成果喜人

学校在中国国际“互联网＋”大学生创新创业大赛中，荣获国赛铜奖 3 项，省赛金奖 9 项、银奖 30 项、铜奖 72 项，在中华职教社创新创业大赛中，荣获国赛应用型本科组一等奖 3 项，实现了山西省金奖零的突破。在全国“大众创业万众创新”活动中，“智能老人床”与“简茧”智能摘茧机荣获项目最具投资价值奖。“简茧”智能摘茧机、霖宝——带领家乡人致富的食用菌生产基地、利民远志抽芯机——致力于乡村的脱贫致富等成为助力家乡发展的好项目，为服务地方经济发展增添了浓墨重彩的一笔。

2. “三创”研究成果丰硕

建校 32 年来，学校的办学历程就是一部创新创业史，校长宋兴航教授将自己的亲身经历及在教育行业的实践经验进行总结，《拓荒者的足迹》和《三创教育理论与实践》总结提炼了“三创”教育精髓，形成全校师生学习的范本教材。

3. “三创”标杆人物层出

2016 年，学生袁雅倩先后入选“创响山西”十大创新创业人物；崔杰、陈艳婷、王舟、孙佩矩、宋达、郝景明、芦钰莹等荣获“创客标兵”称号；第四届中国国际“互联网＋”大学生创新创业大赛《神奇矩阵——泛媒体内容解决方案》项目金奖获得者王李帅同学携带项目团队正式入驻山西智创城高校众创空间；2016 级肖纪朋成为山西鑫超越建筑工程有限公司执行董事；2014 级刘连梅成为晋荞米业商学院院长、儒益堂商学院院长。现有 13 名在校生休学创业，其中，2019 级罗飞同学的“山西综改区唐槐园区臻星传媒工作室”已初具规模。

4. “三创”教育实施效果良好

（1）在校生参与创新创业活动热情高涨

根据学校学生对创新创业教育参与度、满意度、受益度调查结果显示，高达96.29%的学生经常参加学校的创新创业实践类活动；91.35%的学生对学校开展的创新创业教育感到满意；86.02%的学生表示通过参加创新创业教育活动收获较大。

（2）毕业生就业质量显著提升

学校积极与用人单位保持联系，就毕业生就业工作开展走访调查。用人单位从知识结构、能力素养、创新素质等方面对学生进行综合考量，总体满意度达91.6%以上，其中学生创新素质能力得到用人单位高度认可。

附录　全国新建（应用型）本科院校名单

本课题组共跟踪确定663所应用型本科高校和32所本科职业技术大学的具体名单如下：

附表　2021年全国695所新建（应用型）本科院校名单

省（区、市）	院校类型	院校
北京17所	公办院校6所	北京警察学院、防灾科技学院、华北科技学院、中国劳动关系学院、中华女子学院、中央司法警官学院
	民办院校4所	北京城市学院、北京吉利学院、沧州交通学院、燕京理工学院
	独立学院7所	北京第二外国语学院中瑞酒店管理学院、北京工商大学嘉华学院、北京工业大学耿丹学院、北京航空航天大学北海学院、北京邮电大学世纪学院、北京中医药大学东方学院、首都师范大学科德学院
天津12所	公办院校1所	天津中德应用技术大学
	民办院校3所	天津传媒学院、天津仁爱学院、天津天狮学院
	独立学院8所	北京科技大学天津学院、南开大学滨海学院、天津财经大学珠江学院、天津理工大学中环信息学院、天津商业大学宝德学院、天津师范大学津沽学院、天津外国语大学滨海外事学院、天津医科大学临床医学院
河北34所	公办院校14所	保定学院、北华航天工业学院、沧州师范学院、邯郸学院、河北金融学院、河北民族师范学院、河北中医学院、衡水学院、廊坊师范学院、石家庄学院、唐山师范学院、唐山学院、邢台学院、张家口学院

续表

省（区、市）	院校类型	院校
河北34所	民办院校7所	保定理工学院、河北传媒学院、河北东方学院、河北工程技术学院、河北科技学院、河北美术学院、河北外国语学院
	独立学院10所	河北地质大学华信学院、河北工程大学科信学院、河北经贸大学经济管理学院、河北农业大学现代科技学院、河北师范大学汇华学院、河北医科大学临床学院、华北理工大学冀唐学院、华北理工大学轻工学院、石家庄铁道大学四方学院、燕山大学里仁学院
	公办职业本科院校3所	河北工业职业技术大学、河北科技工程职业技术大学、河北石油职业技术大学
山西21所	公办院校12所	晋中学院、吕梁学院、山西传媒学院、山西工程技术学院、山西工学院、山西科技学院、太原工业学院、太原师范学院、太原学院、忻州师范学院、运城学院、长治学院
	民办院校4所	晋中信息学院、山西工商学院、山西晋中理工学院、山西应用科技学院
	独立学院3所	山西财经大学华商学院、山西师范大学现代文理学院、山西医科大学晋祠学院
	公办职业本科院校1所	山西工程科技职业大学
	民办职业本科院校1所	运城职业技术大学
内蒙古9所	公办院校7所	赤峰学院、鄂尔多斯应用技术学院、河套学院、呼和浩特民族学院、呼伦贝尔学院、集宁师范学院、内蒙古艺术学院
	民办院校1所	内蒙古鸿德文理学院
	独立学院1所	内蒙古大学创业学院
辽宁24所	公办院校4所	大连工业大学艺术与信息工程学院、大连理工大学城市学院、大连医科大学中山学院、锦州医科大学医疗学院、辽宁师范大学海华学院、辽宁中医药大学杏林学院
	民办院校13所	大连财经学院、大连东软信息学院、大连科技学院、大连艺术学院、辽宁财贸学院、辽宁传媒学院、辽宁对外经贸学院、辽宁何氏医学院、辽宁理工学院、

续表

省（区、市）	院校类型	院校
辽宁 24 所	民办院校 13 所	沈阳城市建设学院、沈阳城市学院、沈阳工学院、沈阳科技学院
	独立学院 6 所	大连工业大学艺术与信息工程学院、大连理工大学城市学院、大连医科大学中山学院、锦州医科大学医疗学院、辽宁师范大学海华学院、辽宁中医药大学杏林学院
	民办职业本科院校 1 所	辽宁理工职业大学
吉林 17 所	公办院校 5 所	白城师范学院、吉林工商学院、吉林警察学院、吉林农业科技学院、长春工程学院
	民办院校 9 所	吉林动画学院、吉林建筑科技学院、吉林外国语大学、长春财经学院、长春电子科技学院、长春光华学院、长春建筑学院、长春科技学院、长春人文学院
	独立学院 3 所	吉林师范大学博达学院、长春大学旅游学院、长春工业大学人文信息学院
黑龙江 19 所	公办院校 7 所	大庆师范学院、哈尔滨金融学院、哈尔滨学院、黑河学院、黑龙江工程学院、黑龙江工业学院、绥化学院
	民办院校 11 所	哈尔滨广厦学院、哈尔滨华德学院、哈尔滨剑桥学院、哈尔滨石油学院、哈尔滨信息工程学院、哈尔滨远东理工学院、黑龙江财经学院、黑龙江东方学院、黑龙江工商学院、黑龙江外国语学院、齐齐哈尔工程学院
	独立学院 1 所	黑龙江工程学院昆仑旅游学院
上海 14 所	公办院校 7 所	上海第二工业大学、上海电机学院、上海海关学院、上海立信会计金融学院、上海商学院、上海应用技术大学、上海政法学院
	民办院校 4 所	上海建桥学院、上海杉达学院、上海视觉艺术学院、上海兴伟学院
	独立学院 2 所	上海师范大学天华学院、上海外国语大学贤达经济人文学院
	民办职业本科院校 1 所	上海中侨职业技术大学
江苏 42 所	公办院校 17 所	常熟理工学院、常州工学院、淮阴工学院、淮阴师范学院、江苏第二师范学院、江苏警官学院、金陵

续表

省（区、市）	院校类型	院校
江苏 42 所	公办院校 17 所	科技学院、南京工程学院、南京森林警察学院、南京特殊教育师范学院、南京晓庄学院、苏州城市学院、宿迁学院、泰州学院、无锡学院、徐州工程学院、盐城师范学院
	民办院校 4 所	南京传媒学院、南通理工学院、三江学院、无锡太湖学院
	独立学院 20 所	常州大学怀德学院、东南大学成贤学院、江苏大学京江学院、江苏科技大学苏州理工学院、江苏师范大学科文学院、南京财经大学红山学院、南京工业大学浦江学院、南京航空航天大学金城学院、南京理工大学泰州科技学院、南京理工大学紫金学院、南京审计大学金审学院、南京师范大学泰州学院、南京师范大学中北学院、南京医科大学康达学院、南京邮电大学通达学院、南通大学杏林学院、苏州大学应用技术学院、苏州科技大学天平学院、扬州大学广陵学院、中国矿业大学徐海学院
	公办职业本科院校 1 所	南京工业职业技术大学
浙江 37 所	公办院校 16 所	湖州师范学院、湖州学院、嘉兴南湖学院、嘉兴学院、丽水学院、宁波工程学院、台州学院、温州理工学院、浙大城市学院、浙大宁波理工学院、浙江传媒学院、浙江警察学院、浙江科技学院、浙江水利水电学院、浙江外国语学院、浙江万里学院
	民办院校 4 所	湖州师范学院、湖州学院、嘉兴南湖学院、嘉兴学院、丽水学院、宁波财经学院、宁波工程学院、台州学院、温州理工学院、温州商学院、浙大城市学院、浙大宁波理工学院、浙江传媒学院、浙江警察学院、浙江科技学院、浙江树人学院、浙江水利水电学院、浙江外国语学院、浙江万里学院、浙江越秀外国语学院
	独立学院 15 所	杭州电子科技大学信息工程学院、杭州师范大学钱江学院、宁波大学科学技术学院、上海财经大学浙江学院、绍兴文理学院元培学院、同济大学浙江学院、温州医科大学仁济学院、浙江财经大学东方学院、浙江工商大学杭州商学院、浙江工业大学之江

续表

省（区、市）	院校类型	院校
浙江 37 所	独立学院 15 所	学院、浙江理工大学科技与艺术学院、浙江农林大学暨阳学院、浙江师范大学行知学院、浙江中医药大学滨江学院、中国计量大学现代科技学院
	公办职业本科院校 1 所	浙江药科职业大学
	民办职业本科院校 1 所	浙江广厦建设职业技术大学
安徽 27 所	公办院校 12 所	蚌埠学院、巢湖学院、池州学院、滁州学院、合肥师范学院、合肥学院、淮南师范学院、黄山学院、衢州学院、宿州学院、铜陵学院、皖西学院
	民办院校 11 所	安徽三联学院、安徽外国语学院、安徽文达信息工程学院、安徽新华学院、安徽信息工程学院、蚌埠工商学院、合肥城市学院、合肥经济学院、淮北理工学院、马鞍山学院、皖江工学院
	独立学院 4 所	安徽大学江淮学院、安徽师范大学皖江学院、安徽医科大学临床医学院、阜阳师范大学信息工程学院
福建 26 所	公办院校 10 所	福建工程学院、福建江夏学院、福建警察学院、龙岩学院、闽江学院、宁德师范学院、泉州师范学院、三明学院、厦门理工学院、武夷学院
	民办院校 10 所	福州工商学院、福州理工学院、福州外语外贸学院、闽南科技学院、闽南理工学院、泉州信息工程学院、厦门工学院、厦门华厦学院、阳光学院、仰恩大学
	独立学院 5 所	福建农林大学金山学院、福建师范大学协和学院、福州大学至诚学院、集美大学诚毅学院、厦门大学嘉庚学院
	民办职业本科院校 1 所	泉州职业技术大学
江西 31 所	公办院校 13 所	赣东学院、赣南科技学院、江西警察学院、井冈山大学、景德镇学院、九江学院、南昌工程学院、南昌师范学院、南昌医学院、萍乡学院、上饶师范学院、新余学院、宜春学院
	民办院校 8 所	江西服装学院、江西工程学院、江西科技学院、江西应用科技学院、南昌工学院、南昌交通学院、南昌理工学院、南昌应用技术师范学院
	独立学院 7 所	赣南师范大学科技学院、江西财经大学现代经济管理学院、江西农业大学南昌商学院、江西师范大学

续表

省（区、市）	院校类型	院校
江西31所	独立学院7所	科学技术学院、南昌大学共青学院、南昌大学科学技术学院、南昌航空大学科技学院
	民办职业本科院校3所	江西软件职业技术大学、景德镇艺术职业大学、南昌职业大学
山东43所	公办院校18所	滨州学院、德州学院、菏泽学院、济宁学院、临沂大学、齐鲁师范学院、山东管理学院、山东交通学院、山东警察学院、山东农业工程学院、山东女子学院、山东青年政治学院、山东石油化工学院、山东政法学院、泰山学院、潍坊学院、营口理工学院、枣庄学院
	民办院校18所	齐鲁理工学院、齐鲁医药学院、青岛滨海学院、青岛城市学院、青岛电影学院、青岛工学院、青岛恒星科技学院、青岛黄海学院、山东华宇工学院、山东现代学院、山东协和学院、山东英才学院、泰山科技学院、潍坊科技学院、潍坊理工学院、烟台科技学院、烟台理工学院、烟台南山学院
	独立学院4所	聊城大学东昌学院、青岛农业大学海都学院、山东财经大学东方学院、山东财经大学燕山学院
	民办职业本科院校3所	山东工程职业技术大学、山东外国语职业技术大学、山东外事职业大学
河南37所	公办院校19所	安阳工学院、安阳师范学院、河南城建学院、河南工程学院、河南警察学院、河南牧业经济学院、黄淮学院、洛阳理工学院、洛阳师范学院、南阳理工学院、南阳师范学院、平顶山学院、商丘师范学院、铁道警察学院、新乡学院、信阳农林学院、许昌学院、郑州师范学院、周口师范学院
	民办院校16所	安阳学院、河南开封科技传媒学院、黄河交通学院、黄河科技学院、商丘工学院、商丘学院、新乡工程学院、信阳学院、郑州财经学院、郑州成功财经学院、郑州工商学院、郑州工业应用技术学院、郑州经贸学院、郑州科技学院、郑州升达经贸管理学院、中原科技学院
	独立学院1所	新乡医学院三全学院
	民办职业本科院校1所	河南科技职业大学

续表

省（区、市）	院校类型	院校
湖北 41 所	公办院校 9 所	湖北第二师范学院、湖北工程学院、湖北经济学院、湖北警官学院、湖北理工学院、黄冈师范学院、江汉大学、荆楚理工学院、武汉商学院
	民办院校 19 所	汉口学院、湖北恩施学院、湖北商贸学院、华夏理工学院、荆州学院、晴川学院、文华学院、武昌工学院、武昌理工学院、武昌首义学院、武汉城市学院、武汉传媒学院、武汉东湖学院、武汉工程科技学院、武汉工商学院、武汉设计工程学院、武汉生物工程学院、武汉文理学院、武汉学院
	独立学院 13 所	湖北大学知行学院、湖北工程学院新技术学院、湖北工业大学工程技术学院、湖北经济学院法商学院、湖北汽车工业学院科技学院、湖北师范大学文理学院、湖北文理学院理工学院、湖北医药学院药护学院、三峡大学科技学院、武汉纺织大学外经贸学院、武汉工程大学邮电与信息工程学院、武汉体育学院体育科技学院、长江大学文理学院
湖南 39 所	公办院校 18 所	衡阳师范学院、湖南财政经济学院、湖南城市学院、湖南第一师范学院、湖南工程学院、湖南工学院、湖南警察学院、湖南科技学院、湖南理工学院、湖南女子学院、湖南人文科技学院、湖南文理学院、湖南医药学院、怀化学院、邵阳学院、湘南学院、长沙师范学院、长沙学院
	民办院校 6 所	湖南交通工程学院、湖南涉外经济学院、湖南信息学院、湖南应用技术学院、湘潭理工学院、长沙医学院
	独立学院 14 所	衡阳师范学院南岳学院、湖南工程学院应用技术学院、湖南工业大学科技学院、湖南科技大学潇湘学院、湖南理工学院南湖学院、湖南农业大学东方科技学院、湖南师范大学树达学院、湖南文理学院芙蓉学院、湖南中医药大学湘杏学院、吉首大学张家界学院、南华大学船山学院、湘潭大学兴湘学院、长沙理工大学城南学院、中南林业科技大学涉外学院
	民办职业本科院校 1 所	湖南软件职业技术大学

续表

省（区、市）	院校类型	院校
广东35所	公办院校11所	东莞理工学院、广东第二师范学院、广东金融学院、广东警官学院、广东石油化工学院、广州航海学院、惠州学院、嘉应学院、莆田学院、韶关学院、肇庆学院
	民办院校18所	东莞城市学院、广东白云学院、广东东软学院、广东科技学院、广东理工学院、广东培正学院、广州城市理工学院、广州工商学院、广州华立学院、广州华商学院、广州理工学院、广州南方学院、广州软件学院、广州商学院、广州新华学院、广州应用科技学院、湛江科技学院、珠海科技学院
	独立学院4所	北京理工大学珠海学院、电子科技大学中山学院、广东外语外贸大学南国商学院、华南农业大学珠江学院
	民办职业本科院校2所	广东工商职业技术大学、广州科技职业技术大学
广西24所	公办院校12所	百色学院、北部湾大学、广西财经学院、广西警察学院、广西科技师范学院、广西民族师范学院、桂林航天工业学院、桂林旅游学院、河池学院、贺州学院、梧州学院、玉林师范学院
	民办院校7所	北海艺术设计学院、广西外国语学院、桂林信息科技学院、桂林学院、柳州工学院、南宁理工学院、南宁学院
	独立学院3所	广西民族大学相思湖学院、广西中医药大学赛恩斯新医药学院、南宁师范大学师园学院
	公办职业本科院校1所	广西农业职业技术大学
	民办职业本科院校1所	广西城市职业大学
海南4所	公办院校1所	海南热带海洋学院
	民办院校2所	海口经济学院、三亚学院
	民办职业本科院校1所	海南科技职业大学
重庆14所	公办院校5所	长江师范学院、重庆第二师范学院、重庆警察学院、重庆科技学院、重庆文理学院
	民办院校7所	重庆财经学院、重庆城市科技学院、重庆对外经贸学院、重庆工程学院、重庆人文科技学院、重庆外语外事学院、重庆移通学院
	独立学院1所	重庆工商大学派斯学院

续表

省（区、市）	院校类型	院校
重庆 14 所	民办职业本科院校 1 所	重庆机电职业技术大学
四川 31 所	公办院校 14 所	阿坝师范学院、成都大学、成都工业学院、成都师范学院、乐山师范学院、绵阳师范学院、内江师范学院、攀枝花学院、四川警察学院、四川旅游学院、四川民族学院、四川文理学院、西昌学院、宜宾学院
	民办院校 10 所	成都东软学院、成都锦城学院、成都文理学院、成都银杏酒店管理学院、绵阳城市学院、四川传媒学院、四川电影电视学院、四川工商学院、四川工业科技学院、四川文化艺术学院
	独立学院 6 所	成都理工大学工程技术学院、电子科技大学成都学院、四川大学锦江学院、四川外国语大学成都学院、西南财经大学天府学院、西南交通大学希望学院
	民办职业本科院校 1 所	成都艺术职业大学
贵州 20 所	公办院校 12 所	安顺学院、贵阳学院、贵州工程应用技术学院、贵州理工学院、贵州商学院、贵州师范学院、凯里学院、六盘水师范学院、黔南民族师范学院、铜仁学院、兴义民族师范学院、遵义师范学院
	民办院校 4 所	贵阳人文科技学院、贵阳信息科技学院、贵州黔南经济学院、贵州黔南科技学院
	独立学院 3 所	贵州医科大学神奇民族医药学院、贵州中医药大学时珍学院、遵义医科大学医学与科技学院
	公办职业本科院校 1 所	贵阳康养职业大学
云南 20 所	公办院校 11 所	保山学院、楚雄师范学院、滇西科技师范学院、红河学院、昆明学院、普洱学院、曲靖师范学院、文山学院、玉溪师范学院、云南警官学院、昭通学院
	民办院校 5 所	昆明城市学院、昆明文理学院、丽江文化旅游学院、云南工商学院、云南经济管理学院
	独立学院 4 所	昆明理工大学津桥学院、昆明医科大学海源学院、云南大学滇池学院、云南艺术学院文华学院
陕西 31 所	公办院校 9 所	安康学院、陕西学前师范学院、商洛学院、渭南师范学院、西安航空学院、西安文理学院、西安医学院、咸阳师范学院、榆林学院

续表

省（区、市）	院校类型	院校
陕西31所	民办院校11所	陕西服装工程学院、陕西国际商贸学院、西安翻译学院、西安工商学院、西安交通工程学院、西安明德理工学院、西安欧亚学院、西安培华学院、西安思源学院、西安外事学院、西京学院
	独立学院9所	陕西科技大学镐京学院、西安财经大学行知学院、西安建筑科技大学华清学院、西安交通大学城市学院、西安科技大学高新学院、西安理工大学高科学院、西北大学现代学院、延安大学西安创新学院、长安大学兴华学院
	民办职业本科院校2所	西安汽车职业大学、西安信息职业大学
甘肃13所	公办院校8所	甘肃民族师范学院、甘肃医学院、河西学院、兰州城市学院、兰州工业学院、兰州文理学院、陇东学院、天水师范学院
	民办院校3所	兰州博文科技学院、兰州工商学院、兰州信息科技学院
	公办职业本科院校2所	兰州石化职业技术大学、兰州资源环境职业技术大学
宁夏5所	公办院校1所	宁夏师范学院
	民办院校3所	宁夏理工学院、银川科技学院、银川能源学院
	独立学院1所	宁夏大学新华学院
新疆8所	公办院校7所	昌吉学院、新疆第二医学院、新疆工程学院、新疆警察学院、新疆科技学院、新疆理工学院、新疆政法学院
	民办职业本科院校1所	新疆天山职业技术大学